DIETRICH SEIBT, WILHELM MÜLDER (Hrsg.)

Methoden- und computergestützte Personalplanung

DATAKONTEXT-VERLAG

CIP-Kurztitelaufnahme der Deutschen Bibliothek

Seibt, Dietrich:
Methoden- und computergestützte Personalplanung / Dietrich Seibt; Wilhelm Mülder. – Köln:
Datakontext-Verlag, 1986.
ISBN 3-921899-69-9

NE: Mülder, Wilhelm:

ISSN 0176-2435
ISBN 3-921899-69-9

Druck: Graphischer Betrieb Karl Plitt, Oberhausen
Printed in Germany

Inhaltsübersicht

Seite

Gliederung

Seite

Seite

Seite

VORWORT

Die Probleme und Besonderheiten der Entwicklung rechnergestützter Personalinformationssysteme für Unternehmen, Behörden und Organisationen werden seit Ende der siebziger Jahre mit zunehmender Intensität bzw. Schärfe diskutiert. Uneingeschränkte Befürworter derartiger Systeme finden sich auf der Seite des Management und der Arbeitgeber, uneingeschränkte Gegner auf der Seite der Arbeitnehmer und der Gewerkschaften. Diese Systeme werden je nach Interessenlage bzw. Zielsetzung des Betrachters – noch mehr des von ihnen Betroffenen – als Chance oder als Gefahr gesehen. Bei unvoreingenommener Analyse wird jedoch erkennbar, daß mit ihrer Hilfe bestimmte Nutzenpotentiale realisiert werden können, sofern bestimmte Vorkehrungen zur Abwendung möglicher Nachteile getroffen werden. Unstrittig ist, daß die Entwicklung solcher Systeme eine erhebliche praktische Relevanz besitzt, und daß der Entwicklungsprozeß der „kritischste" Abschnitt im Lebenszyklus eines rechnergestützten P.I.S. ist, in dem die meisten Fehler gemacht werden können. – Fehler können vermieden oder reduziert werden, wenn die an der Systementwicklung zu Beteiligenden sich der Fehler-Möglichkeiten bewußt werden. Ein Weg dazu besteht in der Intensivierung der Kommunikation zwischen den Fachleuten mit unterschiedlichem Wissenshintergrund.

Seit 1980 treffen sich regelmäßig Personalfachleute, Organisations- und Datenverarbeitungs-Spezialisten in drei vom BIFOA (= Betriebswirtschaftliches Institut für Organisation und Automation an der Universität zu Köln) ins Leben gerufenen Arbeitskreisen, um aktuelle Fragen, erfolgreiche Problemlösungen und wichtige Entwicklungstendenzen auf dem Gebiet „EDV im Personalwesen/computergestützte Personalinformationssysteme" zu diskutieren. Der besondere Charakter dieser Arbeitskreise ist in ihrer heterogenen Struktur zu sehen: Fachleute des Personalwesens aus unterschiedlichen Branchen kommen mit DV-Fachleuten und Organisatoren zusammen, um der Komplexität der Gestaltungsprobleme gerecht zu werden.

Die vom BIFOA betreuten Arbeitskreise bilden gleichzeitig gemeinsam den Fachausschuß 5.2 „EDV im Personalwesen/CPIS" der Gesellschaft für Informatik e. V. und haben unterschiedliche thematische Schwerpunkte gewählt:

AK 1: Computergestützte Personaladministration

AK 2: Bildung, Implementierung und Anwendung von Personalkennzahlensystemen

AK 3: Methoden- und Computerunterstützung der Personalplanung (insbesondere Personalbedarfsermittlung und Personalentwicklung).

Die Arbeitsweise läßt sich wie folgt charakterisieren:

- Initiatoren und Träger der Aktivitäten sind die Mitglieder der Arbeitskreise. Jeder AK setzt sich seine Ziele selbst, wählt aus seinen Reihen einen Sprecher, vereinbart Sitzungstermine, Arbeitsinhalte und Vorgehensweise autonom.

- Die Zwischenergebnisse der AK-Arbeit werden im Abstand von 2 – 3 Jahren im Rahmen von GI-Anwendergesprächen einem breiten Fachpublikum vorgestellt. Derartige Anwendergespräche fanden im Oktober 1981 während der Jahrestagung der Gesellschaft für Informatik e. V. in München sowie im März 1984 in Köln am BIFOA statt.
- Jederzeit können neue Interessenten an den Arbeitskreissitzungen teilnehmen und prüfen, ob ein Arbeitskreis für sie von Nutzen ist.
- Entscheidend für den Erfolg jedes Arbeitskreises ist die Bereitschaft jedes einzelnen Mitglieds, selbst aktiv zu werden, Erfahrungen zu berichten und Anregungen zu geben.

In diesem Buch werden Erfahrungsberichte und Beiträge zum Thema „Personalplanung“ zusammengefaßt, die entweder Input für die Diskussionen in den Arbeitskreisen 2 und 3 waren oder aus diesen Diskussionen entstanden sind. Obwohl der Erfahrungsaustausch in den Arbeitskreisen dominierte, ergaben sich oftmals Ansätze zur praxisrelevanten Weiterentwicklung in Form von Checklisten, Fragenkatalogen, Pflichtenheften oder Thesen. Insofern werden in den nachfolgenden Beiträgen wertvolle Anregungen und Verbesserungsvorschläge aus der Gruppendiskussion aufgenommen. Den Damen und Herren, die sich aktiv an der AK-Arbeit beteiligt haben, sei an dieser Stelle noch einmal herzlich gedankt:

Arbeitskreis „Bildung, Implementierung und Anwendung von Personalkennzahlensystemen“ (AK 2):

Sprecher (bis Ende 1984) Wolfgang Schmitz, Arthur Andersen & Co GmbH, Düsseldorf;
ständige Arbeitskreismitglieder: Karl-Heinz Baumgarten, Iduna Versicherungen, Hamburg; Jürgen Helm, Datev e. G., Nürnberg; Jürgen Mataré, MBB – Messerschmitt-Bölkow-Blohm, München; Siegfried Rusch, Deutsche Bundesbahn, Frankfurt; Joachim Scherner, Colonia Versicherung AG, Köln; Hubert Sühling, BMW – Bayerische Motorenwerke AG, München; Karl Schüttkämper, Linde AG, Wiesbaden.

Arbeitskreis „Methoden- und Computerunterstützung der Personalplanung, (insbesondere Personalbedarfsermittlung und Personalentwicklung)“ (AK 3):

Sprecher (bis Ende 1984) Werner Leippold, R+V Versicherung, Wiesbaden;
ständige Arbeitskreismitglieder: Alfred Behling, Industrieanlagen-Betriebsgesellschaft mbH, Ottobrunn; Max Behr, Siemens AG, München; Rolf Behrens, ADV/ORGA, F.A. Meyer AG, Wilhelmshaven; Walter Berger, Versicherungsunternehmen; Hans-Jürgen Brüx, Warenhauskonzern; Alfred Buhr, Chemieunternehmen; Werner Klein, AUDI NSU UNION AG, Ingolstadt; H.-K. Kocher,

Hapag Lloyd AG, Hamburg; Peter Lebedew, Deutsche Lufthansa, Köln; Wilhelm Mülder, Krupp Datenverarbeitung GmbH, Essen; Elmar Patzke-Faber, Commercial Computer Consulting, Alzey; Heiner Poeßnecker, SCS GmbH, Hamburg; Hartmut Rumpf, COOP AG, Frankfurt; Karl Scherer, SAP GmbH, Walldorf; Hans-Peter Schieffer, Mannesmann Datenverarbeitung GmbH, Ratingen; Werner Seysen, Warenhauskonzern; Michael Spönlein, Control Data GmbH, Frankfurt; Ingeliese Teschner, Software-Service, Waldems; Siegfried Waldschütz, Industrieanlagen-Betriebsgesellschaft mbH, Ottobrunn.

In diesem Buch werden sowohl Erfahrungsberichte zur Personalplanung in einzelnen Unternehmen als auch Beiträge mit unternehmens- und branchenübergreifenden Aussagen zur Personalplanung zusammengefaßt. Der Bezug zur Personalplanungs-Praxis steht bei allen Beiträgen im Vordergrund. Das Buch wendet sich in erster Linie an Praktiker aus den Bereichen „Personalwesen", „Personalplanung" und „Datenverarbeitung".

Nach einer Einführung, die eine Reihe von praxisrelevanten Fragestellungen aufwirft, wird im zweiten Beitrag (Seibt) die systemanalytische Vorgehensweise als Basis für die Systementwicklung auf dem Gebiet Personalplanung umrissen. Teil-Aufgaben, Daten und Methoden der Personalplanung müssen festgelegt werden, bevor ein neues, ggfls. computergestütztes Personalplanungs-System entworfen und konstruiert werden kann. Anhand der Teilplanungen Personalbedarfsplanung, Stellenplanung und Personalentwicklungsplanung wird diese systematische Vorgehensweise erläutert. Es wird betont, daß für diese Entscheidungen das Personalwesen selbst in die Pflicht genommen werden muß.

Waldschütz stellt im dritten Beitrag die wichtigsten Methoden zur Ermittlung des Personalbedarfs dar. Am Beispiel der Personalbedarfsprognose für einen Flughafen verdeutlicht Waldschütz, daß für den praktischen Einsatz eine Methode meist nicht ausreicht, sondern erst die Kombination mehrer Planungsmethoden zu aussagefähigen Personalbedarfsprognosen führt.

Mülder stellt im vierten Beitrag den theoretischen Entwicklungsstand und praktische Einsatzprobleme der Personalplanung gegenüber. Als Ergebnis läßt sich ein erhebliches Anwendungsdefizit bei den meisten, von Theoretikern entwickelten Personalplanungs-Methoden feststellen. Ursachen für dieses Defizit werden erläutert.

Der fünfte Beitrag (Mülder/Schmitz) ist personalwirtschaftlichen Kennzahlen gewidmet. Anhand von praktischen Beispielen werden Kennzahlen für einzelne personalwirtschaftliche Aufgabenbereiche erläutert. Die Einzelkennzahlen münden in ein Kennzahlensystem. Die Autoren geben Hinweise zur praktischen Gestaltung derartiger Kennzahlensysteme. Die Möglichkeit des Computereinsatzes bei personalwirtschaftlichen Kennzahlensystemen sowie die Grenzen von Personalkennzahlen bilden weitere Fragestellungen dieses Beitrags. Mit Hilfe von Fallbeispielen wird der Nutzen personalwirtschaftlicher Kennzahlenermittlung aufgezeigt.

Der Erfahrungsbericht von Buhr (Beitrag 6) behandelt den gesamten Prozeß der Personalplanung in einem Chemie-Unternehmen. Das Verfahren wird seit ca. 10 Jahren erfolgreich angewandt. Der Leser hat somit die Möglichkeit, die Erfahrungen aus der Anwendung mit diesem erfolgreichen Planungsverfahren mit seinen eigenen Erfahrungen zu vergleichen.

Im siebenten Beitrag geben Brüx und Seysen einen umfassenden Einblick in die Praxis der Personalbedarfsplanung eines Warenhauskonzerns. Der Beitrag verdeutlicht einmal mehr die Notwendigkeit, Methoden der Personalbedarfsplanung individuell auf die betrieblichen Anforderungen auszurichten. Die Computerunterstützung hat in diesem Fall bereits einen erheblichen Umfang erlangt.

Der achte Beitrag (Berger) beschreibt erste Schritte eines Versicherungsunternehmens auf dem Wege zu einer praktikablen Personalplanung. Besonders ausführlich werden die betrieblichen Rahmenbedingungen aufgezeigt, die einen entscheidenden Einfluß auf den Planungsablauf und die eingesetzten Personalplanungs-Methoden haben.

Im neunten Beitrag (Mataré) stehen personalwirtschaftliche Kennzahlen im Mittelpunkt. Mataré beschreibt die Erkenntnisse aus einer Pilotstudie im Buchhaltungsbereich eines Unternehmens der Luftfahrtindustrie. Die in diesem Bereich ermittelten Personalbedarfskennzahlen dienen als Ausgangspunkt für geplante Produktivitätssteigerungen. Die erforderlichen Maßnahmen werden innerhalb eines langfristig angelegten Organisationsentwicklungsprojektes realisiert, d. h. unter Mitwirkung der betroffenen Mitarbeiter.

Der zehnte Beitrag (Weinmann) widmet sich der computergestützten Stellenplanung. Der Autor erläutert die verschiedenen Bildschirmmasken, die zur Pflege der Stellenbesetzungsdaten benötigt werden und gibt Beispiele für die Informations- und Abfragemöglichkeiten, die der Personalabteilung zur Verfügung stehen.

Der elfte Beitrag (Mülder/Waldschütz) enthält Anforderungen an Personalplanungs-Methoden, die bei der Methodenauswahl in der Praxis relevant sein können. Diese Checklisten können lediglich eine erste Orientierungshilfe für den Personalfachmann (bzw. DV-Spezialisten) sein. Die endgültigen Anforderungen an Personalplanungsmethoden und die damit verbundene Auswahl der „besten" Methode lassen sich nur für den Einzelfall festlegen.

Im zwölften Beitrag (Mülder/Waldschütz) wird versucht, Schlußfolgerungen aus den vorhergehenden Beiträgen zu ziehen und diese in verallgemeinernden Thesen zusammenzufassen.

Die Bedeutung des Problembereichs „Personalplanung", insbesondere der hier angesprochenen Teilgebiete, wird in der Praxis zukünftig wahrscheinlich wachsen. Wir betrachten die hier vorgelegten Beiträge als aktuelle Zwischenergebnisse und hoffen, daß sie das Interesse der Fachleute finden werden.

Essen, im Oktober 1985 D. Seibt/W. Mülder

Dietrich Seibt / Wilhelm Mülder

1. Einführung

Aktuelle Monographien und Sammelwerke zum Problembereich „Personalplanung" lassen erkennen, daß die Methoden- und insbesondere Computerunterstützung der Personalplanungspraxis sich überall noch in einem frühen Stadium befindet. Dieses Stadium ist gekennzeichnet durch

- fehlende Transparenz bezüglich des vorhandenen Methoden-Angebots
- Mangel an erfolgreichen, bewährten Methoden
- Mangel an Berichten über erfolgreich implementierte und angewendete Methoden.

Es leuchtet unmittelbar ein, daß es in einem solchen Stadium keine „Rezepte" für die Methoden- und Computerunterstützung der Personalplanung geben kann. Aus Erfahrungsberichten von Praktikern wird vielmehr deutlich, daß die Fragen nach den am besten geeigneten Methoden und nach dem Umfang der Computerunterstützung der Personalplanung in jedem Unternehmen individuell beantwortet werden müssen und daß in diesem Bereich auf absehbare Zukunft experimentell gearbeitet werden wird. Verallgemeinbares läßt sich im Vorfeld der Methodenbeurteilung und -auswahl erkennen. Die nachfolgend abgebildete Ablauflogik soll den Prozeß der Auswahl und Implementierung geeigneter Personalplanungs-Methoden verdeutlichen (vgl. Abb. 1.1).

Ausgangspunkte sind:

1. Die Aufgaben der betrieblichen Personalplanung
   – genauer: die jeweils unternehmensspezifischen Ausprägungen dieser Aufgaben.
2. Das Angebot an vorhandenen, den potentiellen Anwendern zugänglichen Methoden zur Unterstützung bestimmter Aufgaben der Personalplanung. Dieses Angebot ist unübersichtlich und lückenhaft.
3. Die Kriterien, die unternehmensspezifisch zur Auswahl der „richtigen", subjektiv „bestgeeigneten" Methoden eingesetzt werden.

Im ersten Schritt gilt es, einen unternehmensspezifischen Kriterienkatalog für die Methodenauswahl zusammenzustellen. Anhand dieses Kriterienkataloges ist zu prüfen, ob überhaupt Methoden zur Unterstützung der durchzuführenden Aufgabenstellungen in der jeweils spezifischen betrieblichen Umgebung verfügbar sind und ob die verfügbaren Methoden den geforderten Kriterien gerecht werden.

Ein negatives Ergebnis dieser Prüfung kann unterschiedliche Gründe haben. Zum einen kann der angewendete „strenge" Kriterienkatalog zum „Durchfallen" aller verfügbaren Methoden führen. Beispielsweise können die verfügbaren

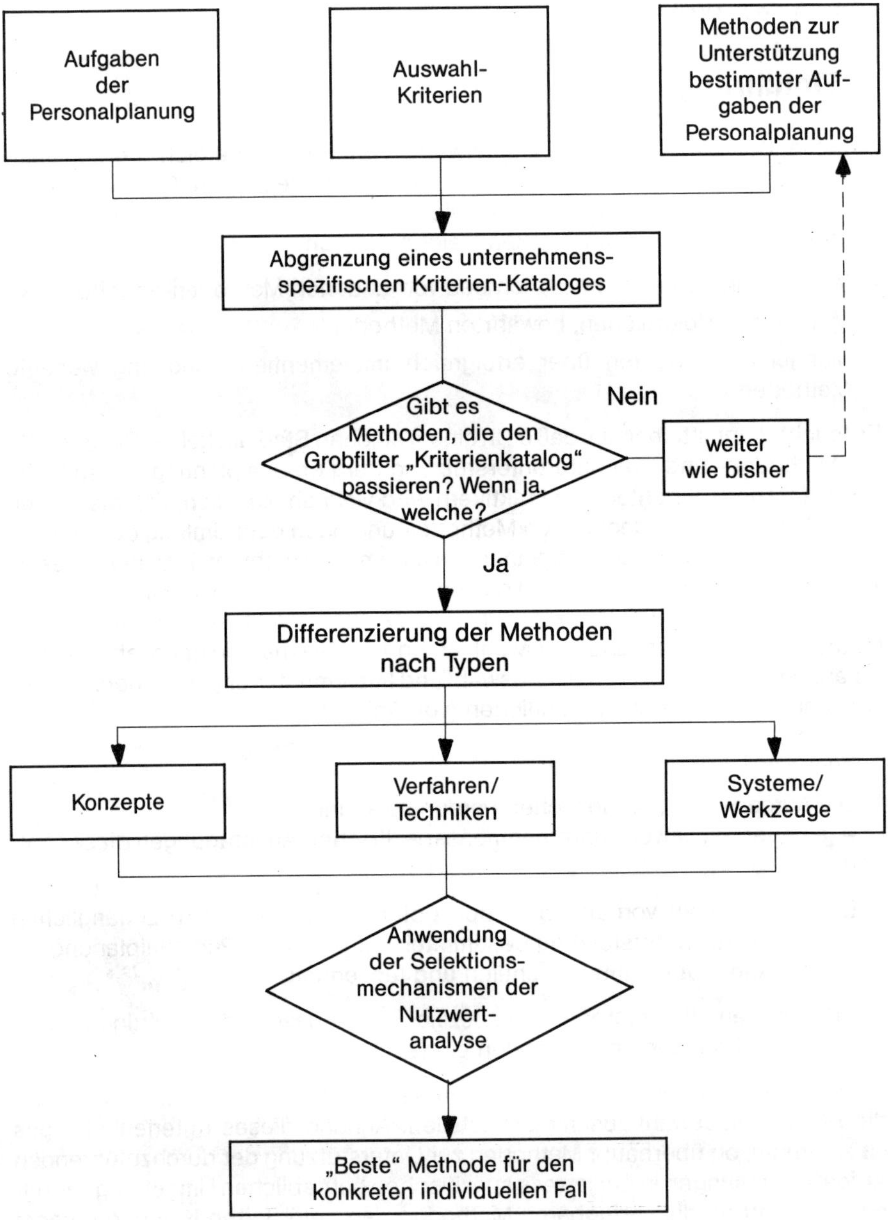

Abb. 1.1: Ablauflogik der Methodenauswahl

Methoden funktional so unzureichend sein oder einen so hohen Implementierungsaufwand erzeugen, daß der potentielle Anwender sie verwirft (K.O.-Kriterien). Zum anderen kann es auch an geeigneten Methoden gänzlich fehlen. Ein negatives Ergebnis dieser Prüfung führt zum temporären Abbruch des Suchens nach Möglichkeiten zur Methoden- und Computerunterstützung der Personalplanung. Diese Suche wird meist erst dann wieder aufgenommen, wenn Anzeichen für eine Erweiterung/Verbesserung der Methoden-Basis verfügbar werden.

Bei einem positiven Ergebnis können die erfolgversprechenden Methoden nach folgenden unterschiedlichen Typen differenziert werden:

- Konzept/einfache Methode
  = systematische Vorgehensweise, d. h.
  Menge von schriftlich festgelegten Regeln/Vorschriften zur Abwicklung bestimmter Aktivitäten der jeweiligen Teilplanung;
- Verfahren/Technik
  = ausgeprägte/ausgereifte Methoden, die die Vorgehensweise der meisten Aktivitäten der jeweiligen Teilplanung bis auf die Ebene einzelner Schritte regelt;
- System/Werkzeug
  = computergestütztes Verfahren, d. h.
  Verfahren, von dem zumindest Teile programmiert sind und auf einer DV-Anlage zum Ablauf gebracht werden.

Prinzipiell besteht die Chance, daß sowohl pro Methodentyp, als auch zwischen den Methodentypen mehrere Methoden gefunden werden, die untereinander funktional konkurrieren, d. h. als gleichwertig empfunden werden. In solchem Falle ist die Suche nach der „besten" Methode fortzusetzen. Ein wichtiges Kriterium zur Auswahl der „besten" Methode kann beispielsweise der zu erwartende Implementierungsaufwand sein. Während dieser beim Konzept am geringsten ist, erfordert das System/Werkzeug den höchsten Implementierungsaufwand. Mit zunehmendem Implementierungsaufwand steigt auch der Prüf- und Auswahlaufwand für den Anwender, d. h. neben den „allgemeinen" Anforderungen an Personalplanungs-Methoden muß der Anwender spezielle, nur für die Computerunterstützung relevante Anforderungen an Personalplanungs-Methoden überprüfen.

Auf der anderen Seite nimmt aber auch häufig der Nutzen zu, der beim Übergang von einfachen Methoden-Konzepten zu ausgereiften Verfahren bzw. von diesen Verfahren zu computergestützten Werkzeugen realisiert werden kann. Dieser Nutzen ist nicht generell abgrenzbar und setzt sich aus subjektiv unterschiedlichen Komponenten zusammen. Grundsätzlich wird in derartigen Auswahlsituationen die Methodik der Nutzwertanalyse empfohlen. Es besteht keine Veranlassung, bei der hier vorliegenden Situation eine andere Empfehlung zu geben.

Die Ablauflogik verdeutlicht, daß keine generellen Aussagen über die Vorteilhaftigkeit computergestützter Personalplanungs-Methoden möglich sind. In Abhängigkeit von unternehmensspezifischen Anforderungen und Randbedingungen kann sich in einem Falle ein simples Personalplanungs-Konzept als beste Alternative erweisen. In einem anderen Falle kann der Nutzen einer computergestützten Lösung, beispielsweise konkretisiert in den Kriterien Simulationsmöglichkeiten, Schnelligkeit, Flexibilität, einen erheblich höheren Implementierungsaufwand rechtfertigen.

Ein weiterer Zweck dieser Einführung besteht darin, die Fragen abzugrenzen, für die in den folgenden 11 Beiträgen Antworten gefunden werden sollen:

- Welches Methodenangebot ist zur Unterstützung von Aufgaben der Personalplanung verfügbar? Welcher Teil dieses Methodenangebots wird in den Unternehmungen als praxisrelevant erachtet? Für welche Methoden gibt es bereits konkrete Anwendungserfahrungen, insbesondere bei solchen Methoden, die rechnergestützt angewendet werden?
- Welche Randbedingungen bzw. Restriktionen müssen gegenwärtig in den Unternehmen beachtet werden, wenn methoden- und computerunterstützte Systeme für die Personalplanung entwickelt werden sollen? Welche Rolle spielen dabei insbesondere die Faktoren Methoden- und Computer-Akzeptanz?
- Welchen Nutzen erwartet man in der Praxis von methoden- und computergestützten Systemen für die Personalplanung?
- Welche Schwierigkeiten ergeben sich im Rahmen der Methodenauswahl, welche Möglichkeiten bestehen, um den Methoden-Auswahlprozeß zu unterstützen?
- Welche Analysen sollten unabhängig von der Durchführung gezielter Analysen in konkreten Projekten (die mit einem bestimmten Teilsystem als Ergebnis abschließen) grundsätzlich durchgeführt werden, um den Boden für die Entwicklung methoden- und computergestützter Systeme für die Personalplanung systematisch aufzubereiten?
- Welche Grundsatzprobleme müssen vorab gelöst werden, welche Voraussetzungen müssen geschaffen werden, beispielsweise im Zusammenhang mit der Erhöhung der methodischen Kenntnisse von Mitarbeitern der Personalplanung? Welche Schwierigkeiten sind insbesondere bei der organisatorischen Implementierung von Systemen für die Personalplanung zu erwarten?
- Welche Maßnahmen zur Kontrolle und Überprüfung sollten vorgesehen werden, um Erfolge bzw. Mißerfolge bei Entwicklung, Implementierung und Anwendung von derartigen Systemen erkennen und analysieren zu können?
- Welchen Stellenwert hat gegenwärtig der Aufbau methoden- und computergestützter Systeme für die Personalplanung in der Unternehmenspraxis? Welche relative Bedeutung hat die Systementwicklung für die Personalplanung im Vergleich zur Gesamtmenge der zur Unterstützung personalwirtschaftlicher Aufgaben stattfindenden Systementwicklungsprojekte?

Der Fragenkatalog verdeutlicht die Zielsetzung dieser Schrift. Es geht nicht primär um wissenschaftliche Erkenntnisse, sondern um den Versuch, pragmatische Hilfen und Hinweise für die Entwicklungs- und Gestaltungsentscheidungen in Unternehmungen zu geben.

Dietrich Seibt

2. Analyse von Teilbereichen der Personalplanung als Voraussetzung für die Entwicklung computergestützter Teilsysteme

2.1 Abgrenzung: Teilbereiche der Personalplanung

Unter „Personalplanung" werden insbesondere diejenigen Planungsaktivitäten verstanden, die die zur Erfüllung der betrieblichen Aufgaben benötigten menschlichen Arbeitsleistungen festlegen und über Maßnahmen entscheiden, mit deren Hilfe diese Arbeitsleistungen realisiert werden können.

Die Personalplanung ist einer der Aufgabenkomplexe des Personalwesens, gleichzeitig aber auch einer der Aufgabenkomplexe der Unternehmensplanung. In beide Zusammenhänge ist die Personalplanung zu integrieren.

Abb. 2.1 zeigt in den Spalten die Hauptfunktionen des betrieblichen Personalwesens. Es wird erkennbar, daß jede dieser Hauptfunktionen

- planende
- realisierende
- kontrollierende

Teilaufgaben umfaßt (vgl. Zeilen in Abb. 2.1). Eine formale Aufgabenanalyse ergibt darüberhinaus, daß jede Planungsaufgabe sowohl Entscheidungs- als auch Ausführungskomponenten hat.

Unabhängig von den Ergebnissen formaler Aufgabenanalysen bieten die nachfolgend genannten Teilplanungen vor allem in größeren Unternehmungen und Organisationen häufig Kristallisationspunkte für die Bildung von Organisationseinheiten (Stellen) innerhalb des Personalwesens:

1. P-Bedarfsplanung
2. Organisations-/Stellenplanung
3. P-Beschaffungsplanung
4. P-Entwicklungsplanung
5. P-Einsatzplanung
6. P-Freistellungsplanung
7. Planung der P-Erhaltung/-Pflege
8. Planung des P-Aufwands

Diese Teilplanungen sind in Abb. 2.2 als Komponenten eines idealtypischen Personalplanungssystems zu erkennen.

In Abb. 2.2 werden exemplarisch einige wichtige Beziehungen skizziert, die bei der Integration der Teilplanungen des Personalwesens sowie bei der Integration dieser Teilplanungen mit anderen betrieblichen Aufgabenkomplexen zu beachten sind. Die Richtung der durchgezogenen Pfeile soll Abhängigkeiten zwischen den Teilplanungen aufzeigen. Beispiel: Personalbeschaffungsplanung ist von (vorausgegangener) Personalbedarfsplanung abhängig. Gestrichelte Pfeile zeigen einige wichtige Rückkoppelungsbeziehungen. Die Darstellung ist nicht geeignet, um die in der Realität vorhandenen unterschiedlichen Zeit-Aspekte zum Ausdruck zu bringen.

		Personal-politik A	Personal-beschaffung B	Personal-allokation C	Personal-entwicklung D	Personal-führung E	Personal-betreuung F	Personal-entlohnung G	Personal-verwaltung H
I Planungs-aufgaben	1. Aus-führungs-aufgaben								
	2. Ent-scheidungs-aufgaben								
II Realisa-tions-aufgaben	1. Aus-führungs-aufgaben								
	2. Ent-scheidungs-aufgaben								
III Kontroll-aufgaben	1. Aus-führungs-aufgaben								
	2. Ent-scheidungs-aufgaben								

Abb. 2.1: Hauptfunktionen des Personalwesens und zugehörige formale (Teil-)Aufgaben

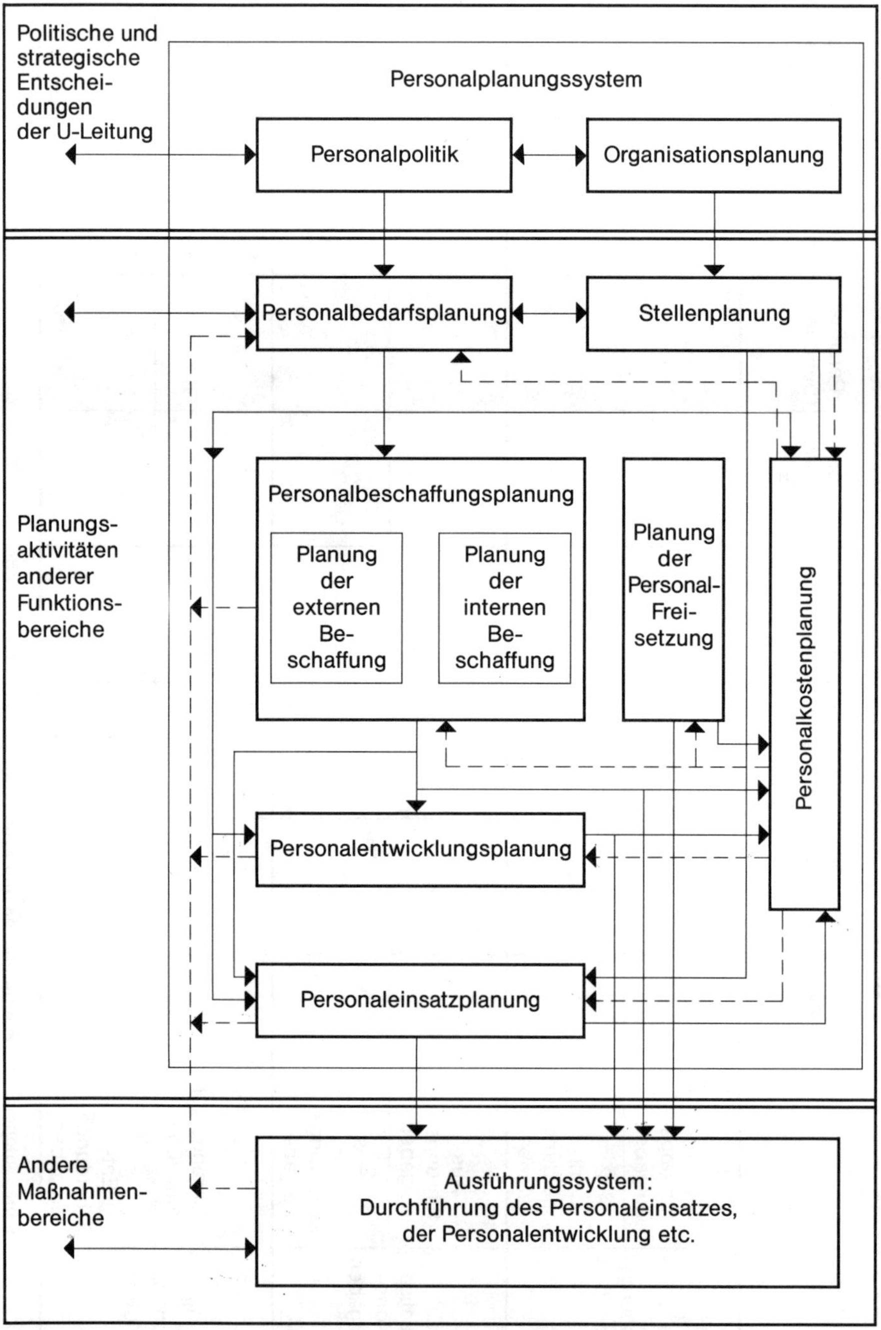

Abb. 2.2: Idealtypisches Personalplanungssystem; Zusammenhang der einzelnen Teilplanungen

In den nachfolgenden drei Abschnitten werden

- die Personalbedarfsplanung
- die Stellenplanung
- die Personalentwicklungsplanung

exemplarisch hervorgehoben. Dabei wird ein einheitliches systemanalytisches Konzept angewendet, indem zunächst die Teilaufgaben des jeweiligen Planungsbereichs abgegrenzt, dann die bei der Aufgabenerfüllung benötigten Daten definiert und schließlich bekannte Methoden zur Unterstützung der Teilaufgaben zusammengestellt werden. Jeder Systementwickler muß Entscheidungen über

- Aufgaben/Funktionen
- Daten
- Methoden

treffen, wenn er ein neues System konstruieren will. Aus diesen Komponenten werden Programme und Dateien bzw. Datensätze abgeleitet, mit deren Hilfe eine Computer-Unterstützung der Personalplanung stattfinden kann. Dabei kommt der Komponente „Methoden" eine große Bedeutung zu, weil durch sie letztlich Umfang und Intensität der Computer-Unterstützung bestimmt wird. Das Kennenlernen und die bewußte Auswahl personalwirtschaftlicher Methoden müssen durch den zukünftigen Benutzer, d. h. durch das Personalwesen erfolgen. Erst dann kann entschieden werden, welche Methoden in die Form von Programmen „gegossen" werden, die auf Rechnern abgewickelt werden können. Systematische Analysen der genannten Komponenten, die von den Fachleuten des Personalwesens durchzuführen sind, bilden die notwendige Voraussetzung für eine erfolgreiche Systementwicklung.

2.2 Personalbedarfsplanung

Unter Personalbedarfsplanung wird die Erfassung und Planung derjenigen personellen Kapazitäten verstanden, die zur Erfüllung der an Personen gebundenen Aufgaben in den betrieblichen Funktionsbereichen erforderlich sind. Ausgangspunkte sind häufig die Pläne der betrieblichen Funktionsbereiche, z. B. Produktionsprogrammpläne (als Mengenpläne), Verkaufsmengenpläne, Beschaffungspläne usw.. Aus ihnen ist abzuleiten, wieviele Mitarbeiter mit welchen Qualifikationen wann und wie lange wo für welche Tätigkeiten benötigt werden. Hieraus folgt, daß die Personalbedarfsplanung häufig erst dann durchgeführt werden kann, wenn die Planungen der anderen betrieblichen Funktionsbereiche bereits vorliegen (= sukzessive Planung). Dies erscheint logisch unter der Prämisse, daß der Personalbedarf eine abgeleitete Größe ist und nicht nur theoretisch, sondern auch in der Praxis durch entsprechende Beschaffungs- und Entwicklungs-Maßnahmen gedeckt werden kann. In bestimmten Situationen muß aber gerade die zuletzt gemachte Voraussetzung in Frage gestellt werden. Nicht immer läßt sich der aus bestimmten betrieblichen Teilplanungen abgeleitete Personalbedarf wirklich realisieren. Beispielsweise kann die Situation eintreten, daß eine bestimmte Menge von Personal mit bestimmten geforderten Qualifikationen weder auf dem Markt verfügbar ist (daher auch nicht beschafft werden kann) noch in verfügbarer Zeit mit verfügbaren Ressourcen entwickelt werden kann. In dieser Situation empfiehlt es sich, die Personalbedarfsplanung simultan mit der Planung in dem oder den betrieblichen Funktionsbereichen vorzunehmen. Auf diese Weise kann verhindert werden, daß die betrieblichen Funktionsbereiche sich zu hohe Ziele setzen, die dann aufgrund fehlenden (nicht beschaffbaren und/oder nicht entwickelbaren) Personals nicht erfüllt werden können.

Auf eine weitere wichtige Voraussetzung der hier abgegrenzten sukzessiven oder simultanen Personalbedarfsplanung muß hingewiesen werden. Es wird im allgemeinen unterstellt, daß es eindeutig faßbare Beziehungen zwischen dem mengenmäßig abgegrenzten Personalbedarf auf der einen Seite und den mit Hilfe des Personals erzielten Leistungen bzw. bestimmten Voraussetzungen für solche Leistungen (Vorhandensein von Stellen bzw. Arbeitsplätzen) gibt und daß diese Beziehungen bekannt sind. Besonders schwierig gestaltet sich die Personalbedarfsplanung dann, wenn ein Unternehmen neue Technologien, neue Organisationsstrukturen oder einen neuen Führungsstil anwenden will, mit denen das Unternehmen noch keine Erfahrungen besitzt. Ein Beispiel zur Verdeutlichung: Ableitung des voraussichtlichen Bedarfs an Führungskräften bei Veränderung der Organisationsstruktur, beispielsweise Übergang von zentralen zu dezentralen Organisationsformen. An dieser Stelle wird deutlich, wie sehr eine erfolgreiche Personalbedarfsplanung auf präzise Rückkopplungsinformationen angewiesen ist, die sie von ihr nachgelagerten Maßnahmen der (des)

- Personalbeschaffung
- Personalentwicklung
- Personaleinsatzes

erhält.

Besonders wichtig für die Personalbedarfsplanung sind die Wirkungen der durchgeführten Maßnahmen auf die betriebliche Aufgabenerfüllung bzw. den betrieblichen Leistungsprozeß. Dies läuft hinaus auf die Beantwortung der Frage, ob mit Hilfe des als Bedarf geplanten und im Ist realisierten Personals tatsächlich die Wirkungen im Unternehmen erzielt werden konnten, die man zum Planungszeitpunkt angestrebt hat.

Zur Operationalisierung der Personalbedarfsplanung wird häufig eine Differenzierung der Größe Personalbedarf vorgenommen. Dies kann nach unterschiedlichen Aspekten geschehen:

a) nach Bedarfsarten, z. B. Einsatzbedarf, Reservebedarf, Neubedarf, Ersatzbedarf, Freistellungsbedarf;
b) nach Tätigkeitsbereichen oder Funktionsgruppen;
c) nach Auftreten in bestimmten organisatorischen Einheiten bzw. auf bestimmten hierarchischen Ebenen (z. B. Bedarf an Managern/Führungskräften auf verschiedenen Ebenen mit unterschiedlichem Verantwortungsumfang);

d) nach Fristigkeit (z. B. kurzfristiger Bedarf oder langfristiger Bedarf);

e) nach Ort/Region des Auftretens;

f) nach bestimmten qualitativen Kriterien oder Merkmalen (z. B. nach Ausbildungs-/Erfahrungshintergrund oder nach bestimmten Qualifikationen).

In Abb. 2.3 werden wichtige Teilaufgaben der Personalbedarfsplanung zusammengefaßt. Abb. 2.4 bietet einen Überblick über Datenarten, die für die Personalbedarfsplanung relevant sind. Abb. 2.5 enthält Beispiele für Methoden, die zur Personalbedarfsplanung eingesetzt werden können.

1. Ermittlung des Brutto-Personalbedarfs
(gesamter zukünftiger Personalbedarf)

1.1 Kurz-, mittel- und langfristige Personalbedarfsplanung
  1.1.1 Festlegung des Einsatzbedarfs
  1.1.2 Festlegung des Reservebedarfs
1.2 Offenlegen von Personalbedarfsdeckungsmöglichkeiten

2. Personalbestandsanalyse

2.1 Bestandsfeststellung zum Zeitpunkt der Planerstellung („HEUTE")
2.2 Erfassung von Bestandsminderungen durch voraussichtliche Abgänge (Fluktuation, Pensionierung etc.)
2.3 Erfassung von Bestandsmehrungen (Bundeswehr, Ende Mutterschaftsurlaub etc.)
2.4 Prognose der Bestandsentwicklung (mittel- bis langfristig)

3. Ermittlung des Netto-Personalbedarfs

3.1 Maßnahmen zur Bedarfsdeckung (bei einem errechneten Beschaffungsbedarf)
3.2 Maßnahmen zum Personalabbau (bei einem errechneten Personalüberhang)

4. Analyse von Einflußfaktoren auf die Personalbedarfsplanung

4.1 Einflüsse durch Unternehmensplanung
4.2 Einflüsse durch arbeitsmarktpolitische/konjunkturelle/ gesetzliche Veränderungen
4.3 Einflüsse durch Betriebsklima, Zufriedenheit der Mitarbeiter, Qualifikationsstruktur der Mitarbeiter

Abb. 2.3: Teilaufgaben der Personalbedarfsplanung

Daten der einzelnen Mitarbeiter

- Stammdaten, z. B. Geschlecht, Nationalität, Abteilung/Kostenstelle
- Bewegungsdaten, z. B. Beruflicher Werdegang, Besuchte Seminare, Fehlzeiten
- Fähigkeiten, Kenntnisse, Leistungen = Eignungsdaten
- Geplante zukünftige Entwicklung = Karriere

Daten der einzelnen Stellen/ Arbeitsplätze

- Zugehörigkeit zu Organisationseinheiten
- Charakter der Stelle/des AP
- Zu erfüllende Tätigkeiten
- Ausbildungsvoraussetzungen
- Fähigkeiten/Erfahrungen
- Kenntnisse/Wissen
- Kontrollspanne
- Besondere Merkmale der Stelle/des AP

Aggregierte Mitarbeiterdaten
Aggregation von **Ist**-Werten aus vergangenen Perioden; Erfahrungsdaten

- Aggregation nach Organisationseinheit, z. B. Mitarbeiter pro Kostenstelle/ Abteilung
- Aggregation nach Nationalitäten, Mitarbeitergruppen oder differenziert nach Ausbildungsfähigkeiten etc. pro Organisationseinheit
- Entwicklung der Mitarbeiter-Anzahl differenziert nach verschiedenen Kriterien in einer Organisationseinheit im Zeitraum X

Aggregierte Stellen-/Arbeitsplatz-Daten
Aggregation von **Ist**-Werten aus vergangenen Perioden; Erfahrungsdaten

- Bildung von Stellen-Profilen: (= Abgrenzung von Stellen-Typen)
- Anzahl Stellen/Arbeitsplätze verschiedenen Typs pro Organisationseinheit
- Entwicklung der Anzahl Stellen verschiedenen Typs in einer Organisationseinheit im Zeitraum X

Aggregierte Mitarbeiterdaten
Aggregation von **Plan**-Werten für zukünftige Perioden; Ziele/Sollvorgaben

- Sollvorgabe: Anzahl Mitarbeiter pro Kostenstelle/Abteilung in der bzw. den nächsten Perioden
- Sollvorgabe: Anzahl Auszubildende pro Kostenstelle/Abteilung, die in den nächsten drei Jahren einen Abschluß erreichen
- Sollvorgabe: Anzahl Mitarbeiter, die in der bzw. den nächsten Perioden einzustellen sind
- Sollvorgabe: Anzahl Mitarbeiter, die in der bzw. den nächsten Perioden freizustellen sind

Aggregierte Stellen-/Arbeitsplatz-Daten
Aggregation von **Plan**-Werten für zukünftige Perioden; Ziele/Sollvorgaben

- Sollvorgabe: Stellenbedarf einer Organisationseinheit im Planungszeitraum X
- Sollvorgabe: Durchschnittlich zu produzierende Menge bzw. durchschnittlich zu erzielende Leistung pro Stelle oder Stellentyp
- Sollvorgabe: Verhältnis von Stellen des Typs A zu Stellen des Typs B etc.

Abb. 2.4: Daten, die für die Personalbedarfsplanung relevant sind

A) Verfahren zur Prognose des Bruttobedarfs

- Schätzverfahren
- Globale Bedarfsprognosen
  - Trendextrapolation
  - Regressions-/Korrelationsrechnung
- Kennzahlenmethode (z. B. Personalbedarf in Relation zu bestimmten Outputgrößen in der Produktion)
- Personalbemessungsmethoden (REFA/MTM)
- Stellenplan-/Arbeitsplatz-Methode (abgeleitet aus zukünftiger Organisationsstruktur)

B) Verfahren zur Prognose der Personalbestandsentwicklung

- Abgangs- und Zugangs-Rechnung
- Empirische Verfolgung der Verbleibensquote
- Statistiken und entsprechende Analysen zur Bestandsentwicklung
  - Personalbestandsstatistik
  - Alters(Struktur-)Statistik
  - Fluktuationsstatistik

C) Verfahren zur Errechnung des Netto-Personalbedarfs

- Einfache Differenzrechnung
- Berücksichtigung von Einflußfaktoren im Rahmen von mehr oder weniger komplexen Modellen
- Entscheidungsmodelle, in denen globale Zielgrößen optimiert werden (z. B. Gewinn- oder Kapitalwert-Maximierung) bei denen u. a. auch Aussagen über den Personalbedarf generiert werden

Abb. 2.5: Methoden der Personalbedarfsplanung

2.3 Stellenplanung

Unter „Stellenplanung" wird im allgemeinen die zukunftsgerichtete Beschreibung bzw. Festlegung der (Soll-)Arbeitsinhalte von Stellen sowie die Erstellung eines Plans verstanden, in dem alle Stellen einer Unternehmung zusammengefaßt werden.

Eine „Stelle" wird meist als die kleinste organisatorische Einheit innerhalb der Organisationsstruktur gesehen, deren Arbeitsumfang durch die Kapazität einer (entsprechend qualifizierten) Arbeitskraft festgelegt wird. Eine Stelle entspricht im Führungsbereich einer bestimmten nicht mehr teilbaren Funktion. Der Arbeitsumfang ist nicht nur vorübergehender Natur, sondern regelmäßig abzuwickeln. Deshalb wird die Abwicklung innerhalb der Organisation durch Stellenbildung formal abgesichert. Eine Stelle als Element der Stellenplanung ist nicht an eine **bestimmte** Person gebunden.

Ausgangspunkte der Stellenplanung sind zum einen die Teilpläne der betrieblichen Funktionsbereiche, zum anderen der mit diesen Teilplänen verträgliche Organisationsplan.

Blanke empfiehlt auf Basis der Erfahrungen im Hause M.A.N., daß die Stellenplanung als „Stellenwirtschaft" abgewickelt wird. Hieraus ergeben sich die folgenden Planungsobjekte für die Stellenplanung (vgl. Blanke 1984):

- Stellenmenge
- Stellenbeschreibung
- Stellenorganisation
- Stellenbewertung
- Stellenbesetzung(splan)
- Stellenbezogene Mitarbeiterbeschreibung

Durch die Übersicht/Transparenz, die mit Hilfe von Stellenplänen und Stellenbesetzungsplänen gewonnen wird, wird eine Vielzahl von Teil-Aufgaben des Personalwesens unterstützt, beispielsweise die Teilaufgaben der Personalbedarfsplanung der Personalverwaltung und des Personal-Controlling.

1. **Erfassung von Zielen, Aufgaben, Kompetenzen, Verantwortungsbereich und organisatorischer Eingliederung einer Stelle**
   (Stellenbeschreibung)

2. **Zusammenfassung aller Stellen zu Stellenplänen**
   2.1 Gestaltung von Stellenplänen
   2.2 Gestaltung von Stellenbesetzungsplänen

3. **Ableitung von Anforderungsprofilen aus Stellenbeschreibungen**
   3.1 Spezifikation der Arbeitsanforderungen nach Art und Umfang
   3.2 Festlegung eines Kataloges von Anforderungskriterien
   (z. B. in Anlehnung an die im Rahmen der Arbeitsbewertung gebräuchlichen Anforderungen)
   3.3 Bildung des Anforderungsprofils (Gewichtung der Anforderungskriterien nach ihrer Bedeutung für die Aufgabenerfüllung in der Stelle)

Abb. 2.6: Teilaufgaben der Stellenplanung

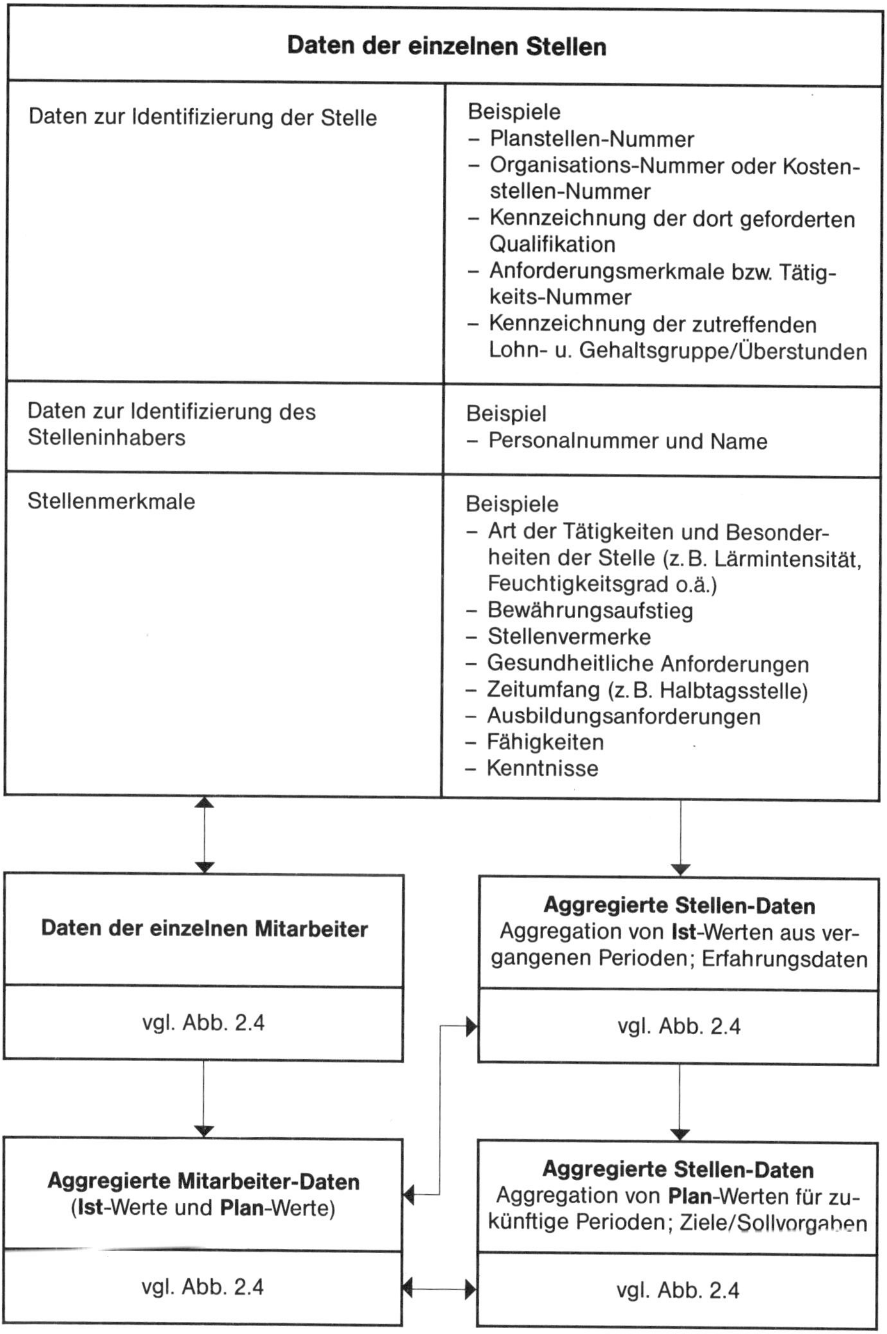

Abb. 2.7: Daten, die für die Stellenplanung relevant sind

A) Verfahren zur Stellenbeschreibung

- Verbindliche, in einheitlicher Form abgefaßte Fixierung der organisatorischen Eingliederung, des Ziels, der Aufgaben einer Stelle sowie deren Kontakten zu anderen Stellen
- Vorgehen von „oben" nach „unten"
- Verwendung von einheitlich aufgebauten Fragebogen-Formularen in der Ist-Analyse (auch zur Erhebung der Sollvorstellungen)
- Ableitung und Abstimmung der Soll-Stellenbeschreibung

B) Verfahren zur Erstellung eines Stellenplans

- Schaubildliche Darstellung (= Strukturdiagramme) der Zusammenhänge zwischen den Stellen als den kleinsten Organisationseinheiten
- Fortführung des Organisationsplans in die Tiefe
- Auflistung aller Stellen eines Betriebs

C) Verfahren zur Erstellung von Anforderungsprofilen

- Verfahren zur Ermittlung der an einem Arbeitsplatz vorkommenden Anforderungsarten (z. B. Genfer Schema)
- Verfahren der Arbeitsbewertung (summarisch/analytisch), bei der jeder Anforderungsart ein bestimmter numerischer Wert zugeordnet wird

Abb. 2.8: Methoden zur Stellenplanung

Bei der Stellenplanung kommen (meist kombinativ) die folgenden Kriterien bzw. Prinzipien zur Anwendung:

- Verrichtungsprinzip
- Objektprinzip
- Unterstellungsverhältnisse (Span of Control)
- Grad der Arbeitsteilung bzw. Arbeitsintegration
- Arbeitsumfang
- Umfang der Selbstbestimmung des Stelleninhabers
- Qualifikationsanforderungen (z. B. bezüglich Ausbildung, Kenntnissen, Fähigkeiten usw.)

In Abb. 2.6 werden wichtige Teilaufgaben der Stellenplanung zusammengefaßt. Abb. 2.7 bietet einen Überblick über Datenarten, die für die Stellenplanung relevant sind. Abb. 2.8 enthält Beispiele für Methoden, die zur Stellenplanung eingesetzt werden können.

2.4 Personalentwicklungsplanung

Unter Personalentwicklungsplanung wird die Planung aller Maßnahmen verstanden, durch die die Mitarbeiter eines Unternehmens entweder individuell oder gruppenweise in ihren Qualifikationen verbessert und damit prinzipiell für höherwertige Stellen, d. h. Stellen mit höheren qualitativen Anforderungen vorbereitet werden.

Es kann zwischen

- Ausbildungs-/Weiterbildungsmaßnahmen
- Maßnahmen zur Entwicklung der Persönlichkeit
- Maßnahmen der Laufbahnentwicklung

unterschieden werden. Durch die Personalentwicklungsplanung sollen beispielsweise die folgenden Fragen beantwortet werden.

- Wieviele Mitarbeiter sollen künftig ausgebildet/weitergebildet/gefördert werden?
- Welche Mitarbeiter (mit welchen heutigen Fähigkeiten/Kenntnissen/Leistungen) können bzw. sollen **wie** ausgebildet/weitergebildet/entwickelt/gefördert werden, damit sie zukünftig für bestimmte sich bereits abzeichnende Positionen bzw. Stellen geeignet sein werden?
- Welche Ausbildungs-/Weiterbildungsmaßnahmen, Personalentwicklungsmaßnahmen, Laufbahnstrukturen müssen inhaltlich abgegrenzt sowie hinsichtlich Träger, Zeitpunkt und Ort festgelegt werden, damit die o. g. Ziele erreicht werden?

Ausgangspunkte der Personalentwicklungsplanung sind zum einen die Personalbedarfsplanung, die Personalbeschaffungsplanung und die Stellenplanung, zum anderen die Ergebnisse der Personalentwicklungskontrolle, der Beschaffungskontrolle und der Personaleinsatzkontrolle. Im allgemeinen werden die Aktivitäten der Personalentwicklungsplaner sich zunächst an den personalpolitischen Zielen der Unternehmungsleitung orientieren.

Personalentwicklung wird aber langfristig nur dann erfolgreich betrieben werden können, wenn auch auf die individuellen Zielvorstellungen der Mitarbeiter Rücksicht genommen wird. Im Grenzfall kann man sogar die Förderung der Fähigkeit der Mitarbeiter, selbst derartige Entwicklungsziele zu formulieren, als eine Teilaufgabe der Personalentwicklung ansehen.

In Abb. 2.9 werden wichtige Teilaufgaben der Personalentwicklungsplanung zusammengefaßt. Dabei wird deutlich, daß die Planung des betrieblich bestimmten Entwicklungsbedarfs im Zentrum steht. Diesem Entwicklungsbedarf steht das Entwicklungspotential bzw. die Entwicklungsfähigkeit und die Entwicklungsbereitschaft der Mitarbeiter gegenüber, der Merkmale wie Mobilität, Lernwilligkeit und Bereitschaft, sich mit Neuem zu befassen, zuzuordnen sind. Nicht selten werden Entwicklungsfähigkeit und -bereitschaft der Mitarbeiter die wichtigsten „Eckdaten“ für die Planung der Entwicklungsmaßnahmen sein – wichtiger beispielsweise als ein zwar noch nicht vorhandenes aber mit kalkulierbarem Aufwand zu schaffendes Angebot an Entwicklungsmaßnahmen, z. B. an Ausbildungsveranstaltungen.

1. Planung einer Entwicklungsrahmenkonzeption
(Festlegung von Entwicklungsaufgaben und -formen)

1.1 Definition von Entwicklungsgrundsätzen
1.2 Bestimmung innerbetrieblicher Laufbahnstrukturen

2. Planen des Entwicklungsbedarfs

2.1 Ermitteln des Entwicklungsbedarfs aus Sicht der Unternehmung (Anforderungen – Fähigkeiten – Profilvergleich)
2.2 Ermitteln des Entwicklungspotentials der Mitarbeiter
2.3 Ermitteln der Entwicklungsbedürfnisse der Mitarbeiter
2.4 Erstellen individueller Laufbahnpläne

3. Planen des Entwicklungsprogramms

3.1 Bestimmen der Zielgruppen
3.2 Planen der Ausbildungsform (intern/extern)
3.3 Planen der Lernziele und -inhalte
3.4 Einsatzplanung für Entwicklungsträger (Referenten etc.)
3.5 Bereitstellung von Räumen und Aubildungsmedien

Abb. 2.9: Teilaufgaben der Personalentwicklungsplanung

Abb. 2.10 bietet einen Überblick über die Datenarten, die für die Personalentwicklungsplanung relevant sind. Die Abb. 2.11 und 2.12 enthalten Beispiele für Methoden, die zur Personalentwicklungsplanung eingesetzt werden können. Dabei erfolgt in Abb. 2.11 eine Konzentration auf die Methoden zur Bestimmung des Personalentwicklungsbedarfs. Abb. 2.12 faßt methodische Ansätze zur Bestimmung notwendiger (gleichzeitig durchführbarer) Entwicklungsmaßnahmen sowie zur Bestimmung der Kosten solcher Maßnahmen zusammen. Es wird deutlich, daß der „Reifegrad“ der verfügbaren Methoden für die Personalentwicklungsplanung geringer ist als der „Reifegrad“ der Methoden für die Personalbedarfs- oder für die Stellenplanung. Formalisierte mathematische Methoden für den Bereich der Entwicklungsplanung existieren bisher nicht.

Daten über den gegenwärtigen und zukünftigen Entwicklungsbedarf

- Aggregierte Daten über Entwicklungspotentiale der Mitarbeiter (fremdbeurteilt)
- Aggregierte Daten über Entwicklungsbedürfnisse der Mitarbeiter (selbstgenannt)
- Anzahl und Art der Stellen, vor deren Besetzung Entwicklungsmaßnahmen durchgeführt werden müssen
- Anzahl und Art der Entwicklungsmaßnahmen, für die man sich bereits entschieden hat
- Anzahl und Art der Mitarbeiter, die bestimmten Entwicklungsmaßnahmen zugeordnet worden sind/werden sollen

Daten der einzelnen Mitarbeiter sowie aggregierte Mitarbeiter-Daten

vgl. Abb. 2.4

(insb. tatsächlich vorhandener Fähigkeiten, Kenntnisse, Ausbildungserfolge etc.)

Daten der einzelnen Stellen/Arbeitsplätze sowie aggregierte Stellen-/Arbeitsplatz-Daten

vgl. Abb. 2.4 u. 2.7

(insb. Anforderungen bzgl. Fähigkeiten, Kenntnisse, Mobilität etc.)

Daten zur Beschreibung von bereits praktizierten oder zukünftig zu realisierenden Entwicklungsmaßnahmen

- Ausbildungs-/Fortbildungsveranstaltungen
  - Lernziele/Lerninhalte
  - Anbieter/Institution (intern/extern)
  - Zielgruppen/Auszubildende bzw. Fortzubildende
  - Vorgehensweisen/Durchführungsmethodik
  - Referenten/Ausbilder
  - Termine/Durchführungsorte
  - Kosten
  - Erfolgsanalyse-Daten
- Laufbahn-/Karriere-Maßnahmen
  - Ziele sowie Zielgruppen/zu Befördernde
  - Verlauf/Dauer der Maßnahmen sowie Terminierung
  - Kosten
  - Erfolgsanalyse-Daten

Abb. 2.10: Daten, die für die Personalentwicklungsplanung relevant sind

A) Methoden zur Bestimmung des Personal-Entwicklungsbedarfs

Aufgabe: Schätzen/Festlegen, welche Entwicklungsergebnisse in welchen Zeiträumen erreicht werden sollen

Methode: (prinzipiell) Ableitung des Entwicklungsbedarfs aus Stellen und Organisationsplänen bei gleichzeitiger Prüfung der vorhandenen Qualifikation, Entwicklungspotentiale und Entwicklungsbedürfnisse der vorhandenen Mitarbeiter sowie der Beschaffungsmöglichkeiten

- Methoden der Problemanalyse/der systematischen Problemspezifizierung z. B. Relevanzbaummethode (hierarchische Zerlegung komplexer Probleme)
- Schätzverfahren/Expertenurteile
- Statistische Prognoseverfahren
  - Prognosen zukünftiger Anforderungen
  - Prognosen zukünftiger Stellen, Tätigkeitsfelder, Organisationsstrukturen
- Methoden der partizipativen Bildungsplanung (nach Domsch)
  - Bedarfsplanung mit Hilfe vorgegebener oder gemeinsam erarbeiteter Lernzielkataloge
  - Bedarfsplanung auf Basis kritischer Vorfälle/Ereignisse
  - Bedarfsplanung mit Hilfe gegenseitiger Interviews
  - Bedarfsplanung mit Hilfe von Beurteilungs- und Förderungsgesprächen
  - Bedarfsplanung mit Hilfe von Mitarbeiterbefragungen

Abb. 2.11: Methoden der Personalentwicklungsplanung (Erster Teil)

2.5 Methodische Voraussetzungen zum Aufbau und zur Pflege eines Kennzahlensystems für die Personalplanung

Mehrere Beiträge in dieser Veröffentlichung (vgl. Mülder/Schmitz, Berger und Mataré) machen auf die große Bedeutung aufmerksam, die systematisch erarbeitete und gepflegte Kennzahlen für alle Bereiche der Personalplanung haben können. Diese Beiträge zeigen an vielen praktischen Beispielen, welchen Nutzen der Personalplaner durch Einsatz von Kennzahlen erzielen kann. In diesem Abschnitt sollen einige methodische Voraussetzungen zusammengefaßt werden, die beim Aufbau eines Personalkennzahlensystems zu beachten sind.

a) Am Anfang steht die inhaltliche und umfangmäßige Abgrenzung einzelner betriebsindividuell als wichtig empfundener Kenngrößen unter Zugrundelegung

B) Methoden zur Bestimmung der erforderlichen und durchführbaren Entwicklungsmaßnahmen

Voraussetzung: bestimmte Entwicklungs-Ergebnisse (z. B. eine bestimmte Anzahl von Mitarbeitern soll bestimmte zusätzliche Qualifikationen erwerben) werden als Sollgrößen vorgegeben

Aufgabe: Schätzen/Planen, welche Entwicklungsmaßnahmen durchgeführt werden sollen, damit die vorgegebenen Ziele erreicht werden

Methoden:
- Beobachtung, Protokollierung und statistische Auswertung:
  a) Verfügbares internes/externes Angebot an E-Maßnahmen
  b) Durchgeführte E-Maßnahmen
  c) Relation zwischen durchgeführten E-Maßnahmen und erzielten Ergebnissen
- Aufbau eines eigenen Systems zur Durchführung von Entwicklungsmaßnahmen

C) Methoden zur Bestimmung des Ressourcen-Einsatzes/der Kosten von erforderlichen und durchführbaren Entwicklungsmaßnahmen (evtl. Alternativen)

Voraussetzung: Wie oben

Aufgabe: Schätzen/Planen, welche Ressourcen/Kosten bei Durchführung der Maßnahmen verursacht werden (dürfen)

Methode: Beobachtung, Protokollierung und statistische Auswertung der Relation zwischen durchgeführten Entwicklungsmaßnahmen und eingesetzten Ressourcen

Abb. 2.12: Methoden der Personalentwicklungsplanung (Zweiter Teil)

ihrer Anwendungszwecke. Dabei markiert die Entscheidung, eine bestimmte Größe als „Kenngröße" zu verwenden, nicht den Anfang, sondern bereits das Ergebnis eines mehr oder weniger langen, aber häufig nicht systematischen Beobachtungs- und Erkenntnisprozesses. Der Praktiker hat die Überzeugung gewonnen, daß das „Kennen" dieser Größe ihm bei seinen planerischen Entscheidungen hilft, meist deshalb, weil die Größe in einem bestimmten Zusammenhang zu anderen, für die personalwirtschaftlichen Entscheidungen wichtigen Größen steht. Dies gilt sowohl für einfache Mengen-, Zeit- oder Zählgrößen als auch für Verhältnisgrößen, beispielsweise Mengen-pro-Zeiteinheit-Relationen. Dies gilt andererseits auch für die mit Hilfe von Geldeinheiten bewerteten Mengen, die entweder als Kosten oder als Leistungen (im engeren Sinne der Wirtschaftlichkeitsrechnung) auftreten und ebenfalls Kenngrößen sein können. Im Anfangsstadium kann eigentlich nicht davon gesprochen werden, daß ein klares Konzept für die Entwicklung eines Kennzahlen-**Systems** im Sinne der bewußten Integration von mehreren bis vielen Kennzahlen als Systemkomponenten vorhanden ist. Aus der Analyse des verfügbaren, in der Vergangenheit gewonnenen Datenmaterials entstehen zunächst einzelne, noch nicht integrierbare Hypothesen über die Ursache-/Wirkungs-Zusammenhänge zwischen einzelnen, für die Personalplanung wichtigen Größen/Faktoren.

b) Für die unter (a) inhaltlich abgegrenzten Größen sind Maßstäbe und Meßprozeduren zu bestimmen. In Richtlinien ist festzulegen, wann (wie häufig) was, d. h. welche Größen, von wem mit Hilfe welcher Maßstäbe (evtl. mit welchen anderen Hilfsmitteln) zu messen sind. Die Festlegung der Meß- und Erfassungs-Methodik bedeutet den Übergang aus einem mehr oder weniger intuitiven Stadium in ein zielgerichtetes, methodisch fundiertes Stadium des Sammelns von Erfahrungen.

c) Die Meß- und Erfassungs-Methodik ist über einen „ausreichend" langen Zeitraum hinweg kontrolliert anzuwenden. Je nach Häufigkeit des Auftretens der Meßgrößen – damit zusammenhängend je nach Häufigkeit der Meßpunkte – wird bei verschiedenen zu messenden Größen unterschiedlich zu definieren sein, was „ausreichend" bedeutet. Letztendlich geht es darum, daß eine genügend große Anzahl von Messungen durchgeführt werden muß, um die unter (a) abgeleiteten Hypothesen entweder zu falsifizieren oder hinsichtlich ihrer Aussagekraft zu verbessern (zu detaillieren/zu präzisieren). In dieser Phase vollzieht sich meist auch der Übergang vom Messen einzelner Größen und Relationen zwischen Größen zu einem in sich zusammenhängenden Kennzahlensystem. Damit verbunden sind im allgemeinen eine Vielzahl von Anpassungsmaßnahmen sowohl bezüglich der Meßprozeduren als auch bezüglich der Definitionen von Meßgrößen.

d) Parallel zu (c) sollte ein rechnergestütztes System aufgebaut werden, das zwei Hauptkomponenten besitzt:

- Ein Datenbanksystem, in dem die Meßergebnisse gespeichert werden, dessen Software-Komponente dazu dient, die gespeicherten Daten jederzeit verfügbar zu machen und sie für flexible Kombinationen und Auswertungen vorzubehalten;
- eine Experten-Software, mit deren Hilfe das Wissen der Personalfachleute über die Zusammenhänge zwischen den Kenngrößen (soweit es nachvoll-

ziehbar, überprüfbar, kurz: „verfügbar“ ist) abgebildet/transparent gemacht werden kann und mit deren Hilfe Vorschläge für die in den personalwirtschaftichen Entscheidungen relevanten Plangrößen generiert werden können. Die Experten-Software repräsentiert das „Regel-Wissen“ der Experten. Um Mißverständnissen vorzubeugen, soll nochmals mit allem Nachdruck betont werden, daß derartige Experten-Software niemals selbst Entscheidungen treffen kann, sondern lediglich zur systematischen Vorbereitung von Entscheidungen im Rahmen der Personalplanung benutzt werden kann.

e) Aufgrund der Dynamik des realen Geschehens in den Unternehmen muß die Entwicklung eines Kennzahlensystems als eine Daueraufgabe betrachtet werden. Sowohl die Definition der Kenngrößen, als auch die Meß- und Erfassungsmethodik müssen einer ständigen Überprüfung und Korrektur unterzogen bleiben. Die notwendigen Veränderungen werden umso leichter berücksichtigt und „verarbeitet“ werden können, je konsequenter das Kennzahlensystem als rechnergestütztes System aufgebaut und betrieben wird.

Abschließend wird in zehn Thesen zusammengefaßt, was bei der systematischen Pflege eines Kennzahlensystems beachtenswert erscheint, einer Pflege, die sicherstellen soll, daß ein Unternehmen langfristigen Nutzen aus dem Kennzahlensystem ziehen kann:

1. Die meisten in Kennzahlen auftretenden Größen unterliegen starken Veränderungen im Zeitablauf (hervorgerufen durch die Dynamik der Umwelt, z. B. durch Gesetzes- und Tarif-Änderungen). Hieraus folgt die Notwendigkeit zu systematischen Überprüfungen der K-Definitionen.

2. Der Informationsbedarf verändert sich, zusätzlicher Informationsbedarf macht neue Kennzahlen erforderlich.

3. Durch Umwelteinflüsse und innerbetriebliche Strukturveränderungen ergibt sich u. U. der Zwang zur Anpassung/Revision der Meß-/Erfassungs-Methodik.

4. Durch Umwelteinflüsse und innerbetriebliche Strukturveränderungen sind u. U. die in den Kennzahlen unterstellten Ursache-Wirkungs-Zusammenhänge (Hypothesen) zu revidieren.

5. Die permanente empirische Kontrolle, die parallel zum Kennzahleneinsatz stattfinden sollte, führt u. U. zu einer Erweiterung oder Verengung der Einsatzzwecke der Kennzahlen.

6. Die aufgeführten, in der Praxis eintretenden Tatbestände, machen klare organisatorische Regelungen zur Wartung/Pflege der Kennzahlen erforderlich, um diese wirksam nutzen zu können.

7. Die Pflege eines Kennzahlensystems muß nicht nur das periodische Erfassen, Aggregieren und Speichern von Istdaten des Personalwesens umfassen, sondern auch auf die Teilfunktionen des Aufbereitens, Verdichtens und flexiblen Bereitstellens von Ist-, Ziel-, Prognose- und Kenngrößen in verschiedenen For-

men und Aggregationsstufen für verschiedene Teilaufgaben/Teilziele des Personalwesens ausgerichtet sein.

8. Die wirksame Pflege eines Kennzahlensystems ist mittel- bis langfristig nur mit Hilfe eines computergestützten Systems zu bewältigen. Entscheidend hierfür ist die große Anzahl und die Komplexität der abzubildenden Beziehungen zwischen den Kennzahlen.

9. Notwendig erscheint die DV-technische und organisatorische Verzahnung der Pflege des P-Kennzahlensystems mit der Pflege des allgemeinen Führungskennzahlensystems des Unternehmens (sofern ein solches System vorhanden ist).

10. Ein P-Kennzahlensystem muß selbst permanent hinsichtlich seiner Wirtschaftlichkeit und Wirksamkeit überprüft werden. Dabei darf „Wirtschaftlichkeit" nicht eng im Sinne der Kosten-Verfolgung bzw. Kosten-Minimierung ausgelegt werden. Die Frage nach dem Nutzen eines solchen Systems muß auch die (nicht monetär bewertbaren) Aspekte der Beherrschbarkeit und Steuerbarkeit des immer komplexer werdenden Aufgabenbereichs Personalwesen einbeziehen.

2.6 Schlußbemerkungen

Das in diesem Beitrag verwendete systemanalytische Konzept skizziert den Aufgaben-, Daten- und Methoden-Hintergrund, der die Basis für Systementwicklungs-Entscheidungen auf den Gebieten der Personalbedarfsplanung, der Stellenplanung und der Personalentwicklungsplanung bildet. Es wird deutlich, daß die Kompetenz für diese Entscheidungen beim Fachmann der Personalplanung zu suchen ist. Nur dieser kann festlegen, welche Teilaufgaben aus dem Aufgabenspektrum der verschiedenen Planungsgebiete mit Hilfe welcher Methoden unterstützt werden sollen und ob die dann benötigten Datenarten in der erforderlichen Qualität (Aktualität, Genauigkeit etc.) zu den im Planungsprozeß vorgesehenen Zeitpunkten verfügbar sind. In diesem Sinne muß der Personalplaner als Systementwickler tätig werden. Erst wenn er seine Entscheidungen getroffen hat, ist der DV-Fachmann bzw. der Technologie-Spezialist in der Lage, die seinem spezifischen Know-how entsprechende Entwicklungsarbeit erfolgreich zu leisten.

Nicht wenige Fachleute des Personalwesens gehen von der – irrigen – Auffassung aus, daß man den DV-Spezialisten „Pauschalaufträge" zur Entwicklung von Teilsystemen für die Personalplanung geben könne, die dann auch die o.g. systemanalytischen Vorarbeiten und Entscheidungen mit beinhalten. Bedauerlicherweise werden solche Aufträge dann häufig auch von den DV-Spezialisten als Pauschalaufträge angenommen und weitgehend autonom „erfüllt". Dies führt nicht selten zu Mißerfolgen, weil „. . . nicht das entwickelt wird, was man eigentlich haben wollte . . ." (aber nie explizit gefordert hat).

Die nachfolgenden Beiträge von Praktikern des Personalwesens beschreiben Beispiele für funktionierende Konzepte und erfolgreich realisierte Lösungen. Die Erfolge sind nicht zuletzt darauf zurückzuführen, daß ein wirksames systemanalytisches Konzept angewendet worden ist.

2.7 Literatur

Ambrossy, R.:	Personalplanung bei variabler Organisationsstruktur. Ansätze zu einer integrierten Personal- und Organisationsplanung. Frankfurt/M., Bern 1982
Baetge, J.; Wagner, H. (Hrsg.):	Personalbedarfsplanung in Wirtschaft und Verwaltung. Stuttgart 1983
Berthel, J.:	Personal-Management. Grundzüge einer Konzeption betrieblicher Personalarbeit. Stuttgart 1979
Beyer, H.-T.:	Determinanten des Personalbedarfs. Bern und Stuttgart 1981
Blanke, W. P.:	Integrierte Stellenplanung als Instrument für die Personalarbeit. In: BIFOA-Fachseminar CPIS III am 25./26.10.84 in Köln (Seminar-Unterlage)
Domsch, M.:	Systemgestützte Personalarbeit. Wiesbaden 1980
Domsch, M.; Reinecke, P.:	Partizipative Personalentwicklung. In: Personalentwicklung – Sonderheft 14. Schmalenbachs Zeitschrift für betriebswirtschaftliche Forschung, hrsg. von H. Kossbiel, Wiesbaden 1982, S. 64–81
Domsch, M.:	Personal. In: Vahlens Kompendium der Betriebswirtschaftslehre. Band 1, hrsg. von J. Baetge et al. München 1984, S. 483–539
Drumm, H. J.; Scholz, C.:	Personalplanung – Planungsmethoden und Methodenakzeptanz. Bern, Stuttgart 1983
Gester, R.; Mülder, W.:	Beschreibung von Funktions- und Datenbeziehungen bei dem Entwurf computergestützter Personalentwicklungssysteme – Erfahrungen bei der Anwendung einer Beschreibungsmethode. (DBW-Depot 84–2–4) Universität Essen 1984
Jobs, F.; Samland, J. (Hrsg.):	Personalinformationssysteme in Recht und Praxis. Stuttgart 1984
Kossbiel, H.:	Personalplanung (inklusive Personalplanungsmodelle). In: Handwörterbuch des öffentlichen Dienstes, hrgs. von W. Bierfelder. Berlin 1976, Sp. 1235–1252

Kossbiel, H.: Organisation des Personalwesens. In: Handwörterbuch der Organisation, 2. Aufl., hrsg. von E. Grochla. Stuttgart 1980, Sp. 1872–1884

Kossbiel, H. (Hrsg.): Personalentwicklung. Sonderheft 14. Schmalenbachs Zeitschrift für betriebswirtschaftliche Forschung. Wiesbaden 1982

Kupsch, P.; Marr, R.: Personalwirtschaft. In: Industriebetriebslehre. Entscheidungen im Industriebetrieb, 7. Aufl., hrsg. von E. Heinen. Wiesbaden 1983

Mülder, W.: Organisatorische Implementierung von computergestützten Personalinformationssystemen – Einführungsprobleme und Lösungsansätze. Berlin, Heidelberg 1984

RKW (Hrsg.): RKW-Handbuch – Praxis der Personalplanung. Neuwied 1978

Maase, M.; Schultz-Wild, R. (Hrsg.): Personalplanung zwischen Wachstum und Stagnation. New York 1980

Seibt, D.; Mülder, W.: Rechnergestützte Personalinformationssysteme – Definitionen, Versuche zur Typisierung und Entwicklungsstufenbildung. In: Angewandte Informatik, Heft 6/1981, S. 245–253

Seibt, D.; Mülder, W.: Aktuelle Probleme und Tendenzen bei der Entwicklung von rechnergestützten Personalinformationssystemen. In: Angewandte Informatik, Heft 6/1982, S. 326–336

Wolf-Köppen, P.: Personalinformationssysteme als Instrument der Personalplanung – Praxis und Rechtsfragen. In: Personalinformationssysteme in Recht und Praxis, hrsg. von F. Jobs und J. Samland. Stuttgart 1984, S. 45–86

Siegfried Waldschütz

3. Methoden der Personalbedarfsplanung

3.1 Zielsetzung

Das Ziel des vorliegenden Beitrags ist eine übersichtliche Darstellung der wichtigsten Methoden/Verfahren zur Ermittlung des Personalbedarfs — im folgenden mit M/V bzw. PBE abgekürzt — in Form von Kurzbeschreibungen, die nach einem übersichtlichen Schema geordnet sind.[1)]

Sie sollen einerseits dem Praktiker die Orientierung bei der Auswahl von M/V der PBE erleichtern und andererseits als Basis für die Diskussion von Lösungssätzen zur Überwindung von Anwendungsdefiziten dienen (siehe Beiträge 4 „Probleme bei der Anwendung von Personalplanungsmethoden in der Praxis" und 12 „Schlußfolgerungen").

3.2 Begriffe und Systemrahmen der Personalbedarfs-Ermittlung

Der Systemrahmen der PBE wird hier so definiert, daß er die Einbettung in das System der Unternehmensplanung, die wichtigsten Systemelemente und den Prozeß der PB-Planung umfaßt. Bei der Skizzierung dieses Systems werden gleichzeitig die wichtigsten Begriffe der PB-Planung definiert.

3.2.1 Systemrahmen

Das System PB-Ermittlung läßt sich auf das einfache Schema in Abb. 3.1 reduzieren.

Maßgebend für den praxisbezogenen Einsatz von M/V der PBE sind die Einflußgrößen, deren Verknüpfung und die entsprechenden Daten.

3.2.2 Betrieblicher Stellenwert

- Die PB-Planung ist das Kernstück der Personalplanung.
- Die Personalplanung und damit auch die PBE sollten in die Unternehmensplanung integriert sein.
- Diese systembedingte Forderung ist in vielen Unternehmen nur teilweise oder nicht erfüllt (siehe Beitrag 4 „Probleme bei der Anwendung . . .). Deshalb werden die wirksamen Planungs-Systemelemente, deren wechselseitigen Beziehungen und Stellenwert in sehr unterschiedlicher Weise durch die jeweils geltenden betriebsspezifischen Rahmenbedingungen bestimmt.
- Der in der Betriebspraxis sinnvolle Einsatz von M/V der PBE hängt deshalb nicht nur davon ab, ob sie sich prinzipiell dafür eignen, sondern insbesondere auch davon, ob die für die maßgebenden Einflußgrößen erforderlichen Eingangsdaten verfügbar sind und die erzielten Ergebnisse auch systemkonform genutzt werden.

---

1) vgl. zu den Methoden der Personalplanung RKW (1978), Kador/Pornschlegel (1977), Bessoth/Borns/Wenzel (1977), Bisani (1976), Schmidt/Hagenbruck/Sämann (1975).

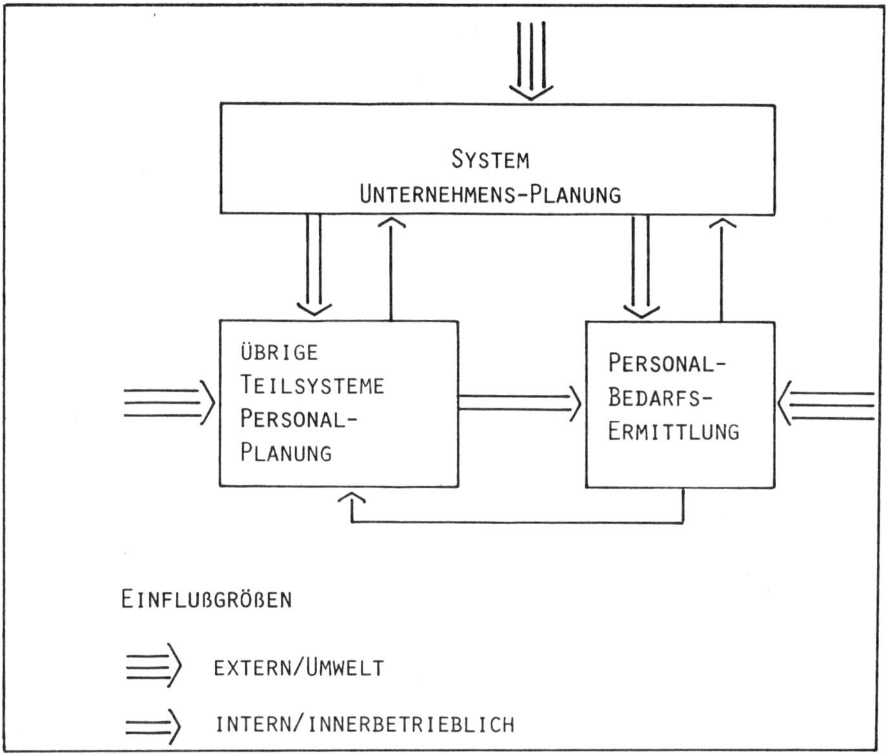

Abb. 3.1: Systemrahmen der Personalbedarfs-Ermittlung

3.2.3 Einflußgrößen

Die häufigste Unterteilung von Einflußgrößen erfolgt nach den Kriterien

extern : intern
direkt : indirekt

Direkte Einflußgrößen sind solche, die als Variablen in die PB-Ermittlung eingehen. Die internen Einflußgrößen sind der Auslöser für die PB-Planung bzw. -ermittlung. Die Auswahl und Anwendung von M/V der PBE hängt davon ab, ob und inwieweit folgende Voraussetzungen erfüllt sind:

- Ermittlung der Einflußfaktoren
- Ermittlung funktionaler Verknüpfungen
- Operationalisierbarkeit bzw. Schätzbarkeit, Verfügbarkeit und Qualität der erforderlichen Daten (siehe Beitrag 11 „Checklisten zur Personalplanung")!

3.2.4 Fristigkeit

Die PB-Planung bezieht sich wie jede Planung entweder auf einen zukünftigen Planungszeitpunkt oder Planungszeitraum. Am häufigsten wird die Fristigkeit wie folgt untergliedert:

kurzfristig :	bis zu 1 Jahr
mittelfristig:	1 bis 3 Jahre
langfristig :	mehr als 3 Jahre.

Mit zunehmender Fristigkeit werden zwangsläufig die Prognoseergebnisse unvollständiger, unsicherer und globaler. Wichtig für eine systemkonforme Nutzung von PB-Prognosen wäre eine rollierende Planung, bei der die lang-, mittel- und kurzfristigen Plandaten regelmäßig überprüft, den tatsächlichen Entwicklungen angepaßt und fortgeschrieben werden.

3.2.5 Vorgehensweise der Personalbedarfs-Ermittlung

Der Prozeß der PBE verläuft in drei Schritten:

1. Brutto-PBE („SOLL-Prognose")
   Ermittlung des zukünftigen Brutto-Personalbedarfs zum Zeitpunkt t_x nach Quantität, Qualität und Ort: „Betriebliche Personalnachfrage".

2. Bestands-Prognose („IST-Prognose")
   Ermittlung des Personalbestands zum gegenwärtigen Zeitpunkt t_0 und des zum Planungszeitpunkt t_x prognostizierten Personalbestandes nach Qualität, Quantität und Ort: „Betriebliches Personalangebot".

3. Netto-PBE („SOLL-IST-Vergleich")
   Vergleich zwischen zukünftigen Personalbedarf und prognostiziertem Personalbestand.

Die Ergebnisse des Netto-PBE sind der Ausgangspunkt für die Planung von Maßnahmen zur Beseitigung von Personalüber- bzw. unterdeckung: Übergang zur Beschaffungs-, Entwicklungs- und Freistellungs-Planung.

Der Prozeß der PBE und weitere Begriffe sind in Abb. 3.2 veranschaulicht.

Der **Einsatzbedarf** ergibt sich aus dem Verhältnis:

$$\frac{\text{Arbeitsmenge x Zeitbedarf pro Arbeitsvorgang}}{\text{verfügbare Arbeitszeit pro Arbeitskraft}}$$

Der **Reservebedarf** berücksichtigt die unvermeidbaren, unproduktiven Zeitanteile, die überwiegend durch Urlaub, Fehlzeiten, Einarbeitungszeit und Freistellungen bedingt sind.

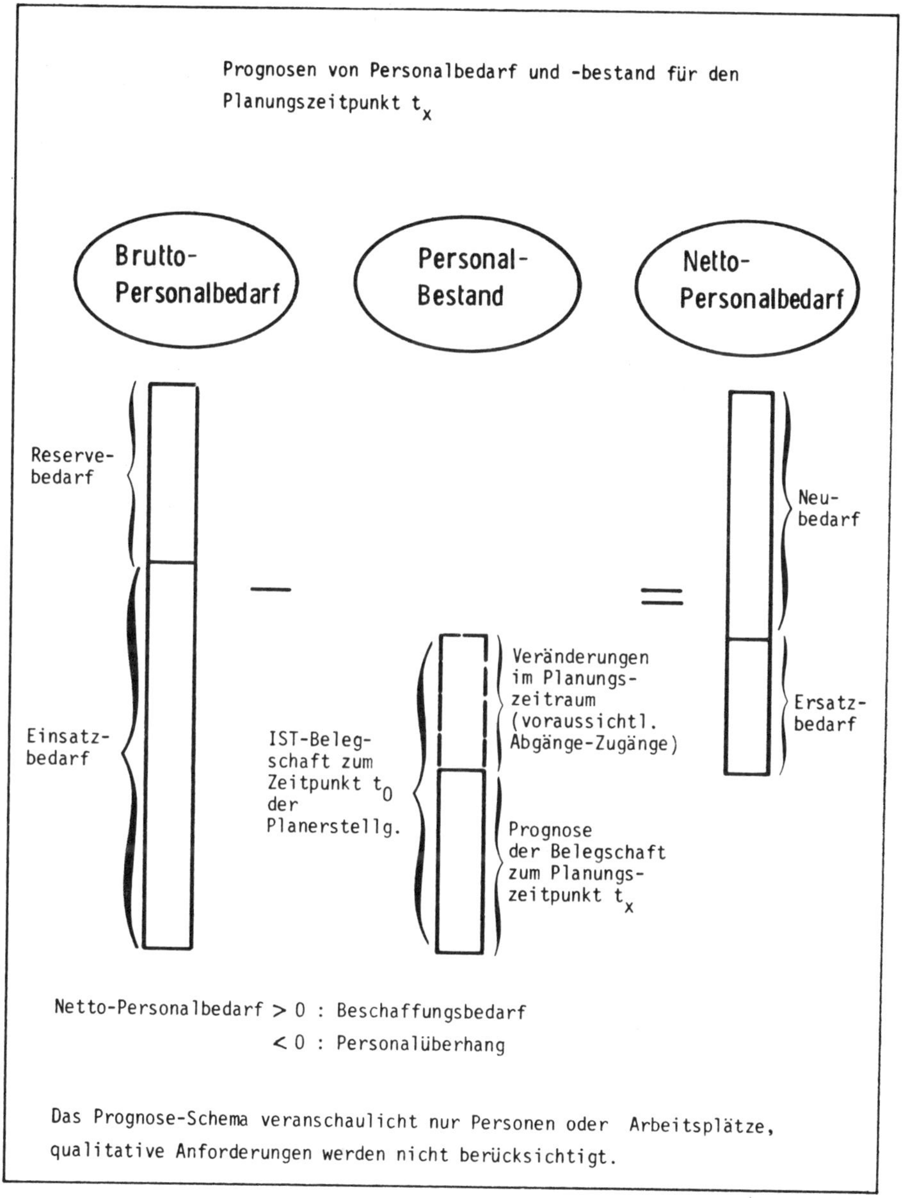

Abb. 3.2: Vorgehensweise und Begriffe der Personalbedarfsplanung

3.3 Skizzierung der wichtigsten Verfahren/Methoden zur Prognose der Entwicklung des Personalbestands

3.3.1 IST-Personalbestand

Die Darstellung des gegenwärtigen Personalbestands ist der grundlegende und zweifellos der einfachste Schritt im Prozeß der Bedarfsermittlung:

Je nach Detaillierung der Planung werden dazu folgende betriebswirtschaftliche Hilfsmittel herangezogen bzw. benötigt:

- Organisationspläne (Geschäftverteilungspläne)
- Stellenpläne
- Stellen-/Arbeitsplatz-Beschreibungen, Stellenbesetzungspläne
- Dienst-/Schichtpläne
- Anforderungsprofile
- Befähigungsprofile

  usw.

3.3.2 Veränderung des Personalbestands

Die wichtigsten Verfahren zur Prognose des Personalbestands sind in Abb. 3.3 zusammen mit ihren Bestimmungsgrößen dargestellt. Daraus wird auch ersichtlich, daß die Schnittstelle zur Personalentwicklungsplanung sehr wichtig ist.

Grundsätzlich besteht bei der Prognose des Personalbestands die gleiche Problematik wie bei der Prognose des Personalbedarfs:

Es geht darum, daß für die jeweiligen Zielgrößen die maßgebenden Einflußgrößen gefunden und die erforderlichen Werte/Daten mit geeigneten Verfahren ermittelt werden können. Diese Problematik wird bei der Skizzierung der Verfahren zur Prognose des Personalbedarfs im nächsten Abschnitt näher behandelt. Deshalb kann hier auf eine detailliertere Behandlung der Prognose des Personalbestands verzichtet werden.

3.4 Skizzierung der wichtigsten Verfahren/Methoden zur Ermittlung des Personalbedarfs

Die M/V der PBE werden in der Literatur nach den verschiedensten Kriterien kategorisiert.[2)] Für die Übersicht 3.4 wurde als Kriterium die zunehmende Schwierigkeit bei der Anwendung zugrundegelegt.

Die Skizzierung der wichtigsten M/V der PBE erfolgt nach einem einheitlichen Schema bezüglich der drei Gliederungspunkte:

- Charakterisierung
  durch die bestimmenden Merkmale

---

2) vgl. Ulrich (1975), Sämann (1975), Wenzel (1976).

1. Zugangs-Abgangs-Rechnung

Abgänge

Zugänge

- Beförderungen
- Versetzungen
- Aus-/Weiterbildung
- Bundeswehr

- Kündigungen
- Ablauf v. Zeitverträgen
- Entlassungen
- Pensionierungen
- Invalidität/Tod

- Übernahme von Lehrlingen
- Einstellungen

2. Methode der Beschäftigungszeiträume

- Prognose von Abgängen

  mit Erfahrungswerten, die angeben, in welchen Zeiträumen sich der Bestand von Arbeitnehmergruppen z.B. auf 3/4, 1/2 oder 1/4 des ursprünglichen Bestandes verringert hat.

3. Statistiken

- Personalstand
- Altersstruktur
- Fluktuation für bestimmte Gruppen

Abb. 3.3: Die wichtigsten Hilfsmittel und Bestimmungsgrößen zur Prognose der Entwicklung des Personalbestands

- Güte
  global und relativ zur Güte der Einflußgrößen und verfügbaren Daten
- Anwendung
  global und bezogen auf die betriebliche Praxis

Für die Beantwortung der Frage, welche M/V der PBE im jeweiligen Anwendungsfalle am geeignetsten sind, sollten die Kriterien geprüft werden, die im Beitrag 11 „Checklisten zur Personalplanung“ zusammengestellt worden sind.

Intuitive Methoden

- Schätz-Verfahren
- Stellenplan-/Arbeitsplatz-Methode
- Kennzahlen-Methode

Arbeitswissenschaftliche Methoden

- REFA
- MTM

Heuristisch-Mathematische Methoden

- Interpolation
- Trend-Verfahren
  - Trendextrapolation
  - Trendanalogie
  - Approach-Verfahren
- Multivariable Verfahren
  - Korrelation
  - Regression
  - Netzplantechnik
  - Modellbildung und Simulation

Abb. 3.4: Übersicht über die wichtigsten Verfahren/Methoden zur Prognose des Personalbedarfs

3.4.1 Schätzverfahren

Es werden 3 Arten unterschieden:

- einfache Schätzung
- normale Expertenbefragung
- systematisierte Expertenbefragung (Delphi-Methode)

Die Kurzbeschreibung dieser 3 Schätzverfahren enthalten die Abb. 3.5 und 3.6. Die Basis dieser Verfahren sind subjektive Bewertungen von Einzelpersonen, die sie praktisch aus dem Stegreif auf Grund ihrer Erfahrungen und Intuition angeben. Die verwendeten Einflußparameter und Bezugsgrößen sind daher nicht einheitlich und werden meistens nicht dokumentiert.

3.4.2 Stellenplan-/Arbeitsplatz-Methoden

Die Basis für Schätzverfahren sind oft Stellenpläne. Die Stellenplan-/Arbeitsplatz-Methode ist praktisch selbst ein Schätzverfahren (vgl. Abb. 3.7). Im Anwendungsfall müßten die Begriffe Stelle und Arbeitsplatz unmißverständlich definiert werden (die Definitionen in der Literatur sind nicht einheitlich).

Die meisten Stellenpläne enthalten nicht nur Angaben über die Anzahl der Arbeitsplätze, sondern auch über ihre Qualifikation. Die Detaillierung ist aber in der Praxis sehr unterschiedlich.

3.4.3 Kennzahlen-Methode

Oft werden die Ergebnisse von Schätzverfahren und der Stellenplan-/Arbeitsplatzmethode als zu global empfunden, z. B. wenn es sich um sprungfixe Stellen handelt.

Bei der Suche nach stärkeren Differenzierungen und detaillierteren Begründungen für die Prognosen bietet sich als nächst einfacheres Hilfsmittel die Kennzahlen-Methode an (vgl. Abb. 3.8 und 3.9).

Kennzahlen werden aus der Erfahrung und empirischen Überprüfung von Zusammenhängen abgeleitet. Ihre Güte schwankt dementsprechend. Sie kann vom Niveau der Schätzverfahren verbessert werden durch Überprüfung mit Hilfe mathematischer Verfahren oder durch Ableitung aus arbeitswissenschaftlichen Untersuchungen.

Die Problematik und konkrete Lösungsansätze zur Ermittlung von Kennzahlen werden im Beitrag 5 behandelt.

Einfaches Schätzverfahren

Charakterisierung

- Bedarfszahlen beruhen auf subjektiven Urteilen der zuständigen Führungskräfte
- Fragende Stelle
  - faßt Antworten zusammen
  - prüft Plausibilität
  - berichtigt, falls erforderlich

Güte umso höher

- je einheitlicher die Maßstäbe für die Befragung und Schätzung sind
- je besser die Erfahrungen der Experten die Gegebenheiten berücksichtigen

Anwendung:

- Weit verbreitet
- In sehr vielen Betrieben das einzige, angewendete Verfahren
- Kurz- und mittelfristig

Abb. 3.5: Kurzbeschreibung des einfachen Schätzverfahrens

Normale und systematisierte Expertenbefragung

Charakterisierung

Normal

Urteil einer Einzelperson wird durch Gruppenurteil mehrerer kompetenter Personen ersetzt

Systematisiert

In Anlehnung an DELPHI-Methode:

- Die zuständigen Führungskräfte und auch Außenstehende werden befragt
- Die Schätzungen werden mit Hilfe eines Fragebogens erhoben, manchmal zusätzlich auch die Begründungen dafür
- Die zusammengefaßten Ergebnisse werden an die Befragten anonym zurückgemeldet*) mit der Aufforderung, aufgrund der neuen Informationen ihre Schätzungen zu überprüfen und ggf. zu modifizieren. Bei starker Abweichung einer Schätzung sollte eine Begründung gegeben werden

Güte

- Ähnlich wie beim einfachen Verfahren
- Schätzungen aber wahrscheinlich besser aufgrund der breiteren Basis und der Rückkopplung

Anwendung

Nicht bekannt

Abb. 3.6: Kurzbeschreibung der normalen und systematisierten Expertenbefragung

*) (Um die Gefahr der Dominanz eines Schätzers zu reduzieren)

Stellenplan-/Arbeitsplatzmethode

Charakterisierung

- Voraussetzung: Alle Stellen/Arbeitsplätze im Unternehmen sind ermittelt
- Der zukünftige Brutto-Personalbedarf wird direkt aus den in die Zukunft fortgeschriebenen Stellenplänen ermittelt
- Die von der Unternehmensplanung beabsichtigten, zukünftigen Vorhaben und Maßnahmen müssen berücksichtigt werden
- Der Netto-Personalbedarf ergibt sich mit Hilfe der fortgeschriebenen Stellenbesetzungspläne
- Dabei wird oft unterschieden zwischen

  – Fixen Stellen/Arbeitsplätzen, die ständig besetzt sein müssen

  – Sprungfixen Stellen, bei denen der Arbeitsumfang variabel ist

  und

  – Schicht-Arbeitsplätzen

Güte

- Ähnlich wie bei Schätzverfahren
- Desto höher, je unabhängiger Besetzung der Arbeitsplätze von Arbeitsmenge ist

Anwendung

- Überwiegend im Dienstleistungs- und Verwaltungsbereich, insbesondere im öffentlichen Dienst
- Kurzfristig

Abb. 3.7: Kurzbeschreibung der Stellenplan-/Arbeitsplatzmethode

Kennzahlen-Methode

Charakterisierung

- Aus Erfahrungen und Analysen werden Bezugszahlen bzw. Kennzahlen abgeleitet
- Kennzahlen stellen die Abhängigkeiten des Personalbedarfs von verschiedenen Einflußgrößen dar
- Es werden unternehmensspezifische und überbetriebliche Zusammenhänge herangezogen

Güte umso höher

- je stabiler die Zusammenhänge sind
- je besser die Kennzahlen empirisch überprüft und ggf. aktualisiert sind

Anwendung

- Häufige Anwendung für alle Arbeitsplätze, bei denen Personalbesetzung von anfallender Arbeitsmenge abhängt
- Es gibt eine große Palette von Kennzahlen
- Kurz- bis Langfristig

Abb. 3.8: Kurzbeschreibung der Kennzahlen-Methode

Die wichtigsten und bekanntesten Kennzahlen sind:

$$\text{Arbeitsproduktivität} = \frac{\text{Ertrag (z. B. Umsatz/Menge)}}{\text{Pers. Einsatz (z. B. Anzahl/Zeitbedarf von Beschäftigten)}}$$

$$\text{Bruttopersonalbedarf} = \frac{\text{Zukünftiger Ertrag}}{\text{Geschätzte zukünft. Arbeitsproduktivität}}$$

Kennzahlen auf der Basis der Zeit:

$$Z_I = \frac{\text{Arbeitsaufwand (Zeit)}}{\text{Arbeitsmenge (z. B. Stück)}}$$

$$PEB = \sum_I \frac{M_I \cdot Z_I}{VAZ}$$

PEB = Personaleinsatzbedarf (Anzahl Beschäftigte)
M_I = Häufigkeit der einzelnen Tätigkeiten
Z_I = Zeitbedarf für einmalige Ausübung
VAZ = Verfügbare Arbeitszeit pro Beschäftigten (Netto)

In der Praxis müssen diese Grundformeln weiter spezifiziert werden, um z. B. Verteilzeiten, Störzeiten, Urlaub, Krankheit usw. zu berücksichtigen

Abb. 3.9: Beispiele für Kennzahlen

3.4.4 Arbeitswissenschaftliche Methoden

Die Objektivierung wird durch das wissenschaftliche Vorgehen bei der Festlegung der erforderlichen Zeit pro Arbeitseinheit erreicht. Die bekanntesten sind die in Abb. 3.10 skizzierten Methoden:

- REFA
- MTM

Diese basieren auf der Ermittlung von Zeiten, daneben gibt es aber auch noch speziellere Methoden und Verfahren, die sich z. B. mit den verwendeten Betriebs- oder Arbeitsmitteln befassen.

3.4.5 Interpolation

Bei der Ermittlung von Kennzahlen wird oft interpoliert. Wenn einfache Zusammenhänge vorliegen, kann man kaum von der Anwendung eines mathematischen Verfahrens sprechen. Daher wird die Interpolation in der Literatur oft nicht als eigene Methode aufgeführt. Anders jedoch im Falle nichtlinearer Beziehungen. Dann kann erst interpoliert werden, wenn eine entsprechende mathematische Funktion gefunden wird.

Die mathematischen Hilfsmittel, die auch bei den Trendverfahren in gleicher Weise herangezogen werden, sind mit zunehmender Schwierigkeit:

- Methoden der gleitenden Mittelwerte/Durchschnittsrechnung:
  Aus einer bestimmten Anzahl von Beobachtungswerten werden fortschreitend Mittelwerte gebildet, indem jeweils der älteste Wert weggelassen und ein neuer Wert in die Rechnung aufgenommen wird (z. B. „Dreierdurchschnitte"). Die so geglättete Funktion läßt sich besser extrapolieren als die ursprüngliche.
- Methode der exponentiellen Glättung:
  Sie beruht auf der Erkenntnis, daß der Informationswert der Beobachtungen einer Zeitreihe mit wachsender Gegenwartsnähe steigt. Dementsprechend gehen die jüngeren Beobachtungswerte mit stärkerem Gewicht in die Vorhersage ein als die älteren. Die einzelnen Gewichtsfaktoren, deren Summe 1 ergibt, bilden eine geometrische Reihe entsprechend der Wahl des sogenannten Reaktionsparameters α. Je näher α bei 1 liegt, desto stärker ist die Gewichtung.
- Methode der kleinsten Quadrate:
  Die Summe der Abstandsquadrate zwischen den tatsächlichen Beobachtungswerten und den zugehörigen, auf der zu ermittelnden Trendkurve liegenden Werten ist ein Minimum.
- Korrelationsrechnungen
- Regressionsrechnungen

Arbeitswissenschaftliche Methoden

Charakterisierung

REFA

- Zerlegung des Arbeitsablaufs in seine Arbeitsvorgänge
- Festlegung der Qualifikation der Arbeitskräfte für diese Arbeitsvorgänge
- Messung der Zeit für jeden Arbeitsvorgang
- Ermittlung des durchschnittlichen Leistungsfaktors aller Arbeitskräfte
- Es werden bei der Ermittlung des Personalbedarfs neben der Ausführungszeit Rüst-, Bereitschafts-, Wege- und Erholzeiten berücksichtigt

MTM = Methods of Time Measurement

- Im Unterschied zu REFA werden die Arbeits-Bewegungsstudien nur für körperliche Arbeit durchgeführt
- Jede körperliche Arbeit wird in verschiedene erkennbare Grundbewegungen zerlegt, die zu ihrer Ausführung nötig sind
- Für jede dieser Grundbewegungen werden Normalzeitwerte ermittelt mit Hilfe von Zeitlupenaufnahmen durch erfahrene Zeitstudienleute
- Die ermittelten Zeitwerte werden in Form von Zeittabellen bei der Personalbedarfsermittlung verwendet

Güte umso höher

- je eher zukünftig die gleichen Verhältnisse gegeben sind, wie sie bei der Zeitmessung gültig waren
- je weniger sich die gemessenen Arbeitsabläufe im Laufe der Zeit verändern

Anwendung

- Überwiegend im Fertigungsbereich
- Kurzfristig, mehr zur unmittelbaren Personalbemessung, weniger zur Prognose

Abb. 3.10: Kurzbeschreibung von REFA und MTM

Interpolation

Charakterisierung

- Ein Zusammenhang zwischen zwei Größen ist für bestimmte Wertepaare bekannt.
- Der Zusammenhang wird für den gesamten Wertebereich in Form einer funktionalen Beziehung hergestellt (Gerade oder Kurve).
- Jeder gewünschte Wert der Abhängigen Variable im gegebenen Wertbereich kann dann graphisch interpoliert werden.

BEISPIEL

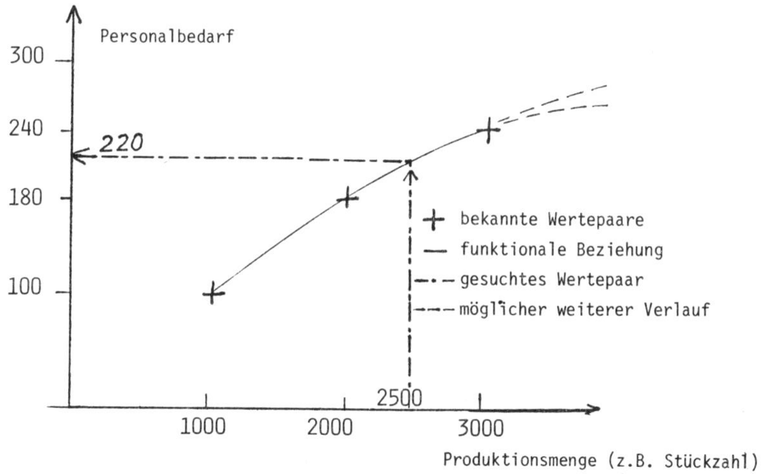

Güte umso höher

- je einfacher der vorliegende Sachverhalt ist
- je länger die Verhältnisse stabil bleiben
- je stetiger der Zusammenhang ist

Anwendung

bei der empirischen Überprüfung von Kennzahlen.

Abb. 3.11: Kurzbeschreibung der Interpolation

In Abb. 3.11 ist die Interpolations-Methode an einem einfachen Beispiel veranschaulicht.

Wenn dagegen ein Wert der unabhängigen Variablen außerhalb des bekannten Wertebereichs gesucht wird, müssen Trendverfahren angewendet werden.

3.4.6 Trendverfahren

Es werden unterschieden:

- Trendextrapolation/Zeitreihenprognose
- Trendanalogie/Einflußgrößenprognose
- Approach-Verfahren

Eine Kurzbeschreibung dieser drei Verfahren ist den Abbildungen 3.12–3.14 zu entnehmen.

3.4.7 Multivariable Verfahren

Die Güte der gefundenen Kennzahlen/Abhängigkeiten steigt, wenn sie der Überprüfung mit Hilfe mathematisch-statistischer Verfahren standhalten.

Solche Verfahren sind (vgl. Abb. 3.15 und 3.16)

- Korrelationsanalysen
- Regressionsanalysen
- Netzplantechnik
- Modellbildung und Simulation.

Dabei darf aber nicht vergessen werden, daß auch diese Verfahren nicht frei von Intuitionen sind. Die Intuition ist hier lediglich in Gestalt gewisser Parameter formalisiert und damit meßbar und reproduzierbar gemacht worden.

3.5 Zur Güte von Methoden der Personalbedarfsermittlung

Die Güte der verfügbaren Methoden hängt von einer Reihe von Kriterien ab; die wichtigsten Kriteriengruppen sind:

- Anzahl und Art der unterschiedlichen Einflußgrößen
- Güte der Daten und Werte für die relevanten Einflußgrößen
- Grad der Komplexität der bestehenden Abhängigkeiten.

Schon auf Grund dieses Sachverhalts kann die Güte von Personalbedarfs-Prognosen außerordentlich unterschiedlich sein und läßt sich deshalb auch nicht generell, sondern nur für einen definierten Anwendungsfall abschätzen. Immer wieder können darüberhinaus aber völlig unvorhersehbare Kriterien den Ausschlag geben.

Dies sind die maßgebenden Gründe dafür, daß die Personalbedarfsplanung das Teilsystem in der gesamten Personalplanung ist, das am stärksten mit Unsicherheit behaftet ist. Diese Unsicherheit wiederum ist einer der Hauptgründe dafür, daß

Trendverfahren

Charakterisierung

Für alle Trendverfahren gilt

- Fortschreibung PB-wirksamer Zusammenhänge/Abhängigkeiten/Kennzahlen mit dokumentierter, analysierter, stetiger Entwicklung aus Vergangenheit in Zukunft
- Voraussetzung: Die in der Vergangenheit gültigen Verhältnisse gelten auch in Zukunft („Genosse Trend“)
- Die Extrapolation wird mit Hilfe mathematischer Methoden durchgeführt („kleinste Quadrate“, „gleitende Mittelwerte“, „exponentielle Glättung“, usw.)

Güte umso höher

- je einfacher die vorliegenden Sachverhalte
- je unveränderlicher die Auswirkungen der Summe der möglichen unbekannten Einflußgrößen auf betrachtete Kenngröße ist: „Extrapolationsfalle“! (z. B. Ölpreisentwicklung)

Anwendung

- Breite Verwendung in unterschiedlicher Detaillierung und Güte
- Kurz- bis langfristig

Abb. 3.12: Kurzbeschreibung der Trendverfahren

Trendextrapolation/Zeitreihenprognose

- **Eine Größe** des Personalbedarfs oder eine dafür wirksame Kennzahl werden **extrapoliert**
- Die Zeit ist die einzige Einflußgröße
- Die Wirkung einzelner Einflußgrößen bleibt unberücksichtigt

Trendanalogie/Einflußgrößenprognose

- Der **Zusammenhang** zwischen den Entwicklungen **zweier oder mehrerer** Einflußgrößen, d. h. zwischen den Trends der entsprechenden **Zeitreihen**, wird **extrapoliert**
- Der Trend der einen Entwicklung dient als Anhaltspunkt für den Trend der Anderen – „Lead Lag"

Approach-Verfahren

Best-Plant-Approach

- Der führende Betrieb, die modernste Anlage oder das höchstentwickelte System wird untersucht und mit vorhanden Systemen verglichen
- Für die weniger weit entwickelten Betriebe wird eine Prognose daraus abgeleitet, unter der Annahme, daß sich der Durchschnitt dem Branchenführer oder der fortschrittlichsten Abteilung eines Werkes anpaßt

Second-Plant-Approach

- Statt des „Spitzenreiters" wird der Zustand des „Zweitbesten" als zukünftiger Zustand des derzeitigen Durchschnitts angenommen.

Abb. 3.13: Hauptmerkmale von Trendextrapolation, Trendanalogie, Approach-Verfahren

Beispiele für Trendverfahren

Für das Interpolations-Beispiel in Abb. 3.11 soll der Personalbedarf prognostiziert werden für eine Produktionsmenge, die außerhalb des bekannten funktionalen Zusammenhangs liegt

- Falls die zeitliche Entwicklung des Personalbedarfs bekannt ist, könnte daraus der zukünftige Verlauf durch **Trendextrapolation** ermittelt werden und zwar unabhängig von der Kenntnis der zeitlichen Entwicklung der Produktionsmenge
- Unter der Annahme, daß die zeitliche Entwicklung der Produktionsmenge bekannt ist und diese die personalbedarfswirksame Größe ist, kann aus deren Trendextrapolation der zukünftige Personalbedarf abgeleitet werden. D. h. in unserem Beispiel würde der bestehende funktionale Zusammenhang extrapoliert: **Trendanalogie**
- Auch Kennzahlen aus anderen Betrieben, die den gesuchten Wertebereich umfassen, können herangezogen werden: **Approach-Verfahren**. Dies ist besonders dann bedeutsam, wenn die personalbedarfswirksame Größe im unbekannten Wertebereich starken Änderungen unterworfen sein kann

  In unserem Beispiel wäre ein solcher Fall denkbar, wenn die Produktion bei höheren Stückzahlen technische Neuerungen erfordert, die dann aber auf der Personalseite Rationalisierungen zur Folge hat.

Abb. 3.14: Beispiele für Trendverfahren

Korrelation und Regression

Charakterisierung

Multivariable Methoden analysieren und prognostizieren die betrachtete Größe als Funktion mehrerer Einflußfaktoren mit Hilfe mathematisch-statistischer Verfahren

Korrelation und Regression

- Im Prinzip ist dieser Ansatz nur eine Erweiterung des Verfahrens zur Ermittlung der Trendfunktion, wobei nun anstelle der Zeit mehrere Einflußgrößen berücksichtigt werden
- Bei der Korrelation besteht mit umso größerer Wahrscheinlichkeit eine funktionale Beziehung, je näher der Korrelationsfaktor bei 1 liegt. Bei der Regression muß die Regressionsfunktion angesetzt und untersucht werden

Beispiel:

Es wird angenommen, daß zwischen dem Bestand an Arbeitsplätzen Y und den Produktionsvolumen X_1, X_2 und X_3 folgender Zusammenhang besteht:

$$Y = A_0 + A_1X_1 + A_2X_2 + A_3X_3 + S$$

Liegen für die unabhängigen Variablen X_I und die abhängige Variable Y historische Daten vor, so lassen sich die unbekannten Koeffizienten A_I nach der Methode der kleinsten Quadrate bestimmen. Unter der Voraussetzung, daß die gefundene Funktion stabil bleibt, läßt sich die Prognose des Bestands an Arbeitskräften errechnen, in dem die geplanten Produktionsmengen in die Regressionsfunktion eingesetzt werden. Die Größe S wird als latente Variable bezeichnet, die unbekannte Einflüsse berücksichtigt.

Abb. 3.15: Kurzbeschreibung von Korrelation und Regression

Modellbildung/Simulation und Netzplantechnik

Charakterisierung

Modellbildung und Simulation

- Bauen meist auf Korrelations- und Regressionsanalysen auf
- Zahlreiche Variable und Parameter werden aufgrund empirischer Ergebnisse oder theoretischer Einsichten miteinander verknüpft und Entwicklungsverläufe einzelner (endogener) variabler Größen in Abhängigkeit des Verlaufs äußerer (exogener) Variabler simuliert

  Spezialformen sind:

  - Ökonometrische Modelle
  - Input-Output-Modelle
  - Industrial-Dynamics-Modelle

Netzplantechnik

- Ergebnisse oder Aktivitäten (Verrichtungen, Tätigkeiten, Vorgänge) zum Vollzug einer Entwicklung, zur Erreichung eines Zielzustandes werden in ihrer logischen, vermeintlichen oder geplanten zeitlichen Aufeinanderfolge oder in ihrem zeitlichen Parellelverlauf in einem „Netzplan" festgehalten
- In der Personalplanung werden dabei den Aktivitäten Arbeitskräfte zugeordnet

Güte

Viele Fehler einfacher Prognoseverfahren werden ausgeschlossen wegen der besseren empirischen und theoretischen Erfassung der Sachverhalte

- Alle Verfahren stehen und fallen mit der Güte ihrer Eingabedaten
- Meist ist ein hoher Rechenaufwand mit EDV-Unterstützung erforderlich

Anwendung

Nur in großen Unternehmen für ganz spezielle Fragestellungen

Abb. 3.16: Kurzbeschreibung von Modellbildung/Simulation und Netzplantechnik die verfügbaren M/V der PBE bzw. der Personalbedarfsplanung in der Praxis relativ selten im Vergleich zu anderen Planungsmethoden angewandt werden.

Dazu kommen noch weitere Hinderungsgründe wie z. B. zu geringe Planungskapazität, unzureichende Koordinierung aller Planungsaktivitäten, mangelhafte Organisation der Datenerhebung, keine gezielte Schulung der beteiligten Fachkräfte, fehlende betriebswirtschaftliche Hilfsinstrumente, usw. (vgl. Beitrag 4 „Probleme bei der Anwendung . . .").

Trotz der bestehenden Mängel und unterschiedlichen Güte der verfügbaren Methoden können aber in der Praxis brauchbare Prognosen erzielt werden (siehe die Beiträge mit Beispielen aus der Praxis). Dies ist oft darauf zurückzuführen, daß allein schon durch die systematische Vorgehensweise wesentlich bessere Ergebnisse gewonnen werden als durch die Anwendung von Ad-hoc-Aktionen (wie z. B. „Schönwetterplanung") oder von Quasi-Methoden (wie z. B. „Methode des Aushungerns", „Daumenschrauben-Methode", „Versuchs-Irrtums-Methode" — hauptsächlich ständiges Lavieren an der Untergrenzung des SOLL-Personalbedarfs) oder ähnliche, zweifelhafte Behelfsmaßnahmen.

Der Beitrag 12 „Schlußfolgerungen für die zukünftige Anwendung von methoden- und computergestützter Personalplanung" enthält eine Reihe von Empfehlungen, mit deren Hilfe sich die Aussagekraft der Prognosen so weit wie möglich verbessern läßt.

Im folgenden Abschnitt wird ein Praxisbeispiel skizziert, bei dem mehrere einfache M/V zur PBE kombiniert angewendet worden sind.

3.6 Prognose des quantitativen und qualitativen Personalbedarfs für einen Flughafen – ein praktisches Beispiel

3.6.1 Aufgabenstellung

In den Jahren 1975 bis 1978 hat ein Projektteam der IABG ein EDV-gestütztes „**I**ntegriertes **L**angfristiges **U**nternehmens-**P**lanungs-**S**ystem" für eine Flughafengesellschaft in der BRD entwickelt[3)4)].

Ein wesentliches Teilmodell dieses ILUPS diente zur Prognose der Personalkosten.

Ein Grund-Baustein dieses Teilmodells war ein Modell zur Prognose des gesamten Personalbedarfs, und zwar nicht nur quantitativ sondern auch hinsichtlich der Qualifikation. Da es darüber nur interne, für den Auftraggeber bestimmte Arbeitsberichte gibt, sollen hier die grundlegenden Gesichtspunkte skizziert werden.

---

3) vgl. Feindor (1977)
4) vgl. Polster (1977)

3.6.2 Konzept zur Prognose des Personalbedarfs

Maßgebend für die Gestaltung des Modells war die zusätzliche Forderung, daß damit auch Aussagen über die zeitliche Entwicklung des globalen Personalbedarfs vom IST- zum prognostizierten SOLL-Zustand gewonnen werden konnten – als notwendige Voraussetzung für die Prognose der Personalkosten-Entwicklung.

Als SOLL-Zustand, für den der Personalbedarf prognostiziert werden sollte, war der maximale Ausbau des Flughafens in einem Zeitraum von ca. 10 Jahren vorgegeben.

Um alle gestellten Anforderungen erfüllen zu können, wurde das Prognosemodell aus zwei Modell-Bestandteilen aufgebaut:

1. Prognose des für den maximalen Ausbau des Flughafens erforderlichen quantitativen und qualitativen Personalbedarfs.
2. Zeitabhängige Prognose des globalen Personalbedarfs mit Hilfe von Schätzformeln.

Die Verknüpfung beider Modellbestandteile erfolgte durch die Aggregation der arbeitsplatzbezogenen Prognosewerte zu globalen kostenrelevanten Personalbedarfsgrößen.

Als charakteristische Meßgröße für die Kapazität und Leistungsfähigkeit des Flughafens wurden die „Verkehrseinheiten" in kg ermittelt, die pro Jahr bewältigt werden können, wobei kein Unterschied zwischen Passagieren und Fracht gemacht wurde. Die Maßeinheit wurde wie folgt definiert:

1 VE = 100 kg (Passagiere und Fracht)

In Verkehrseinheiten gemessen hatten die Basisgrößen folgende Werte:

SOLL-Zustand = 13 Mio VE, IST-Zustand = 5,4 Mio VE

Um alle verfügbaren Daten und Erfahrungen für das Prognosemodell nutzen zu können, wurde ein Kombinationsansatz gewählt, d. h. es wurden folgende vier Verfahren zur Ermittlung des Personalbedarfs miteinander verbunden:[5)]

- Experten-Befragung
- Stellenplan/Arbeitsplatz-Methode
- Kennzahlen-Methode
- Interpolation

Auf Grund der Güte der verfügbaren Daten konnten nur diese „einfachen" bzw. intuitiven Verfahren herangezogen werden.

Inwieweit und in welcher Reihenfolge diese Verfahren konkret kombiniert worden sind, wird aus der Skizzierung des Prognosemodells an Hand charakteristischer Ergebnisbeispiele in den beiden nächsten Abschnitten ersichtlich.

---

5) vgl. Abschnitt 3.4

3.6.3 Prognose des maximalen Personalbedarfs

Die Prognose des Personalbedarfs PB für die maximale Kapazität von 13 Mio VE wurde in folgenden Schritten durchgeführt:

1. Aufteilung des Flughafens in Funktionsbereiche, wobei auch neu zu schaffende Bereiche berücksichtigt wurden.
2. Festlegung bzw. Schätzung der erforderlichen Arbeitsplätze pro Funktionsbereich durch Experten.
3. Schätzung der Schicht- und Vorhaltefaktoren pro Arbeitsplatz unter Heranziehung betrieblicher Erfahrungswerte (Kennzahlen).
4. Schätzung des Personalanteils, der VE-abhängig ist („sprungfixe" Arbeitsplätze), wobei die maximale VE-Kapazität als Bezugsbasis genommen wurde.

Der Schichtfaktor SF und der Vorhaltefaktor VHF wurden jeweils für einen Arbeitsplatz wie folgt definiert:

$$SF = \frac{\text{Gesamt-PB für alle Schichten pro 24 Std-Betriebstag}}{\text{PB für Spitzen-Schicht mit maximaler Arbeitsbelastung}}$$

$$VHF = \frac{\text{Betriebstage pro Jahr}}{\text{Produktive Arbeitstage eines Mitarbeiters}}$$

Mit Hilfe des Vorhaltefaktors ergibt sich erst der insgesamt erforderliche Personalbedarf pro Jahr für einen Arbeitsplatz, weil dieser nicht an allen Betriebstagen von einem Mitarbeiter wegen freier Tage, Urlaub, Krankheit und sonstiger Fehlzeiten besetzt werden kann. D. h. der VHF ist ein Maß für die verfügbare, arbeitsplatzbezogene Netto-Arbeitszeit pro Beschäftigten (VAZ). In Abb. 3.17 sind die Ergebnisse der Personalbedarfsschätzung für den neu zu schaffenden Funktionsbereich „Steuerung Flugbetrieb" zusammengestellt. Die Werte SF^m und VHF^m sind die gemittelten Werte für den gesamten Funktionsbereich.

3.6.4 Schätzformeln zur zeitabhängigen globalen Prognose des Personalbedarfs

Für die zeitabhängige Prognose des Personalbedarfs PB wurden Schätzformeln „kostenplaner-orientiert" entwickelt; vgl. Abb. 3.18. In Abb. 3.19 sind die Parameterwerte und die konstanten Werte der Schätzformeln für die Haupt-Funktionsbereiche zusammengestellt.

Sie wurden gewonnen durch Aggregation der Werte für die einzelnen Funktionsbereiche analog der im vorigen Abschnitt geschilderten Vorgehensweise. Dabei ist der Funktionsbereich „Steuerung Flugbetrieb" im Technik-Bereich A enthalten.

Die Anwendung und der Nutzen der Schätzformeln soll am Beispiel des Personalbedarfs für den Haupt-Funktionsbereich Luftverkehr erläutert werden:

Für $VE_{max} = 13$ Mio VE und $ÄSF^m = ÄVHF^m = 1$

ergibt sich:

$$PB(L)_{max} = B^F + B^V{}_{max} = 1374 + 222 = 1596$$

Funktionsbezeichnung	Schichtpersonal				SF	VHF	Gesamtpersonal (ΣxVHF)	VE-abh. (Anzahl B^V_{max})
	Schicht			Σ				
	1.	2.	3.					
Steuerung Flugbetrieb								
1. Steuerung Bodendienst								
Gesamtkoordinator	1	1	0	2	2,0	1,5	3	
Auftragsabwicklung/ Infosammlung	2	1	1	4	2,0	1,75	7	
Sachbearbeiter 1								
Sachbearbeiter 2	1	1	0,5	2,5	2,5	1,6	4	
Disponenten	4,5	3,5	2	10	2,2	1,7	17	
Dispositionsassistenten	4	2	1	7	1,75	1,7	12	
Operateure	1	1	1	3	3,0	1,7	5	29
2. Ankunft-/ Abflugsteuerung								
Disponenten	2	1	1	4	2,0	1,75	7	
Dispositionsassist.	1	1	0	2	2,0	2,0	4	
Personal für lokale Ausnahmehandhabung	1	1	0	2	2,0	1,5	3	11
3. Abwicklung Flugbetrieb								
Vorfeldkontrolle								
Disponenten	2	2	1	5	2,5	1,7	8	
Dispositionsassistenten	2	2	1	5	2,5	1,7	9	
Verkehrsleiter vom Dienst	1	1	1	3	3,0	1,7	5	17
4. Informationszentrale								
Sachbearbeiter	8	8	4	20	2,5	1,7	34	
Telefonauskunft	4	2	1	7	1,75	1,7	12	
Ansage	2	1	0	3	1,5	1,7	5	
Aufsicht	1	1	0	2	2,0	1,5	3	
Infoeingangshalle	2	2	1	5	2,5	1,8	9	33
Personalbedarf PB (Anzahl)	39,5	31,5	15,5	86,5	2,2 SF^m	1,7 VHF^m	147 100 %	90 61,2 %

B^V_{max} = maximales, VE-abhängiges Personal
SF = Schichtfaktor,
VHF = Vorhaltefaktor,
VE-Abhängigkeit bezogen auf Untergruppen 1 bis 4
1. Schicht ist Schicht mit maximaler Arbeitsbelastung

Abb. 3.17: Personalbedarfsschätzung für den Bereich „Steuerung Flugbetrieb“

Luftverkehr und Technik:

$$PB(L/T) = (B^F + \frac{VE}{VEK}) \times ÄSF^m \times ÄVHF^m$$

Verwaltung:

$$PB(V) = B^F + VWF \times (PB(L) + PB(T))$$

Dabei bedeuten:

VE = Verkehrseinheiten (Passagiere und Fracht, (100 kg))

B^F = Fixes, VE-unabhängiges Grundpersonal

VEK = „prokopfbezogene", maximale VE-Leistung des variablen Personalanteils B^V bei Ausschöpfung der maximalen Flughafenkapazität

$= VE_{max}/B^V{}_{max}$

VE_{max} = 13 Mio VE

$B^V{}_{max}$ = variabler Bestandteil – maximal

$ÄSF^m$ = Änderung des mittleren Schichtfaktors

$ÄVHF^m$ = Änderung des mittleren Vorhaltefaktors

VWF = Verwaltungsfaktor

$= B^V{}_{max}/(PB(L)_{max} + PB(T)_{max})$

$= PB(L/T)_{max}$ = jeweiliger gesamter maximaler Personalbedarf, bei Ausschöpfung der maximalen Flughafenkapazität von 13 Mio VE

Abb. 3.18: Schätzformeln zur zeitabhängigen globalen Prognose des Personalbedarfs

Parameter / Teilbereich	PB_{max}	B^F	B^V_{max}	VEK	VWF	SF^m	VHF^m	Bandbreiten $ÄSF^m$	Bandbreiten $ÄVHF^m$	Arbeits-plätze
I. Luftverkehr	**1596**	1374	222 (14 %)	9461	–	1,84	1,63	0,8–1,0 (1,47–1,84)	0,9–1,0 (1,47–1,63)	533
II. Technik	**1042**									
Bereich A	610	398	212 (35 %)	61320	–	1,05	1,25	0,95–1,0 (1,0–1,05)	0,9–1,0 (1,14–1,25)	465
Bereich B	286	250	36 (126 %)	361111	–	3,91	1,09	1	0,9–1,0 (1,0–1,09)	67
Bereich C	116	116	0	0	–	2,0	1,32	1	0,85–1,0 (1,10–1,32)	44
Bereich D	30	30	0	0	–	1	1	1	1	30
III. Verwaltung	**421**									
Abteilung U	106	53	53	–	0,02	1	1	1	1	106
Abteilung V	52	26	26	–	0,01	1	1	1	1	52
Abteilung W	263	132	131	–	0,05	1	1	1	1	263

Gesamter Personalbedarf – geschätzt für VE_{max}: 3059 Mitarbeiter, VF_{max}: 13 Mio VE (Passagiere + Fracht in 100 kg pro Jahr)

Gesamtzahl der Arbeitsplätze für VE_{max}: 1560

Abb. 3.19: Parameterwerte und konstante Werte für die Schätzformeln zur zeitabhängigen globalen Prognose des Personalbedarfs

Dieser maximale Personalbedarf wurde ermittelt aus den aggregierten Funktionsbereichsschätzungen für den Hauptbereich Luftverkehr. Die Gesamtzahl der Arbeitsplätze beträgt 533. Die Multiplikation mit den Faktoren $SF^m = 1{,}84$ und $VHF^m = 1{,}63$ liefert $PB(L)_{max} = 1596$. Für den Funktionsbereich „Steuerung Flugbetrieb" beträgt der Wert von $B^V{}_{max} = 90$ (siehe Abb. 3.17).

Die konstanten Werte in den Schätzformeln beziehen sich auf den maximalen Personalbedarf und dazu gehörigen Werte der Parameter. Damit auch der Einfluß des Schichtfaktors und des Vorhaltefaktors auf den Personalbedarf untersucht werden kann, wurden sie in den Schätzformeln indirekt durch die Parameter $ÄSF^m$ und $ÄVHF^m$ berücksichtigt, deren Wert 1 den Werten $SF^m = 1{,}84$ und $VHF^m = 1{,}63$ für den maximalen Personalbedarf entspricht. Auf Grund einer Analyse der Güte der Personalbedarfsschätzungen der einzelnen Funktionsbereiche wurden die Variationsbereiche dieser Faktoren ermittelt; die entsprechenden Werte sind jeweils in Abb. 3.19 angegeben.

Auch für die Faktoren B^F und B^V wurden Variationsbereiche ermittelt, so daß auch diese und damit auch die Faktoren VEK und VWF innerhalb gewisser Bandbreiten variiert werden konnten (in Abb. 3.18 nicht berücksichtigt).

Die zeitabhängige Anwendungsmöglichkeit der Schätzformeln sei ebenfalls am Beispiel des Hauptbereiches Luftverkehr erläutert. Hat der Planer auf Grund bestimmter Annahmen eine zeitliche Entwicklung der VE-Kapazität des Flughafens vom IST-Zustand zum SOLL-Zustand festgelegt, dann kann er dafür die zeitliche Abhängigkeit des Personalbedarfs ermitteln, indem er die entsprechenden VE-Werte in die Schätzformeln einsetzt. Für eine VE-Kapazität des Flughafens von beispielsweise 6,5 Mio VE (50 % des Maximalwerts) resultiert bei gleichen Annahmen wie oben der Wert

$$PB(L) = 1374 + 222/2 = 1485.$$

Die Schätzformeln für die Haupt-Funktionsbereiche Luftverkehr und Technik haben die gleiche Struktur. Für die Verwaltungs-Bereiche konnte aber dieser Ansatz nicht zugrundegelegt werden, da eine direkte Zuordnung von Flugzeugen und Geräten zu Personen nicht möglich ist. Außerdem fehlen brauchbare Kennzahlen für die Personalbedarfsschätzung auch für vergleichbare Verwaltungstätigkeiten.

Eine Analyse von Vergangenheitswerten führte schließlich zu dem Ergebnis, daß 50 % des Verwaltungspersonals als fix und die andere Hälfte als Funktion der Summe des Personalbedarfs der Haupt-Funktionsbereiche Luftverkehr und Technik angenommen werden konnte.

3.6.5 Weitere Nutzungsmöglichkeiten des Modells zur Prognose des Personalbedarfs

Wie bereits erwähnt, war das skizzierte Modell ein notwendiger Grundbaustein für das Teilmodell Personalkosten-Prognose. Dazu wurde noch ein Baustein „Personalkostenformeln“ entwickelt. Die Verbindung zum Baustein Personalbedarf wurde durch Einstufungs-Matrizen hergestellt, in denen jedem Arbeitsplatz ein entsprechender Kostenwert zugeordnet wird.

Die Schichtfaktoren wurden wie alle anderen Faktoren jeweils „nach oben“ geschätzt, um zu einem maximalen Personalbedarf zu kommen, der tatsächlich eine obere Grenze markiert, d. h. mit großer Wahrscheinlichkeit eher unterschritten werden würde.

Eine genauere Analyse der Schichtfaktoren ergab in einigen Bereichen erhebliche Personalreserven, diese werden hauptsächlich durch zwei Einflußgrößen bestimmt:

- Variation der Anzahl und Dauer von Schichten (innerhalb vorgegebener arbeitsrechtlicher und tariflicher Grenzen)
- multifunktionale Gestaltung von Arbeitsplätzen

Diese Arbeitsergebnisse waren der Ausgangspunkt für einen gesonderten Auftrag der IABG, der zur Entwicklung eines EDV-gestützten Planungssystems von Personal und Geräten auf Flughäfen führte, das unter dem Namen COSYMA eingesetzt wird[6].

3.7 Literatur

Bisani, F.: Personalwesen, Grundlagen, Organisation, Planung, Opladen, 1976

Bessoth, R.; Born, H.; Wenzel, B.: Voraussetzungen und Methoden der quantitativen Personalplanung „RKW-Merkblatt“, Frankfurt (M), 1977

Feindor, R.: ILUPS-Erfahrungen bei der Entwicklung eines **I**ntegrierten **L**angfristigen **U**nternehmens-**P**lanungs-**S**ystems. In: Systemtheorie in Wirtschaft und Verwaltung – Ansätze und Anwendungen, Beiträge zur Tagung der Gesellschaft für Wirtschafts- und Sozialkybernetik, 1977

Hagner, G. W.: Die Anwendung der Arbeitsplatz- und Kennzahlenmethode im Rahmen der quantitativen Personalplanung. In: Handbuch der Personalplanung, Hrsg. von Schmidt, Herbert; Hagenbruck, Hasso; Sämann, Werner; Frankfurt – New York, 1975

Kador, F.-J.; Pornschlegel, H.: Handanleitung zur betrieblichen Personalplanung, RKW, Frankfurt (M), 1977

---

6) vgl. L. Söhngen (1983a), L. Söhngen (1983b), L. Söhngen (1985), G. A. Zölzer (1983)

Polster, J.: ILUPS – Integrierte langfristige Unternehmensplanung in der Praxis der Flughafen München GmbH (FMG). In: Systemtheorie in Wirtschaft und Verwaltung (s. o.)

Rabe, U.: Techniken der Personalbedarfsvorhersage, Beispiele aus der Personalplanung der Deutschen Bundespost. In: Handbuch der Personalplanung (s. o.)

RKW (Hrsg.): RKW-Handbuch – Praxis der Personalplanung, Rationalisierungs-Kuratorium der Deutschen Wirtschaft (RKW) e. V., Neuried, 1978

Sämann, W.: Ziel, Inhalt und Mittel der quantitativen Personalplanung. In: Handbuch der Personalplanung (s. o.)

Söhngen, L.: Problembeschreibung und Konzeption zur Bedarfsplanung von Personal und Gerät auf Flughäfen. In: Operations Research Proceedings 1982, Berlin-Heidelberg, 1983a

Söhngen, L.: Manpower and Equipment Planning with COSYMA, airport forum, No. 4, 1983b

Söhngen, L.: Modellgestützte Bedarfsplanung, Einsatzplanung und Kontrolle von Personal bei variabler Arbeitslänge. In: Operations Research Proceedings 1984, Berlin-Heidelberg 1985

Ulrich, E.: Methoden und Vorgehensweisen bei der Personalbedarfsdeckung und Personalplanung. In: Handbuch der Personalplanung (s. o.)

Wenzel, B.: Methoden zur Personalbedarfsplanung, München 1976

Zölzer, G. A.: Methodische Vorgehensweise bei der Personal- und Gerätebedarfsplanung für Bodenverkehrsdienste von Flughafengesellschaften. In: Operations Research Proceedings 1982, Berlin-Heidelberg 1983

Wilhelm Mülder

4. Probleme bei der Anwendung von Personalplanungsmethoden in der Praxis

4.1 Einführung

Aus Sicht der Theorie kann die Personalplanung heute nicht mehr als vernachlässigter Teilbereich der betrieblichen Planung angesehen werden. Bereits im Jahre 1974 stellte Gaugler im Rahmen einer Literaturanalyse 616 Titel zusammen, die sich mit Problemen der Personalplanung beschäftigen[1]. Der Großteil der deutschsprachigen Veröffentlichungen entstand nach 1972. In diesem Jahr wurde die Mitwirkung der Arbeitnehmer-Vertretung bei der Personalplanung im neuen Betriebsverfassungsgesetz verbindlich geregelt.

Die in dieser Zeit veröffentlichten Konzeptionen betrieblicher Personalplanung verfolgten ehrgeizige Zielsetzungen. Personalplanung wurde als eine neue Qualität betrieblicher Personalpolitik angesehen. Der Produktionsfaktor „Arbeitskraft" war dabei simultan, d. h. gleichzeitig und gleichberechtigt mit Investitionen, Produktions- und Absatzmengen zu planen. In einer derart integrierten Unternehmensplanung sollte neben den ökonomischen Zielen sozialpolitischen und arbeitsmarktpolitischen Zielen besondere Beachtung geschenkt werden. Die neuen Konzepte und Modelle der Personalplanung galt es „nur" noch in die Praxis umzusetzen. An diesem Punkt zeigte sich allerdings schon mit der Rezession ab 1974 eine zunehmende Ernüchterung und Enttäuschung. Selbst die wenigen Unternehmen, die über verhältnismäßig gut ausgebaute Personalplanungssysteme verfügten, waren in dieser Phase zu kurzfristigen beschäftigungspolitischen Anpassungsmaßnahmen (Personalabbau) gezwungen[2].

Die Personalplanung erfüllte ihre Frühwarnfunktion nicht, sondern diente – entgegen den ursprünglichen Absichten – sogar als betriebliches Rationalisierungsinstrument.

In den letzten Jahren tauchten Zweifel auf an der grundsätzlichen Eignung des personalplanerischen Instrumentariums: Empirische Untersuchungen stellen ein erhebliches Anwendungsdefizit der aus der Theorie bekannten Methoden und Modelle der Personalplanung fest. Über die Gründe des Auseinanderklaffens zwischen theoretischer Verfeinerung des Instrumentariums und Ignoranz dieser Entwicklungstendenzen in der Praxis herrscht noch keine endgültige Klarheit. Haben hier die Theoretiker bei der Modellbildung versagt oder lassen sich die vielen Einflußgrößen, die bei der Personalplanung zu berücksichtigen sind, gar nicht in praktikablen Modellen erfassen? Begnügt sich ein Praktiker der Personalplanung bereits mit den ihm bekannten, weniger komplexen Methoden? Welche Veränderungen bzw. Verbesserungen sind erforderlich, um die in der Theorie entwickelten Modelle auch praktisch anzuwenden?

Auf diese Fragen versucht der vorliegende Beitrag, Anworten zu geben. In Abschnitt 4.2 wird der theoretische Entwicklungsstand von Methoden der Personalplanung dem praktischen Einsatz dieser Methoden gegenübergestellt. Das

---

1) vgl. Gaugler (1974)
2) vgl. Lutz (1977)

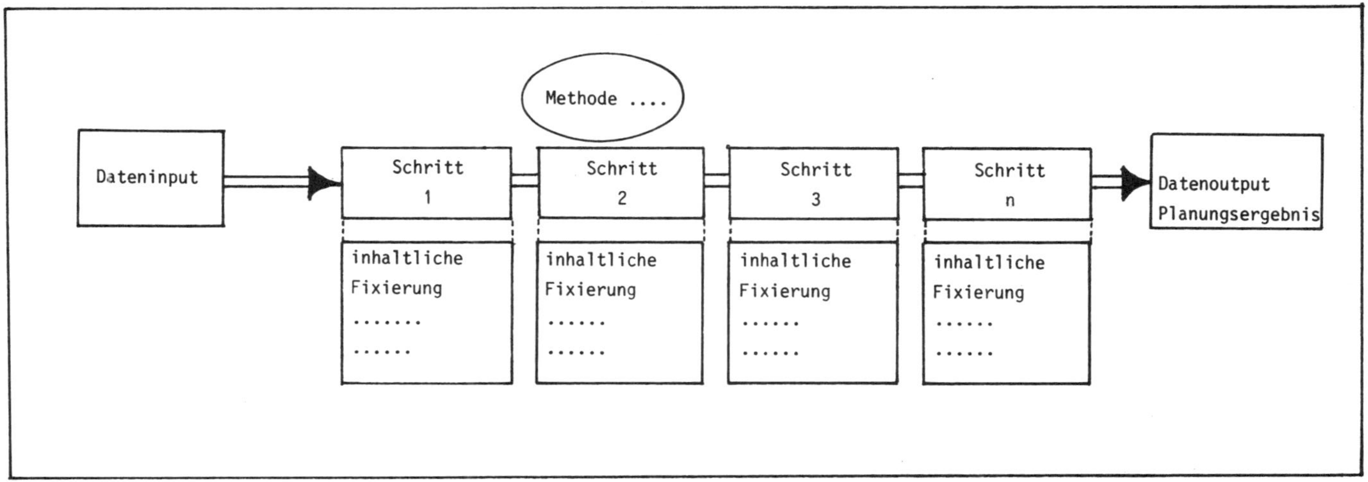

Abb. 4.1: Zum Begriff **Planungsmethode**

Ergebnis offenbart ein erhebliches Anwendungsdefizit bei den mathematisch-statistischen Verfahren. Mögliche Ursachen für dieses Anwendungsdefizit werden in Abschnitt 4.3 näher untersucht. Abschnitt 4.4 befaßt sich mit den Voraussetzungen für einen „praktikableren" Methodeneinsatz. Weitergehende Schlußfolgerungen im Hinblick auf die Entwicklung und Anwendung von Personalplanungs-Methoden finden sich in den Beiträgen 11 („Checkliste Personalplanung") und 12 („Schlußfolgerungen").

4.2 Entwicklungsstand von Methoden der Personalplanung

4.2.1 Methodenbegriff

Zu Beginn soll der Begriff **Planungsmethode** näher erläutert werden. Unter Methode wird ein geordnetes, systematisches Vorgehen verstanden, welches für die Formulierung und Lösung von Planungsproblemen erforderlich ist[3].

Eine Methode verarbeitet bestimmte Eingangsdaten schrittweise, um das geforderte Planungsergebnis zur Verfügung zu stellen. Damit wird zum Ausdruck gebracht, daß bei Anwendung einer Methode eine Reihe von Daten (z. B. Zielgrößen, Daten des Produktions- und Absatzbereiches, vergangenheitsorientierte Daten über Fluktuation, Versetzungen, Beförderungen, Prognosen über zukünftige Entwicklungen) als Input benötigt werden, schrittweise verarbeitet und am Ende ein hoffentlich zufriedenstellendes Ergbenis (z. B. Personalbedarfszahlen) erzielt wird (vgl. Abb. 4.1).

Die genaue Reihenfolge und der Inhalt der einzelnen Schritte bei der Methodenanwendung müssen nicht eindeutig festgelegt sein. Damit unterscheidet sich der Methodenbegriff von dem Begriff „Algorithmus". Ein Algorithmus legt das methodische Vorgehen eindeutig fest. Die rein formale Ausführung der einzelnen Schritte führt mit Sicherheit zu einem Ergebnis[4]. Der Methodenbegriff wird hier in einem umfassenderen Zusammenhang benutzt. Eine Methode erlaubt bei der Ausführung der einzelnen Schritte mehr Spielraum, bietet allerdings auch nicht immer eine Lösungsgarantie bzw. gelangt nicht zwangsläufig zu einer optimalen Lösung.

4.2.2 Theoretischer Entwicklungsstand

In der Abb. 4.2 werden die aus Beitrag 3 bekannten Methoden der Personalbedarfsermittlung nach ihrem Komplexitätsgrad geordnet. Das Spektrum der verfügbaren Methoden ist sehr weit, angefangen von einfachen, strukturierten Vorgehensweisen bis hin zu mathematisch-statistischen Darstellungsformen.

In der Theorie konzentrieren sich die Überlegungen fast ausschließlich auf mathematische oder statistische Verfahren (= Algorithmen) zur Personalplanung (Gruppe D und E in Abb. 4.2). Vorteile einer derartigen mathematisch-formalen Betrachtungsweise sind:

---

3) vgl. Pfohl/Drünkler (1978), S. 99

4) vgl. Pfohl (1977), S. 193

(A) Schätzungen

Kennzeichen:
Gering strukturierte Vorgehensweise zum Auffinden einer „ersten" Lösung bzw. iterative Verbesserung einer vorhandenen Lösung. Starke Abhängigkeit von den Werten und Erfahrungen der befragten Fachleute.

Beispiele:
(1) Einfaches Schätzverfahren (durch einzelne Personen)
(2) Normale Expertenbefragung (z. B. Abteilungsleiter)

(B) Systematiken

Kennzeichen:
Grob strukturierte Vorgehensweise, wobei die Einhaltung der Reihenfolge nicht zwingend ist (z. B. Checkliste).

Beispiele:
(3) Systematisierte Expertenbefragung (Delphi-Verfahren)
(4) „Einfache" Kennzahlenberechnung (z. B. Personalbedarfsermittlung auf der Grundlage von Arbeitsproduktivität, des Arbeitsaufwandes in Stunden etc.)

(C) Techniken

Kennzeichen:
Die Vorgehensweise ist bis auf einzelne Schritte genau festgelegt.

Beispiele:
(5) Skontrationsrechnung (gegenwärtiger Personalbestand vermehrt um voraussichtliche Zugänge, vermindert um voraussichtliche Abgänge, korrigiert um geplante Zu- bzw. Abgänge)
(6) Stellenplan-/Arbeitsplatzmethode (Ermittlung des Personalbedarfs aufgrund Veränderungen des Stellenplans)
(7) Arbeitswissenschaftliche Methoden (detaillierte Ermittlung des Zeitbedarfs für einzelne Arbeitsvorgänge; unterteilt in Fertigungs- und Verwaltungsbereich)

(D) Statistische Prognoseverfahren

Kennzeichen:
Vorhersage personalwirtschaftlicher Größen, auf deren Grundlage die Planung geeigneter personeller Maßnahmen erfolgt.

Beispiele:
(8) Interpolation
(9) Trendextrapolation (z. B. globaler Anstieg des Personalbestands als Zeitreihe)
(10) Trendanalogie (z. B. Zusammenhang zwischen den beiden Reihen Gesamtbelegschaft und Umsatz)
(11) Korrelationsrechnungen
(12) Regressionsrechnungen

(E) Entscheidungsmethoden

Kennzeichen:
Mathematische Formulierung des Planungsproblems und Suche optimaler bzw. alternativer Lösungsmöglichkeiten.

Beispiele:
(13) Netzplantechnik
(14) Simulation
(15) Modellbildung (simultane Produktions- und Personalbedarfsplanung)

Abb. 4.2: Klassifizierung von Methoden der Personalbedarfsplanung

- die formale Struktur des methodischen Ansatzes zwingt zu einer weitgehend vollständigen und präzisen Formulierung des Planungsproblems;
- sowohl faktische als auch subjektiv-wertende Informationen werden erfaßt und systematisch ausgewertet (z. B. bei einer Formulierung der Zielfunktion);
- auch bei komplexen Planungsmethoden lassen sich optimale Lösungen finden; zumindest läßt sich die Zahl der akzeptablen Lösungsalternativen begrenzen;
- die mathematische Formulierung erleichtert die DV-mäßige Durchführung von Personalplanungsaufgaben[5].

Die von Theoretikern entwickelten mathematisch-statistischen Methoden zur Personalbedarfsplanung lassen sich inhaltlich in fünf Klassen unterteilen[6]:

(A) Ansätze zur globalen Bedarfsprognose

Grundidee:

Mit Hilfe anspruchsvoller statistischer Verfahren, wie z. B. Regressions- und Korrelationsanalyse, ökonometrischen Modellen wird der zukünftige Personalbedarf bestimmt. Häufig basieren diese Berechnungen auf in der Vergangenheit festgestellten Zusammenhängen zwischen der Personalbestandsentwicklung und Umsatzveränderungen, Veränderungen des Produktionsprogramms, technischem Fortschritt etc. Die verschiedenen Einflußgrößen des Personalbedarfs können weiter zerlegt werden. Ziel ist es, feste Beziehungen zwischen dem Personalbedarf und seinen hauptsächlichen Einflußfaktoren zu ermitteln, um dann aus einer Veränderung (bzw. Prognose) der Einflußgröße(n) sofort den Personalbedarf zu bestimmen.

Erweiterungen:

– Nicht vergangenheitsbezogene Modelle

Literatur: Hackstein/Pilz (1975); Peter (1976); Kossbiel (1978); Sadowski (1981)

(B) Produktionsprogrammorientierte Ansätze

Grundidee:

Der Personalbedarf wird analog zur Materialbedarfsplanung durch Arbeitskoeffizienten (Anzahl Arbeitskräfte einer bestimmten Qualifikation pro Produkteinheit) beschrieben. Ziel der simultanen Produktionsprogramm- und Personalplanung ist die Maximierung des Gewinns innerhalb der betrachteten Periode unter Berücksichtigung von Absatz-, Lagerhaltungs- und Personalrestriktionen.

---

5) vgl. Hansen (1978), S. 86

6) vgl. Domsch (1984), S. 535; Gaugler (1974), S. 84 ff.; Sadowski (1981)

Erweiterungen des Grundmodells

- Einproduktbetrieb → Mehrproduktbetrieb
- Eine Planungsperiode → mehrere Perioden
- Eine Fertigungsstufe → mehrere Fertigungsstufen
- Quantitative Personalbedarfsplanung → qualitative Personalbedarfsplanung (Einbeziehung von Schulungsmaßnahmen, Personalentwicklung)
- Unbegrenzte Verfügbarkeit des Faktors Arbeit → begrenzte Verfügbarkeit (Berücksichtigung von Versetzungen, Fluktuationen etc.)

Literatur: Kossbiel (1974); Kossbiel (1978)

(C) Ablauforientierte Ansätze

Grundidee:

Berechnung des Personalbedarfs auf der Grundlage der betrieblichen Arbeitsabläufe bzw. Projektphasen. Simultan zur Ablaufplanung wird der Arbeitskräftebedarf mit Hilfe von Netzplänen errechnet. Die Anzahl der Arbeitskräfte ist möglichst niedrig zu halten, um entsprechend geringe Lohnkosten zu ermitteln. Hierdurch können sich jedoch die Ausführungszeiten einzelner Teilaufgaben verlängern mit der Konsequenz, daß die Kapitalbindungskosten steigen. Als Zielfunktion für die Ermittlung eines optimalen Ablauf- und Personalplanes wird daher eine Minimierung der Summe aus Gesamtkosten und Kapitalbindungskosten der Planungsperiode angesetzt.

Erweiterungsmöglichkeiten

- Berücksichtigung von Umrüstprozessen
- Berücksichtigung mehrerer paralleler Projekte
- Möglichkeit, die Arbeitskräfte von einem Projekt zum anderen umzusetzen.

Literatur: Mensch (1968); Gaugler (1974)

(D) Investitionsorientierte Ansätze

Grundidee:

Eine Sach-Investition ist mit einer Personal-Investition gekoppelt. Unter der Zielsetzung „Kapitalwertmaximierung bzw. Gewinnmaximierung bzw. Umsatzmaximierung" soll das optimale Investitionsprogramm ermittelt werden. Die benötigte Zahl an Arbeitskräften pro Investitionsobjekt (= Personalinvestition) kann vom innerbetrieblichen oder außerbetrieblichen Arbeitsmarkt beschafft werden.

Erweiterungsmöglichkeiten

- Berücksichtigung variabler Arbeitszeitregelungen (Überstunden, Schichtbetrieb)
- Erfassung von Qualifikationsunterschieden
- Anlernzeiten und Ausbildung
- Arbeitsplatzwechsel und Abwesenheit
- Pensionierungen und Fluktuation.

Literatur: Domsch (1970); Strutz (1976)

(E) Ansätze zur Prognose und Steuerung von Personalbewegungen

Grundidee:

Bei diesen „Personalflußmodellen" wird der Zusammenhang zwischen Personalbeständen zu bestimmten Zeitpunkten und Personalbewegungen im Zeitablauf untersucht. Der Personalbestand wird unterteilt nach Lebens- und Dienstalter, Gehaltsklassen, hierarchischen Ebenen oder Ausbildungsstand. Mit Hilfe der Kombination von Zugangsraten (Einstellungen), Abgangsraten (Pensionierung, Fluktuation) sowie Veränderungsraten (Versetzungen, Beförderungen) läßt sich der Personalbestand global oder nach obigen Strukturmerkmalen über mehrere Perioden hinweg berechnen. Einstellungs- und Versetzungspolitik unterliegen dem direkten Einfluß des Managements, Fluktuationsraten können einigermaßen stabil aus Vergangenheitswerten abgeleitet werden. Die mittel- bis langfristigen Auswirkungen von Einstellungsstops, Personalentwicklungsprogrammen, Vorruhestandsreglungen etc. lassen sich innerhalb dieser Modelle simulieren.

Literatur: Wächter (1974); Bartholomew/Forbes (1979), Sadowski (1981)

4.2.3 Praktische Anwendung

Die vielfältigen theoretischen Bemühungen auf dem Gebiet der Personalplanung können jedoch nicht darüber hinwegtäuschen, daß eine weite Verbreitung mathematisch-statistischer Methoden in der Praxis noch nicht erfolgt ist. Das Anwendungsdefizit von Prognose- und Entscheidungsmethoden läßt sich durch empirische Untersuchungsergebnisse belegen. Darüberhinaus zeigen die Beiträge 6—10 die Bevorzugung unkomplizierter, nicht-formaler Methoden in der Praxis.

Die Ergebnisse einer vom Verfasser im Jahre 1977/78 durchgeführten Befragung von 117 Unternehmen zeigen, daß die Realisierung einer systematischen, schriftlich fixierten Personalplanung nicht zwangsläufig verbunden ist mit der Anwendung formaler Planungsmethoden. Diese Feststellung läßt sich am Beispiel der Personalbedarfsplanung verdeutlichen. Im Vergleich zu den übrigen personalwirtschaftlichen Planungsfeldern wird die Bedarfsplanung am häufigsten genannt (vgl. Abb. 4.3).

Teilgebiete der Personalplanung	wird systematisch durchgeführt	Fristigkeit bis 1 Jahr	1–3 Jahre	über 3 Jahre
Bedarfsermittlung	89	68	38	17
Beschaffung	73	61	10	4
Einsatz	62	48	18	4
Entwicklung	56	29	38	14
Erhaltung	29	18	9	7
Freistellung	54	44	15	5

Abb. 4.3: Verbreitung und Fristigkeit der Personalplanung[7)]
(alle Angaben in Prozent; N = 117)

89 % der Befragten praktizieren demnach Personalbedarfsplanung in systematisierter und schriftlicher Form. Es dominiert zwar ein Planungszeitraum von einem Jahr; immerhin betreiben 17 % der befragten Unternehmen eine Langfristplanung, die sich über drei Jahre und länger erstreckt. Demgegenüber fällt die Anwendung mathematisch-statistischer Verfahren bei der Bedarfsermittlung vergleichsweise bescheiden aus. Von den in Abb. 4.4 aufgeführten Verfahren wird die Stellenplanmethode am häufigsten angewandt; die Beurteilung dieser Methode ist sowohl bei Anwendern als auch bei Nichtanwendern am günstigsten. Die komplexeren mathematischen Modelle sind kaum verbreitet und werden auch nicht positiv eingeschätzt. Bemerkenswert ist die Skepsis derjenigen Unternehmen, die die in Abb. 4.4 aufgeführten Methoden nicht anwenden, gegenüber einer durchweg positiveren Einschätzung seitens der Methodenanwender.

Methode	wird angewandt in %	Beurteilung Anwender	Nicht-Anwender
Trend-Extrapolation	27	4,5	2,4
Korrelationsrechnung	25	4,9	3,0
Regressionsrechnung	14	4,7	3,1
Stellenplanmethode	35	5,2	3,5
Mathematische Modelle	7	3,3	2,2
	N = 117	(1 = völlig unpraktikabel; 6 = sinnvoll u. zweckmäßig)	

Abb. 4.4: Anwendung ausgewählter Methoden der Personalbedarfsermittlung[8)]

Auch die in den Jahren 1978–1982 durchgeführte Untersuchung von Drumm/Scholz/Polzer bestätigt das Anwendungsdefizit formaler Personalplanungsme-

7) vgl. Mülder/Wanzenberg (1978), S. 115
8) vgl. Mülder/Wanzenberg (1978), S. 198ff.

thoden in der Praxis[9]. Ausgangspunkt der Studie waren die Fragen, ob und mit welchen formalen Methoden Personalplanung in der Praxis betrieben wird und in welchem Maße die Ergebnisse akzeptiert werden[10]. In einer Voruntersuchung wurden 196 Großunternehmen mit mehr als 2.000 Beschäftigten angeschrieben. Von den 90 antwortenden Unternehmen wurden lediglich in 14 Fällen quantitative Methoden eingesetzt.

Die Hauptuntersuchung konzentrierte sich auf die Frage, **warum** in der Praxis keine formalen Planungsmethoden angewandt werden. Diesmal beantworteten 27 von 54 Unternehmen den Fragebogen. Wiederum zeigte sich, daß Personalplanung zwar praktiziert wird, allerdings unter Verzicht auf komplexe Methoden (vgl. Abb. 4.5). Zumeist wurde lediglich eine Methode, vorzugsweise die einfache Bestandsfortschreibung- oder die Kennziffer-Methode praktiziert.

1. Planungsfelder	
— Bedarf	25 (93 %)
— Bestand	23 (85 %)
— Beschaffung	21 (78 %)
— Entwicklung	19 (70 %)
— Einsatz	17 (63 %)
— Freisetzung	13 (48 %)
2. Eingesetzte Methoden	
Bestandsfortschreibung einfach	22 (82 %)
Bestandsfortschreibung mit Markoff Ketten	1 (4 %)
Bestandsfortschreibung mit sonstigen Methoden	4 (15 %)
Bedarfsplanung mit Kennziffern	17 (63 %)
Bedarfsplanung mit Trendfunktionen	9 (33 %)
Bedarfsplanung mit Regressionsfunktion	1 (4 %)
Bedarfsplanung mit sonstigen Methoden	4 (15 %)
3. Anzahl der Methoden	
Keine	2 (7 %)
Eine	15 (56 %)
Zwei	9 (33 %)
Drei	1 (3 %)

Abb. 4.5: Untersuchungsergebnisse zur Akzeptanz formaler Personalplanungsmethoden

[9] vgl. Drumm/Scholz/Polzer (1980), S. 721 ff.; Drumm/Scholz (1983)
[10] vgl. Drumm/Scholz/Polzer (1980), S. 722

4.3 Ursachen für das Anwendungsdefizit von Methoden der Personalplanung

Die Lücke zwischen theoretischem Entwicklungsstand und praktischer Einsatzbreite von Personalplanungsmethoden läßt sich sicherlich nicht kurzfristig überwinden. Ein erster Schritt hierzu kann die genaue Analyse des Anwendungsdefizits sein: Welches sind die möglichen Ursachen für die geringe Verbreitung mathematischer statistischer Verfahren der Personalplanung in der Praxis? Diese Frage wurde im Arbeitskreis ausführlich diskutiert. Als Ergebnis lassen sich 5 Hauptursachen feststellen.

4.3.1 Betriebliche Anforderungen an Personalplanungsmethoden sind häufig nicht definiert

Die Ziele, die der Anwender mit dem Einsatz einer bestimmten Methode verfolgt, werden in der Praxis oftmals nur ungenau oder gar nicht festgelegt. Zwar verbindet sich mit der Durchführung der Planung stets die Erwartung einer „Verbesserung" betrieblicher Prozesse, d. h. die angestrebten Ziele sollen mit höherer Wahrscheinlichkeit erreicht werden, erforderliche Anpassungsmaßnahmen können kurzfristiger realisiert werden, der Ressourcenverbrauch soll verringert werden. Auf eine genaue Festlegung der Anforderungen/Erwartungen an die Methoden wird jedoch in der Regel verzichtet. Die Entscheidung, bestimmte Methoden der Personalplanung einzusetzen, ist eher vom Zufall oder vom Kenntnisstand des jeweiligen Planungsspezialisten geprägt als durch einen systematischen Anforderungskatalog. Dabei würde es als ersten Schritt bereits genügen, anhand von einigen wenigen Kriterien die Erwartungen an eine Methode zu konkretisieren, wie z. B.[11)]

- Einfachheit,
- Zuverlässigkeit,
- Flexibilität,
- Vollständigkeit in Bezug auf die gesamte Breite des Problems,
- Benutzerfreundlichkeit.

4.3.2 Die Eignung von Verfahren/Methoden in speziellen betrieblichen Anwendungssituationen ist unbekannt

Eine vergleichende Beurteilung von einzelnen Personalplanungsmethoden könnte dem Anwender die Entscheidung über die Anwendung von bestimmten Methoden erleichtern. Erfahrungswerte hierüber stehen jedoch nicht zur Verfügung bzw. werden nicht veröffentlicht. Ein zwischenbetrieblicher Erfahrungsaustausch scheitert an der mangelnden Vergleichbarkeit etwaiger Eignungsaussagen, z. B. weil die Anwendung der Planungsmethode je nach Branche, Mitarbeitergruppe, Arbeitsplatzstrukturen unterschiedlich beurteilt wird. Die Personalbedarfsprognose mit Hilfe von Regressionsrechnungen mag zwar für die Versicherungsbranche enge Zusammenhänge zwischen abgeschlossenen Versicherungsverträgen und Per-

11) vgl. Peter (1976), S. 10

Methode	Bezugsgrößen	Umrechnungs-methoden	Eignung
Schätz-verfahren	unbestimmt – Erfahrung – Vorhaben und Maßnahmen anderer Unternehmenspläne u. a.	Schätzung systematische Schätzung	geeignet für kleinere und mittlere Betriebe zur kurz- und mittelfristigen Bedarfsermittlung
Globale Bedarfs-prognosen	Entwicklung bestimmter Größen in der Vergangenheit wie – Beschäftigtenzahl – Umsatz u. a. Ermittelte oder vermutete Zusammenhänge zwischen Größen in Form von Kennzahlen	Trendextrapolation Regressions-rechnung Korrelations-rechnung	geeignet für Mittel- und Großbetriebe mit kontinuierlicher Absatz- und Produktionsentwicklung zur mittel- und langfristigen Planung
Kenn-zahlen-methode	z. B. Entwicklung der Arbeits-produktivität bzw. anderer Kenn-zahlen	Trendextrapolation Regressions-rechnung Korrelations-rechnung innerbetriebliche Quervergleiche Schätzungen	gut geeignet für Betriebe aller Größenklassen zur Ermittlung des Personalbedarfs für bestimmte Betriebsteile oder Gruppen von Arbeitsplätzen
Verfahren der Personal-bemessung	Zeitbedarf pro Arbeitseinheit Arbeitszeit	Schätzungen Arbeitsanalysen Zeitmessungen Tätigkeitsvergleiche innerbetriebliche Quervergleiche	für Betriebe geeignet, in denen im Rahmen der Arbeitsvorbereitung REFA bzw. MTM angewendet wird
Stellen-plan-methode	gegenwärtige und zukünftige Organisations-struktur Arbeitsplätze	–	für alle Betriebe geeignet zur kurz- und mittelfristigen Planung, wenn organisatorische Voraussetzungen erfüllt sind

Abb. 4.6: Eignung verschiedener Planungsmethoden[12)]

[12)] entnommen aus dem RKW-Handbuch (1978), S. II-24

sonalbedarf ergeben, kann dagegen für Kreditinstitute (Zusammenhang zwischen abgeschlossenen Kredit- und Sparverträgen und Personalbedarf) zu völlig unbefriedigenden Ergebnissen führen[13].

Aus der Literatur ergeben sich nur wenige Hinweise zur spezifischen Eignung von Planungsmethoden. Im RKW-Handbuch „Praxis der Personalplanung" wurde beispielsweise die Eignung der Bedarfsplanungsmethoden anhand von Betriebsgröße, Kontinuität der Absatz- und Produktionsentwicklung, Detaillierungsgrad der Planung untersucht[14] (vgl. Abb. 4.6).

Die Empfehlungen zur Anwendung einzelner Methoden sind jedoch sehr allgemein gehalten, wie etwa „geeignet für kleine und mittlere Betriebe" oder „geeignet für Mittel- und Großbetriebe mit kontinuierlicher Absatz- und Produktionsentwicklung" und tragen daher kaum dazu bei, die Unsicherheit des Anwenders abzubauen. Der Personalplaner ist somit gezwungen, sich auf eigene Faust Klarheit über Eignung bzw. Nichteignung einer Methode zu verschaffen. Hierzu wäre es nützlich, anhand von Beurteilungskriterien die Einsatzmöglichkeiten und -grenzen einer Personalplanungsmethode abzuschätzen — und zwar im voraus!

4.3.3 Über die Güte und Verfügbarkeit des Datenmaterials, das in die Methoden eingeht, herrscht Ungewißheit

Die Anwendung von Planungsmethoden setzt einen entsprechenden Dateninput voraus (vgl. Abb. 4.1). In der Praxis existieren allerdings erhebliche Probleme im Zusammenhang mit der Datengewinnung[15]. Rechtliche Bestimmungen (BetrVG, BDSG) schränken die Erhebung personenbezogener Daten ein, beispielsweise bei der Einstellung eines neuen Mitarbeiters (Frage- bzw. Auskunftsrecht des Arbeitgebers). Abwehrreaktionen auf seiten der Mitarbeiter können auftreten bei der Erhebung besonders „sensibler" Daten, wie z. B. arbeitsmedizinische Daten, Beurteilungsdaten, Ergebnisse von Eignungs- und Leistungstests, Daten zur persönlichen Entwicklung etc.[16].

Schließlich sind die Kosten der Datenfindung zu berücksichtigen, z. B. wenn besondere Meß- und Testverfahren für die Gewinnung von Fähigkeits- oder Entwicklungsdaten eingesetzt werden müssen.

Unzureichende oder nicht verfügbare Inputdaten sind mit dafür verantwortlich, daß sich bestimmte Personalplanungsmethoden in der praktischen Anwendung nicht bewährt haben. Bekanntestes „Negativ"-Beispiel ist die algorithmisierte Profilmethode[17]. Sie geht davon aus, daß der Vergleich der Arbeitsplatzanforderungen mit den Fähigkeiten der Mitarbeiter für verschiedene Teilfunktionen der Personal-

---

13) vgl. die Untersuchung von Peter (1976)
14) vgl. RKW (1978), S. II 24
15) vgl. Heinrich/Pils (1979), S. 145f.
16) vgl. Mülder (1984), S. 29f.
17) vgl. Hackstein (1975)

planung sinnvoll ist (z. B. Personaleinsatzplanung, Personalentwicklungsplanung). Für jeden Mitarbeiter wird ein Fähigkeitsprofil mit festgelegten Fähigkeitshöhen je Fähigkeitsmerkmal erstellt. Analog dazu werden auf seiten des Arbeitsplatzes Anforderungsmerkmale mit definierten Anforderungshöhen je Merkmal bestimmt. Durch den Profilvergleich können Unterschiede („Über- bzw. Unterdeckung") zwischen Fähigkeiten und Anforderungen aufgedeckt werden. Die praktische Anwendung dieser Profilmethode scheitert bereits an den Inputdaten: Die Datenerhebung führt zu psychologischen Problemen (Erfassung sensibler Daten), rechtlichen Schwierigkeiten (Mitwirkungsrechte des Betriebsrats am Merkmalskatalog) und erscheint auch aus Kostenüberlegungen heraus bedenklich (hoher Pflegeaufwand zur Erhaltung der Aktualität).

4.3.4 Häufig genügen die einfachen, nicht formalen Methoden den Ansprüchen der Praktiker

Die theoretischen Methoden und Modelle zur Personalplanung wurden ständig weiterentwickelt und verfeinert. Mit der Zahl der einbezogenen Variablen und dem Schwierigkeitsgrad der mathematischen Verknüpfungen verbindet sich allerdings auch eine abnehmende Durchschaubarkeit für den Anwender. Es wächst die Furcht, das Modell nicht mehr zu verstehen, die Beziehungen zwischen Eingabevariablen und Ergebnissen nicht mehr nachvollziehen zu können, dem Modell sozusagen ausgeliefert zu sein[18].

Die Praxis stuft die Einfachheit und Transparenz nicht-formaler Planungsmethoden höher ein als Vollständigkeit und Komplexität der mathematischen Verfahren. Die Untersuchung von Drumm/Scholz[19] zeigt, daß 80 % der von ihnen befragten Unternehmen mit den im Einsatz befindlichen nicht-formalen Personalplanungsmethoden zufrieden waren (vgl. Abb. 4.7). Als Begründung hierfür nannten die Befragten u. a.

- die Existenz dezentraler und überschaubarer Planungsbereiche, in denen die nicht-formalen Methoden angewandt werden können
- einen geringen Problemdruck, der einfache Planungskonzepte erlaubt
- daß sich die Anforderungen der Geschäftsführer/Vorgesetzten an die Personalplanung bereits mit den einfachen Methoden erfüllen lassen.

Die Zufriedenheit mit nicht-formalen Methoden wird allerdings geringer, wenn die Unternehmen bereits Erfahrungen mit mathematisch-statistischen Verfahren gemacht haben (vgl. Abb. 4.7).

Welche Konsequenzen ergeben sich hieraus für die praktische Anwendung von Personalplanungs-Methoden? Zunächst erscheint es ratsam, von der Vorstellung „je komplexer die Methode, desto besser" abzugehen. Vielmehr kommt es darauf

---

18) vgl. Hamel (1981), S. 619

19) vgl. Drumm/Scholz (1983), S. 39

Nr.	Argument	Erfahrungen mit formalen Planungsmethoden: positive Erfahrungen	negative Erfahrungen	keine Erfahrungen	Σ
1.	zufriedenstellend, weil Planung dezentralisiert und überschaubar		1	4	5
2.	gut, weil Planung dezentralisiert, überschaubar ist und kollegialer Führung entspricht	1		1	2
3.	zufriedenstellend, weil geringer Problemdruck einfache Planungskonzepte zuläßt		1		1
4.	zufriedenstellend, weil Planung ohne Problemdruck die erwünschten Ergebnisse bringt			1	1
5.	zufriedenstellend ohne methodische Begründung			4	4
6.	zufriedenstellend, da gute Synchronisation von Personalplanung und -politik möglich ist	1			1
7.	zufriedenstellend, weil den Anforderungen der Geschäftsführung gemäß		1	1	2
8.	verbesserungsbedürftig, weil nicht immer entscheidungsrelevant		1		1
9.	verbesserungsbedürftig, weil nicht alle entscheidungsrelevanten Informationen verarbeitet werden			1	1
10.	verbesserungsbedürftig ohne Gründe	1	1		2

Abb. 4.7: Zufriedenheit mit den praktizierten nicht-formalen Planungsmethoden[20)]

an, die Güte von einfachen und anspruchsvollen Methoden im konkreten Anwendungsfall miteinander zu vergleichen.

Erst auf der Basis einer derartigen Aussage können die endgültig einzusetzenden Methoden vernünftig bestimmt werden. Wo ein derartiger Vergleich nicht möglich oder sinnvoll ist, werden die Personalplaner zunächst mit den einfachen Methoden Erfahrungen sammeln. Das gilt insbesondere für Unternehmen, die nur geringe Ansprüche an Personalplanungs-Methoden stellen (etwa weil bisher noch keine systematische Personalplanung im Unternehmen durchgeführt wurde) oder für Unternehmen, deren Geschäftsbereiche allenfalls kurzfristige Planansätze erlauben (etwa wenn sich Produktions- und Absatzbereich derart dynamisch entwikkeln, daß eine Personalbedarfsrechnung regelmäßig nach wenigen Wochen überholt ist). Erst wenn genügend Erfahrungen mit einfachen Methoden gemacht wurden und außerdem die bisher praktizierten Methoden den betrieblichen Ansprüchen nicht mehr genügen, empfiehlt sich die Beschäftigung mit anspruchsvolleren Verfahren der Personalbedarfsplanung.

---

20) Entnommen aus Drumm/Scholz (1983), S. 39

4.3.5 *Einführung komplizierter Methoden scheitert am Widerstand der potentiellen Benutzer*

Wissenschaftler, die sich bislang mit der Konstruktion von quantitativen Entscheidungsmodellen und Verfahren des Operations Research beschäftigten, machen sich in jüngster Zeit zunehmend Gedanken über die geringe Resonanz ihrer Arbeit in der Praxis[21]. Als Hauptgrund hierfür wird der Widerstand potentieller Benutzer gegen die Einführung formaler Methoden und Modelle aufgeführt. Nach Hamel richten sich diese Widerstände und Bedenken insbesondere gegen[22]:

- den Aufbau des Modells
- die Handhabung des Modells
- die mit dem Modelleinsatz verbundenen Auswirkungen auf den Arbeitsplatz

Widerstände gegen den inhaltlichen Modellaufbau können auftreten, wenn das Modell symbolische und mathematische Ausdrücke enthält, die dem Anwender unbekannt sind („Sprachbarrieren") oder wenn Modellaufbau und Modellergebnisse für den Anwender nicht relevant sind („Adäquanzbarrieren"). Probleme mit der Modellhandhabung treten besonders dann auf, wenn der Anwender eine höhere Arbeitsbelastung befürchtet („Belastungsbarriere") oder wenn der bisherige Arbeitsablauf durch den Modelleinsatz schematisiert und rationalisiert wird („Schematisierungsbarriere").

Unter „Furcht vor den Modellwirkungen" versteht Hamel alle unmittelbar auf den einzelnen Arbeitsplatz bezogenen Folgen des Modelleinsatzes wie Arbeitsplatzverlust, unerwünschte Versetzung, Entwertung der bisherigen beruflichen Erfahrungen, weniger Entscheidungsfreiheit, bessere Kontrollierbarkeit der Arbeit.

Auch im Bereich der Personalplanung scheitert die Einführung komplexer mathematisch-statistischer Methoden häufig am Widerstand der Anwender, also der Fachleute im Personalwesen. In der bereits zitierten Untersuchung von Drumm/Scholz wurden Ursachen für die Ablehnung mathematisch-statistischer Personalplanungsmethoden erhoben. Trotz der verhältnismäßig kleinen Stichprobe (befragt wurden 21 Unternehmen) belegen die Ergebnisse, daß die o. g. generellen Widerstände auch bei der Einführung von formalen Personalplanungsmethoden Gültigkeit besitzen. Als wichtige zusätzliche Gründe für das Scheitern treten Organisations- und Führungsstruktur sowie der Umfang bisheriger Erfahrungen mit mathematisch-statistischen Methoden hinzu.

Drumm/Scholz gruppieren die Ablehnungsgründe in

- Kritik an der Personalplanungsmethode selbst
- unzureichende Planungsbedingungen
- Personale Probleme
- Organisatorische Probleme.

---

[21] vgl. z. B. Müller-Merbach (1977), S. 11ff.
[22] vgl. Hamel (1981), S. 619ff.

Nr.	Argumente	Erfahrungen mit formalen Planungsmethoden: positive Erfahrungen	negative Erfahrungen	keine Erfahrungen	Σ
	Planungsbedingungen				
1.	Die Planungsphilosophie des Hauses lehnt formale Planung ab	1	2	3	6
2.	Problemdruck fehlt	2	1	1	4
3.	Fach- und Machtpromotoren fehlen	2			2
4.	Die überschaubaren Planungsbedingungen erübrigen formale Methoden			1	1
	Σ	5	3	5	13
	Planungsmethoden				
5.	Die bekannten Planungsmodelle sind zur Personalplanung ungeeignet			4	4
6.	Die bekannten Planungsmodelle vernachlässigen die Ziele der Betroffenen	1			1
7.	Die bekannten Planungsmodelle sind scharf, die Planungsprobleme unscharf	1	1		2
8.	Die Flexibilität der bekannten Planungsmodelle bei Datenänderungen ist gering	1	1		2
9.	Die Planungsmodelle vernachlässigen soziale Nebenbedingungen	2		2	4
10.	Der Vorstand akzeptiert nur einfache Konzepte und Modelle	2	1	1	4
11.	Die Entwicklung spezieller Modelle ist zu aufwendig	1	2	2	5
12.	Planungsrelevante Informationen fehlen			2	2
13.	Die Leistungsfähigkeit formaler Methoden ist zu gering	1		2	3
	Σ	9	5	13	27
	Organisatorische Probleme				
14.	Modellgestützte Planung bewirkt Abbau erwünschter Dezentralisation und Beteiligung	1			1
15.	Modellgestützte Planung behindert Plandurchsetzung	1			1
16.	Modellgestützte Planung behindert kollegiale Führung	1			1
	Σ	3			3
	Personale Probleme				
17.	Formale Planungsmethoden ersetzen Entscheidungen			1	1
18.	Formale Planungsmethoden reduzieren Entscheidungsfreiheit	2	1	1	4
19.	Formale zentrale Planung reduziert das Verantwortungsgefühl	1			1
20.	Formale Planungsmethoden überfordern die Fachkenntnisse	1			1
21.	Modellgestützte Entscheidung über Menschen ist inhuman			1	1
	Σ	4	1	3	8

Abb. 4.8: Ablehnung formaler Personalplanungsmethoden[23)]

23) vgl. Drumm/Scholz (1983) S. 32

Die meisten Argumente richten sich gegen die Planungsmethode selbst (vgl. Abb. 4.8). Häufig ist diese Kritik jedoch undifferenziert (mit Ausnahme der Argumente Nr. 6, 7, 8). Bei den Planungsbedingungen fällt das Fehlen geeigneter Unterstützung durch das Management auf (vgl. Argumente Nr. 1, 3, 10).

Die unter „personale Probleme" zusammengefaßten Argumente offenbaren die Furcht der potentiellen Modellanwender vor Kompetenzverlust und Schematisierung. Organisatorische Probleme führten ausschließlich planungserfahrene Unternehmen als Ablehnungsgründe an.

Fazit:

Personalplaner, die bereits Erfahrungen mit mathematisch-statistischen Verfahren hatten (positive oder negative) lehnen diese mit präzisen Hinweisen auf deren Schwächen ab. Diese Hinweise beziehen sich auf die Methode selbst sowie auf Probleme des personellen bzw. organisatorischen Umfeldes.

Personalplaner ohne Erfahrungen lehnen mathematisch-statistische Verfahren mit pauschalen Argumenten ab. Insgesamt gesehen wird der Nutzen quantitativer Modelle gering gesehen, unabhängig ob positive, negative oder gar keine Erfahrungen mit diesen Modellen gemacht wurden.

4.4 Voraussetzungen für einen praktikablen Methodeneinsatz

Abschließend sollen Ansatzpunkte für eine praktikable Verwendung von Personalplanungsmethoden aufgezeigt werden. Wichtige Anregungen hierzu können aus der Untersuchung von Drumm/Scholz übernommen werden. Die Autoren fassen ihre Ergebnisse in einem sog. „Akzeptanztheorem" zusammen.

Hierin wird aufgezeigt, welche Bedingungen erfüllt sein müssen, damit Praktiker anspruchsvolle Planungsmethoden akzeptieren[24]:

1. Das Planungsproblem ist nicht einfach überschaubar für den Personalplaner. Durch Methodeneinsatz kann dieser Problemdruck beseitigt oder vermindert werden.
2. Der Personalplaner hat große Datenmengen zu bewältigen.
3. Die vorhandenen Daten müssen zur Verwendung in Planungsmethoden geeignet sein.
4. Der Einsatz der Methode muß wirtschaftlich sein, d. h. die Kosten ihrer Entwicklung, Einführung und Anwendung müssen geringer als ihr Nutzen sein.

---

24) vgl. Drumm/Scholz (1983), S. 35 ff.

5. Im Personalplanungsbereich sitzt ein **Fachpromotor** (d. h. Planungsspezialist, Methoden-Fachmann), der grundsätzlich in der Lage sein sollte, eine methodische Personalplanung einzuführen. Daneben existiert ein ranghoher **Machtpromotor** in der Unternehmensleitung (z. B. Personalvorstand), der mit begrenzter Methodenkenntnis die Idee des Fachpromotors unterstützt.
6. Zwischen dem ersten Benutzer der formalen Methode und ihres Outputs bis hin zum letzten Verwender der von der Methode erzeugten Lösung bestehen Verbindungen. (Es existiert eine „Implementationskette"). Fach- und Machtpromotor sind in diese Implementationskette eingebunden.
7. Die Einführung einer neuen Planungsmethode wird **nicht** als Bedrohung eigener Kompetenzen empfunden, z. B. wenn die Methode nicht im Einklang mit dem praktizierten Führungskonzept steht, wenn sie Ermessensspielräume aufhebt; wenn sie nicht verstanden wird.

Für die Praxis werden damit einige wichtige Voraussetzungen zusammengestellt, die vor dem Einsatz mathematisch-statistischer Personalplanungsmethoden beachtet werden sollten. Zusätzliche Bedingungen lassen sich aufgrund der in den Kapiteln 4.3.1—4.3.4 angestellten Überlegungen anführen. Die nachfolgenden Bedingungen beschränken sich allerdings nicht auf formale Methoden, sondern sind auch bei einfachen Verfahren der Personalplanung zu berücksichtigen:

8. Der Personalplaner ist in der Lage, seine Anforderungen an Personalplanungsmethoden möglichst klar und deutlich im voraus zu formulieren. Bei unerfahrenen Personalplanern dürfen die Ziele nicht von vornherein zu hoch gesteckt sein.
9. Anhand geeigneter Beurteilungskriterien sind die Einsatzmöglichkeiten und -grenzen von Personalplanungsmethoden festzulegen. Ziel ist es, die am besten geeignete(n) Methode(n) für die entsprechende betriebliche Anwendungssituation zu bestimmen.
10. Die Güte von einfachen und anspruchsvollen Methoden ist im konkreten Anwendungsfall miteinander zu vergleichen. Hierzu bedarf es einer innerbetrieblichen Erfolgskontrolle des Methodeneinsatzes und eines zwischenbetrieblichen Erfahrungsaustausches.

In Kapitel 11 werden diese Voraussetzungen für einen praxisorientierten Einsatz von Personalplanungsmethoden in Form einer detaillierten Checkliste vertieft.

4.5 Literatur

Bartholomew, D. J.; Forbes, A. F.:	Statistical Techniques for Manpower Planning. Chichester Wiley 1979
Domsch, M.:	Simultane Personal- und Investitionsplanung. Bielefeld 1970
Domsch, M.:	Personal. In: Vahlens Kompendium der BWL, Bd. 1. München 1984, S. 483–539
Drumm, H. J.; Scholz, C.; Polzer, H.:	Zur Akzeptanz formaler Personalplanungsmethoden. In: Zeitschrift für betriebswirtschaftliche Forschung 32 (1980) 8, S. 721–740
Drumm, H. J.; Scholz, C.:	Personalplanung – Planungsmethoden und Methodenakzeptanz. Bern/Stuttgart 1983
Gaugler, E.:	Betriebliche Personalplanung – Eine Literaturanalyse. Göttingen 1974
Hackstein, R.; Pilz, V. F.:	Zur Prognose des Personalbedarfs als Teil der längerfristigen qualitativen und quantitativen Personalplanung im Bereich der industriellen Produktion. In: Zeitschrift für Arbeitswissenschaft 29 (1 NF) 1975, 1, S. 9–13
Hamel, W.:	Berücksichtigung von Akzeptanzbarrieren bei der Konstruktion betriebswirtschaftlicher Entscheidungsmodelle. In: DBW 41 (1981), S. 615 ff.
Hansen, H. R.:	Einsatzmöglichkeiten von computergestützten Planungs- und Entscheidungstechniken in der Wirtschaft. In: Pfohl, H.-CH.; Rürup, B. (Hrsg.): Anwendungsprobleme moderner Planungs- und Entscheidungstechniken. Königstein/Taunus 1978, S. 79–97
Heinrich, L. J.; Pils, M.:	Betriebsinformatik im Personalbereich. Würzburg, Wien 1979
Kossbiel, H.:	Probleme und Instrumente der betrieblichen Personalplanung. In: Jacob, H. (Hrsg.): Personalplanung. Wiesbaden 1974
Kossbiel, H.:	Möglichkeiten und Grenzen einer langfristigen Personalbereitstellungsplanung mit Hilfe quantitativer Ansätze. In: Müller-Merbach, H. (Hrsg.): Quantitative Ansätze in der Betriebswirtschaftslehre. München 1978, S. 361–373
Lutz, B.:	Personalplanung in der gewerblichen Wirtschaft der BRD. Frankfurt/New York 1977

Mensch, G.: Instrumente der kurzfristigen Personalplanung. In: Zeitschrift für Betriebswirtschaft 38 (1968) 7, S. 469–494

Mülder, W.; Wanzenberg, N.: Die Anwendung personalwirtschaftlich relevanter wissenschaftlicher Erkenntnisse in der Praxis – Teilgebiet Personalplanung. Forschungsbericht Universität Essen, Essen 1978

Mülder, W.: Organisatorische Implementierung von computergestützten Personalinformationssystemen. Berlin, Heidelberg, New York 1984

Müller-Merbach, H.: Quantitative Entscheidungsvorbereitung – Erwartungen, Enttäuschungen, Chancen. In: Die Betriebswirtschaft 37 (1977), S. 11–23

Peter, W.: Modellgestützte Personalplanung – dargestellt am Beispiel einer chemischen Großunternehmung (Diss.), Basel 1976

Pfohl, H.-Ch.: Problemorientierte Entscheidungsfindung in Organisationen. Berlin – New York 1977

Pfohl, H.-Ch.; Drünkler, W.: Stand der Anwendung moderner Planungs- und Entscheidungstechniken in Betriebswirtschaften. In: Pfohl, H.-Ch.; Rürup, B. (Hrsg.): Anwendungsprobleme moderner Planungs- und Entscheidungstechniken. Königstein/Taunus 1978

RKW (Hrsg.): RKW-Handbuch – Praxis der Personalplanung. Teil II: Planung des Personalbedarfs. Neuwied-Darmstadt 1978

Sadowski, D.: Der Stand der betriebswirtschaftlichen Theorie der Personalplanung. In: Zeitschrift für Betriebswirtschaft 51 (1981), S. 88–104

Strutz, H.: Langfristige Personalplanung auf der Grundlage von Investitionsmodellen. Wiesbaden 1976

Wächter, H.: Langfristige Personalplanung unter der Erwartung schrumpfender Betriebsgröße. In: Betriebswirtschaftliche Forschung und Praxis 25 (1974) 1, S. 123 ff.

Wilhelm Mülder / Wolfgang Schmitz

5. Personalkennzahlen und Personalberichtswesen – Aufbau und Computerunterstützung

5.1 Aufgabe eines Kennzahlensystems für den Personalbereich

In Beitrag 3 wurden Kennzahlen als Instrument zur Ermittlung des Personalbedarfs behandelt. Nachfolgend soll diese Betrachtungsweise erweitert werden. Die Bildung von Kennzahlen ist prinzipiell für alle Teilbereiche der betrieblichen Personalplanung denkbar. Kennzahlen unterstützen hierbei die Zielbildung, Steuerung und Kontrolle personalwirtschaftlicher Aufgaben.

Häufig bildet man Kennzahlen als **Verhältniszahlen** (Gliederungszahlen) wie beispielsweise Anteil der Überstunden an den Normalarbeitsstunden. Daneben errechnen wir Kennzahlen als **absolute Zahlen** (Mengen, Werte); als **abgeleitete Zahlen** (Beziehungszahlen) z. B. für die Beziehung zwischen Umsatzhöhe und Personalbedarf oder als **vergleichende Zahlen** in Form von Zeitreihen oder Trends (vgl. Abb. 5.1).

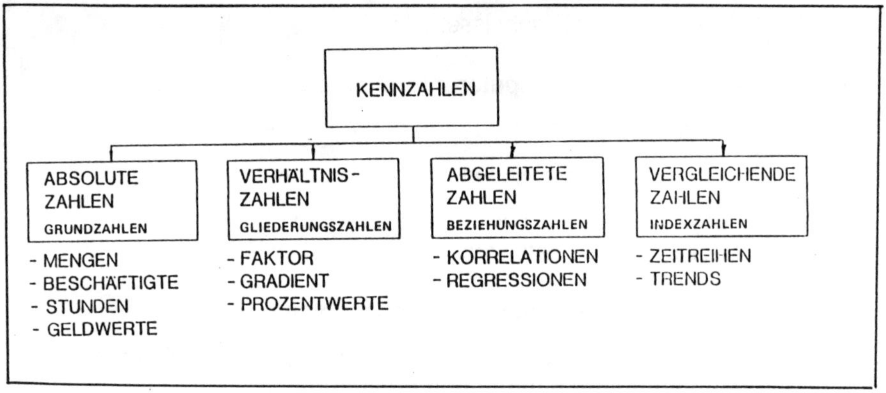

Abb. 5.1: Möglichkeiten der Kennzahlen-Bildung

Kennzahlen für den Personalbereich erfüllen in der Praxis mehrere Funktionen:

(A) Kennzahlen dienen als Meßgrößen zur Zielerreichung

Durch Kennzahlen läßt sich die Realisierung personalwirtschaftlicher Ziele feststellen. Beispielsweise kann das Globalziel „Effizienter Einsatz des Faktors Personal" in Teilziele aufgelöst werden. Teilziele, die quantifizierbar sind, können in Form von Kennzahlen operationalisiert, einzelnen Unternehmensbereichen vorgegeben und später kontrolliert werden (vgl. Abb. 5.2).

(B) Kennzahlen dienen zur Feststellung von Trends/Entwicklungen

Anhand der kontinuierlichen mehrjährigen Ermittlung von Kennzahlen lassen sich längerfristige Entwicklungen personalwirtschaftlicher Größen aufzeigen. Voraussetzungen hierfür sind die Festschreibung der Berechnungsmethode („Formel") sowie die Verfügbarkeit der benötigten Daten. Hieraus wird ersichtlich, daß es in der Regel nicht ausreicht, Kennzahlen nach Bedarf oder nach Belieben zu ermit-

Globalziel Personal:

„Möglichst effizienter Einsatz des Faktors „Personal" unter Berücksichtigung konkurrierender Einzelziele".

Auflösung Globalziel:

Qualitative Ziele	**Quantifizierbare Ziele**
innovatorischer Bereich	operationaler Bereich
Organisationsform: Projektgruppe oder ähnliche Organisationsformen	Organisationsform: Unternehmenshierarchie
z. B. – Verbesserung der Arbeitsplatzumgebung – Erhöhung der Motivation der Mitarbeiter – Verbesserung des kooperativen Führungsverhaltens	z. B. – Personalzusatzaufwand konstant halten – möglichst geringe Steigung des Personalaufwands – Reduzierung der Fluktuationsquote – Reduzierung der Fehlzeitenquote

Abb. 5.2: Auflösung von Globalzielen in personalwirtschaftliche Teilziele

teln. Aussagefähig sind nur **Kennzahlensysteme,** die eine systematische, geregelte Beschaffung der Grunddaten sowie eindeutige Regeln für die Kennzahlenbildung enthalten[1]. Allerdings muß an dieser Stelle auch auf Einschränkungen verwiesen werden, die mit der Anwendung vergangenheitsorientierter Kennzahlen (bisherige Trends, Entwicklungslinien) auf zukünftige Probleme verbunden sind. Im Einzelfall muß geprüft werden, ob der ursprünglich gewählte Ansatz noch richtig ist, ob nicht bisher unbekannte Einflußgrößen derart an Bedeutung gewinnen, so daß die ermittelten Kennzahlen ihren ursprünglichen Zweck der knappen Charakterisierung personalwirtschaftlicher Entwicklungen nicht mehr erfüllen.

(C) Kennzahlen dienen als Beurteilungsgrößen für interne und externe Vergleichs- und Einordnungsmöglichkeiten

Kennzahlen sagen etwas aus über die personalwirtschaftlichen Aktivitäten eines Unternehmens. Soweit diese Leistungen quantifizierbar sind, können Kennzahlen

[1] vgl. Grünefeld (1981), S. 161

hierüber einen Überblick geben. In den meisten Unternehmen werden Kennzahlen über die Zusammensetzung der Belegschaft (nach Geschlecht, Alter, Nationalität), Personalkosten, Fluktuation und Krankenstand seit langem ermittelt. Falls diese Größen nach organisatorischen Einheiten, wie Niederlassungen, Unternehmensbereiche, Abteilungen getrennt berechnet werden, eignen sie sich für innerbetriebliche Vergleichsmöglichkeiten. Eine steuernde Funktion geht hiervon aus, wenn sich diese Kennzahlen in einer innerbetrieblichen Rangordnung niederschlagen (z. B. Fehlzeitenquoten in einzelnen Werken, Abteilungen, etc.).

Eine wichtige Orientierung können personalwirtschaftliche Kennzahlen im überbetrieblichen Vergleich sein. Hier ist allerdings Vorsicht angebracht! Unterschiedliche Berechnungsverfahren und innerbetriebliche Besonderheiten verzerren die vermeintlich einheitliche Beurteilungsgröße.

(D) Kennzahlen dienen als Indikator für Fehlentwicklungen

Die Berechnung und Interpretation von Kennzahlen ist der erste Schritt einer betrieblichen Schwachstellenanalyse. Eine sorgfältige Ursachenermittlung wird beispielsweise erforderlich sein, wenn der mehrjährige Kennzahlenvergleich im Fabrikationsbereich eines Unternehmens folgende Ergebnisse erbringt:

- Eine anhaltende Steigerung des Anteils der Überstunden an den Normalarbeitsstunden;
- eine anhaltende Steigerung des Anteils der Krankenfehlstunden an den Normalarbeitsstunden;
- eine anhaltende Steigerung des Anteils der Unfallfehlstunden an den Normalarbeitsstunden;
- eine steigende Fluktuationsrate, insbesondere auf der Vorarbeiterebene;
- ein Rückgang der durchschnittlichen Betriebszugehörigkeit;
- eine Zunahme der Kündigungen innerhalb der Probezeit;
- Beibehaltung der Fertigungsmengen pro Arbeitsstunde.

Die errechneten Kennzahlen sind in diesem Beispiel Indikatoren für betriebliche Fehlentwicklung. Zugleich wird aber auch deutlich: Kennzahlen erleichtern lediglich den Einstieg in Analyse und Ursachenermittlung. Sie sagen weder etwas über die Gründe zunehmender Fehlzeiten oder Fluktuationen etc., noch geben sie Hinweise auf geeignete Maßnahmen.

(E) Kennzahlen dienen als ergänzendes Controlling-Instrument

Die Ermittlung und Auswertung personalwirtschaftlicher Kennzahlen ist eingebettet in das gesamte Controlling-System eines Unternehmens (vgl. Abb. 5.3). Eine moderne Controlling-Konzeption läßt sich wie folgt charakterisieren:

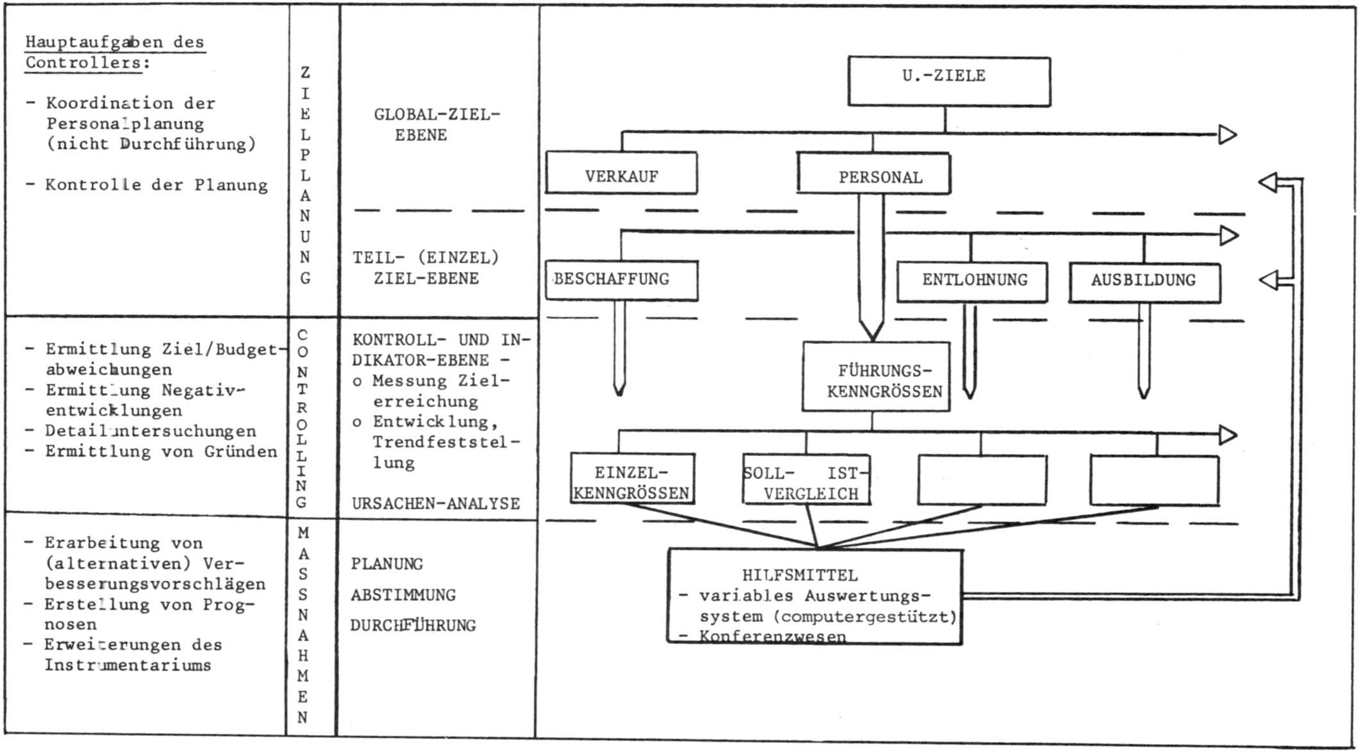

Abb. 5.3: Einordnung der Kennzahlen in Unternehmensplanung und Controlling

Das bisher stark bzw. ausschließlich finanz- und kostenrechnungsorientierte Controlling wird durch ein funktionsbezogenes Controlling in allen Unternehmensbereichen (incl. Personalwirtschaft) ergänzt. Hinzu kommt der Übergang von der passiven Rolle des Zahlenzusammenstellens mit überwiegender Vergangenheitsbetrachtung zu einer vorwärts orientierten Betrachtung durch Aufzeigen von Trends, durch spezifische Ursachenermittlung und Interpretation, durch aktives Handeln (z. B. Vorschlag von Maßnahmen).

5.2 Aufbau eines Kennzahlensystems für den Personalbereich

5.2.1 Definition von Köpfen, Zeiten, Strukturen

Eine wesentliche Voraussetzung für die Nutzung eines Kennzahlensystems ist die Definition der in die Berechnung eingehenden Grunddaten. Ohne die Festlegung

(A) Berechnung des Personalstandes je Stichtag (Köpfe)

	Anzahl
Mitarbeiter, die einen Arbeitsvertrag haben	______
./. Mitarbeiter, die z. Zt. bei der Bundeswehr sind	______
./. Mitarbeiter, die ohne Bezüge beurlaubt sind	______
./. Mitarbeiterinnen, die Mutterschaftsurlaub beanspruchen	______
./. Auszubildende	______
./. Praktikanten (Diplomanden)	______
./. Mitarbeiterinnen, die Mutterschutz beanspruchen	______
./. Dauerkranke	______
./. Aushilfen (befristete Arbeitsverträge)	______
./. Heimarbeiter	______
./. (freie Mitarbeiter, Leasingkräfte)	______
= aktive Stammbelegschaft	______

Anmerkung: Stichtag zum 31. → incl. Austritte
Stichtag zum 01. → incl. Eintritte

Abb. 5.4: Definition des Personalstandes

personalwirtschaftlicher Größen wie z. B. Personalstand („Köpfe"), geleistete Arbeitszeit, Personalkosten oder Personalleistung führt die darauf aufbauende Kennzahlenbildung zu Ungenauigkeiten. Der periodische Kennzahlenvergleich oder der innerbetriebliche Kennzahlenvergleich ist bei Verwendung unterschiedlicher Bezugsgrößen nicht mehr sinnvoll.

An zwei Beispielen läßt sich die Notwendigkeit detaillierter Bezugsgrößendefinition darstellen (vgl. die Abb. 5.4 bis 5.6).

(B) Berechnung der Arbeitszeit

Tariflich vereinbarte Arbeitszeit	
52 Wochen x 40 Std.	2.080 Stunden
oder (365 Tage – 104 Samstage/Sonntage) x 8	(2.088 Stunden)
·/. arbeitsfreie Feiertage (11 x 8)	88 Stunden
= Sollarbeitszeit	1.992 Stunden (2.000) Stunden
·/. Urlaub ①	
·/. bezahlte Krankheit (an Arbeitstagen) ②	
·/. sonstige bezahlte Abwesenheit ③	
·/. Fort- bzw. Weiterbildung ⑤	
= bezahlte Abwesenheit	
·/. unbezahlte Abwesenheit ④	
= geleistete Normalarbeitszeit	
+ Mehrarbeit (bezahlt und unbezahlt)	
(± Gleitzeitsaldo)	
= tatsächlich geleistete Arbeitszeit	

Abb. 5.5: Definition der geleisteten Arbeitszeit
(Die verschiedenen Formen der Abwesenheit ① – ⑤ sind in Abb. 5.6 definiert)

① Urlaub

= tarifvertraglicher/einzelvertraglicher Urlaub
+ Urlaub durch Betriebsvereinbarung
+ Schwerbehindertenurlaub
+ „Winterurlaub"*)
+ „Schichturlaub"*)
+ Prämienurlaub**)

*) Saisonal bedingter Urlaub aus betrieblichen Notwendigkeiten

**) zusätzlich gewährter Urlaub bei Zielerreichung/Zielüberschreitung

③ bezahlte sonstige Abwesenheit

Hierzu zählen folgende Anlässe:
- Wehrübung
- Mutterschutz
- Betriebsausflug
- Betriebsversammlung
- bezahlter Bildungsurlaub
- Vorladung Gericht (unverschuldet)
- öffentliche Ehrenämter
- Vorsorgeuntersuchung
- Feuerwehrhelfertätigkeit
- Betriebsjubiläum
- TÜV-Untersuchung
- Wohnungswechsel
- Eheschließung
- Silber-/Gold-Hochzeit
- Tod im Verwandtenkreis
- Betreuung eines erkrankten Kindes/Ehegatten
- Geburt eines Kindes

② bezahlte Krankheit

= Abwesenheiten infolge
- Krankheit gem. Lohnfortzahlungsgesetz
- Heilverfahren (Kur)
- Wegeunfall
- Arbeitsunfall

④ unbezahlte Abwesenheit

Hierzu zählen folgende Anlässe:
- Wehrübung
- Bildungsurlaub
- unbezahlte Abwesenheit
- Stundenausfall durch Kurzarbeit
- Streik/Aussperrung
- unentschuldigtes Fehlen/Bummeln
- unbezahlte Krankheit

⑤ Fort- und Weiterbildung

Hierzu zählen:
- externe Kurse (nicht Training on the Job)
- interne Seminare
- Fachtagungen

Abb. 5.6: Definition von Abwesenheiten

5.2.2 Entwicklung und Führung von Kennzahlen für personalwirtschaftliche Teilfunktionen

Im Anschluß an die Definition grundlegender Bezugsgrößen des Personalwesens werden Kennzahlen für die einzelnen Personalfunktionen festgelegt. Nicht jedes Unternehmen errechnet für alle Teilfunktionen entsprechende Kennzahlen. Wichtig ist jedoch die Einordnung des Kennzahlensystems in den Gesamtkomplex „Zielplanung und Controlling" (vgl. Abb. 5.3). Demnach wird mit Hilfe geeigneter Kennzahlen die Erreichung der personalwirtschaftlichen Teilziele (bezogen auf die einzelnen Personalfunktionen Beschaffung, Einsatz, Entwicklung etc.) gemessen. Die periodisch ermittelten Kennzahlen sind Grundlage weiterführender Analysen (Trendberechnung, Schwachstellenermittlung, Ursachenforschung). Aufbauend auf den Analyseergebnissen erfolgt die Festlegung neuer, konkreter und damit meßbarer Zielvorgaben für den Zeitraum bis zu einem Jahr.

Die Einbettung der Kennzahlenbildung in ein personalwirtschaftliches Controlling-Konzept soll am Beispiel der Teilfunktionen

- Personalbeschaffung (vgl. Abb. 5.7),
- Personaleinsatz (vgl. Abb. 5.8),
- Personalverwaltung/Personalerhaltung und Personalbetreuung (vgl. Abb. 5.9)

dargestellt werden. Neben der Ermittlung und Analyse von **Einzelkennzahlen** für die verschiedenen Personalfunktionen können **Führungskennzahlen** errechnet werden. Im Vordergrund steht hierbei die Aussagefähigkeit für den Gesamtbereich „Personal". Geeignet sind hierfür Kosten- und Leistungskennzahlen, Angaben über die Belegschaftsstruktur sowie Kennzahlen, die Aufschluß über Einstellung und Verhalten der Mitarbeiter geben[2] (vgl. Abb. 5.10). Die in der Menge überschaubaren, stärker aggregierten Führungskennzahlen sollten das Management allerdings nicht dazu verleiten, die detaillierten Einzelkennzahlen zu vernachlässigen. Die eingeschränkte Aussagefähigkeit der Kennzahlenanwendung gilt bei den Führungskennzahlen in besonderem Maße[3].

---

2) vgl. von Eckardstein (1982), S. 423ff.
3) vgl. hierzu die detaillierte Erläuterung in Kap. 5.4.2

Teilziele: Personalbeschaffung

- Kostengünstige und anforderungsgerechte Beschaffung,
- Verstärkung der Eigenbeschaffung.

Kennzahlen

- Personal-Akquisitionskosten pro Kopf bzw. Eintritt,
- $\frac{\text{Eintritte bzw. Vorstellungen}}{\text{Bewerbungen}} \times 100$
- Anzahl der aufgelösten Arbeitsverhältnisse in der Probezeit im Verhältnis zur Anzahl der Einstellungen,
- Anteil der Stellenbesetzungen aus eigenem Hause zu den gesamten Einstellungen,
- Anzahl Bewerbungsvorgänge pro eingesetztem Beschaffungsmitarbeiter,
- Anzahl der Vorstellungen pro eingesetztem Beschaffungsmitarbeiter,
- Anzahl der Einstellungen pro eingesetztem Beschaffungsmitarbeiter,
- Beschaffungspersonal im Verhältnis zum Personalbestand,
- Verhältnis Personalistbestand zu Personalsollbestand,
- Zahl der Bewerbungen bzw. Vorstellungen bzw. Einstellungen pro Beschaffungsweg.

Beispiele jährlicher Zielvorgaben

- Reduzierung der Akquisitionskosten pro Kopf um ________ DM
- Erhöhung der Kennzahl $\frac{\text{Eintritte}}{\text{Bewerbungen}}$ auf ________ %
- Reduzierung des Anteils der Vertragslösungen in der Probezeit im Verhältnis zu den Gesamteinstellungen auf ________ %

Abb. 5.7: Ziele und Kennzahlen für den Bereich „Personalbeschaffung"

Teilziele: Personaleinsatz

- Verbesserung der Personaleinsatzplanung durch Anpassung von Arbeitsplätzen und Kapazitäten,
- Optimaler Abgleich zwischen Qualifikationsanforderung der Stelle und Eignung des Mitarbeiters,
- Effizienzfördernde Humanisierung und Unfallsicherung des Arbeitsplatzes.

Kennzahlen

- Struktur der Stunden (Anteile der einzelnen Stundenarten), Stundensätze (Lohn bzw. Gehalt),
- Struktur der Köpfe (Zusammensetzung der Belegschaft nach Alter, Geschlecht, Nationalität usw.),
- $\frac{\text{geleistete Normalstunden bzw. Mehrarbeitsstunden}}{\text{Produktionsmenge}}$

Beispiele jährlicher Zielvorgaben

- Senkung der Krankstunden
  in Kostenstelle ______ auf/um ______ Stunden
- Reduzierung der Mehrarbeitsstunden
  in Kostenstelle ______ auf/um ______ Stunden
- Verteilung der Urlaubsstunden
  in Kostenstelle ______ für Monat A: ______ %, für Monat B: ______ %, für ______

Abb. 5.8: Ziele und Kennzahlen für den Bereich „Personaleinsatz“

Teilziele
Personalverwaltung/Erhaltung und Betreuung

- Erhaltung einer ausgewogenen Alters- und Betriebszugehörigkeitsstruktur
- Wahrung angemessener Fluktuation
- Angemessene Entwicklung der freiwilligen Entgelte

Kennzahlen

- $\frac{\text{Personal-Istbestand pro Betriebszugehörigkeitsgruppe}}{\text{gesamter Personal-Istbestand}} \times 100$
- $\frac{\text{Personal-Istbestand pro Altersgruppe}}{\text{gesamter Personal-Istbestand}} \times 100$
- $\frac{\text{Eintritte bzw. Austritte}}{\text{Personal-Istbestand}} \times 100$
- $\frac{\text{freiwillige soziale Leistungen}}{\text{gesamte Sozialleistungen}} \times 100$
- Sozialleistungen pro Kopf

Beispiele jährlicher Zielvorgaben

- Personalbestand in Altersgruppe 20–30 Jahre soll ____ % betragen
- Personalbestand in Betriebszugehörigkeitsgruppe ____ (3–5 Jahre Betriebszugehörigkeit) soll ____ % betragen
- Fluktuationsquote für das gesamte Unternehmen soll auf ____ % sinken

Abb. 5.9: Ziele und Kennzahlen für den Bereich „Personalverwaltung/Erhaltung und Betreuung"

Führungskennzahlen

Personalkosten

- Personalgesamtkosten pro Kopf
- Personalgesamtkosten pro Stunde

Produktivität

- $\frac{\text{Produktionsmenge}}{\text{Normalarbeitsstunden (bzw. Mehrarbeitsstunden)}}$
- $\frac{\text{Produktionsmenge}}{\text{Personalgesamtkosten in TDM}}$

Verhalten

- $\frac{\text{freiwillig ausgeschiedene Mitarbeiter}}{\text{Personalbestand}}$ (Fluktuationsquote)
- $\frac{\text{Fehlzeiten}}{\text{Sollarbeitszeit}}$ (Fehlzeitenquote)
- $\frac{\text{Anzahl der Verbesserungsvorschläge}}{\text{Personalbestand}}$

Abb. 5.10: Ausgewählte Führungskennzahlen

5.2.3 Kennzahlen-Systematik

Nachdem man sich als Anwender Klarheit darüber verschafft hat, welche Kennzahlen periodisch ermittelt werden sollen, bedarf es einiger Überlegungen zur Systematisierung und Ordnung der Kennzahlen untereinander. Grünefeld unterscheidet in diesem Zusammenhang zwei grundsätzliche Vorgehensweisen:[4)]

(A) Bildung einzelner, voneinander unabhängiger Kennzahlen. Vorteilhaft ist hierbei die bedarfsgerechte, individuelle Kennzahlenbildung, wobei allerdings die Gefahr besteht, daß sich zwischen den voneinander unabhängigen Kennzahlen Widersprüche und Unstimmigkeiten ergeben können.

---

4) vgl. Grünefeld (1981), S. 163

(B) Einordnung der Kennzahlen in ein übergeordnetes Raster, wobei die einzelnen Kennzahlen fest miteinander verknüpft werden. Personalkennzahlen werden hierbei losgelöst vom aktuellen Bedarf erstellt. Die Kennzahlen-Systematik ermöglicht eine weitgehende Widerspruchsfreiheit. Das Kennzahlen-System wird als Kennzahlen-Pyramide aufgebaut, wobei die an der Spitze stehenden Kennzahlen aus der GuV-Rechnung abgeleitet werden.

Beabsichtigt der Anwender den Aufbau eines geschlossenen Kennzahlen-Systems, so empfiehlt sich Alternative B als der richtige Weg. Für Anwender, die ein weniger aufwendiges Instrumentarium benötigen, wird auch die erste Alternative bereits von Nutzen sein.

Die Gestaltung eines Kennzahlen-Systems erfordert eine Reihe weiterer organisatorischer Maßnahmen: Es muß entschieden werden, welche Stellen Kennzahlen zu welchen Zeitpunkten ermitteln. Die Ermittlung und Pflege der Personalkennzahlen kann Aufgabe des zentralen Unternehmenscontrolling, des Bereichscontrolling oder der Personalabteilung sein. Denkbar sind auch Mischformen. Die geläufigen Perioden der Berichterstellung sind Monat, Vierteljahr, Halbjahr oder ganzes Jahr; ggf. werden Kennzahlen nur auf Anfrage erstellt.

Festzulegen ist schließlich die Berichtstiefe, d. h. welche Kennzahlen werden auf welcher organisatorischen Ebene regelmäßig geführt? Die Ergebnisse dieser Überlegungen werden in einem **Kennzahlen-Verzeichnis** festgehalten (vgl. Abb. 5.11).

Detailliertere Angaben über das Zustandekommen der einzelnen Kennzahlen werden in einem **Kennzahlenhandbuch** niedergelegt[5]. Für jede einzelne Kennzahl wird auf je einer Seite festgelegt

- Kennzahlen-Titel,
- Kennzahlen-Nummer,
- Maßeinheit (Jahre, Stunden, DM, %),
- Häufigkeit der Kennzahlen-Erstellung,
- Mitarbeitergruppen, für die die Kennzahl berechnet wird (Gesamtbelegschaft, Lohnempfänger, Gehaltsempfänger),
- Anwendung,
- Berechnungsformel,
- Formelinhalt, Erläuterungen, Berechnungsschritte, Definiton der Basisgrößen,
- Bemerkungen, Anwendungsrestriktionen, Interpretationshilfe.

Siehe hierzu die Beispiele in Abb. 5.12 und 5.13

[5] Grünefeld (1981), S. 165 spricht in diesem Fall von einem Kennzahlen-Grundbuch

Verzeichnis der zu führenden Kenngrößen

Seite

Lfd. Nr.	Kenngröße	In Verbindung mit Teilzielen	Berichtshäufigkeit 1/4 (jährlich)	1/2 (jährlich)	1/1 (jährlich)	auf Anf.	Berichtstiefe	Ersteller PERS	PRO1	ENT1	VER2	US1	
	Struktur der Stunden gewerbl. Mitarbeiter												
1.	$\frac{\text{bezahlte Fehlstdn.}}{\text{bezahlte Stdn.}} \times 100$	(1)	x				Gesamtunternehmen	x					
							Ressorts:						
					x		- Unternehmenssteuerung					x	
					x		- Vertrieb				x		
2.	$\frac{\text{geleist. Normalstdn.}}{\text{bezahlte Stdn.}} \times 100$	(2)	x				. VT1				x		
			x				. VT2				x		
			x				- Produktion		x				
			x				. PRO1		x				
			x				. PRO2		x				
						x	. Abt./Einzelkostenstelle		x				
3.	$\frac{\text{Mehrarbeitsstdn.}}{\text{bezahlte Stdn.}} \times 100$	(3)	x				- Entwicklung			x			
			x				. E1 - E5			x			
						x	. Einzelkostenstelle			x			

Abb. 5.11: Auszug aus einem Kennzahlen-Verzeichnis

	Kennzahlen - Definition
Datum	01 8 81
Kennzahl-Nr.	1.9
Titel	Überstundenquote
Einheit	%
	[X] monatlich [X] jährlich
MA-Gruppe	[X] Gesamtbelegschaft [X] Lohnempfänger [ ] Fertigungslöhner [ ] Zeitlöhner [X] Gehaltsempfänger
Anwendung	Gibt Auskunft über das prozentuale Verhältnis der gemeldeten Überstunden zu Normalarbeitsstunden
Formel	$\frac{\text{Summe Überstunden} \times 100}{\text{Summe Normalarbeitsstunden}}$
Formel-inhalt	**Zähler:** Summe der Überstunden lt. Abrechnung
	Nenner: Summe Normalarbeitstunden * Berechnung im Arbeitsablauf wie bei Kennzahl Nr. 1.5 aber: Kalendertage ./. Samstage, Sonntage = Soll-Tage ./. Feiertage an Werktagen = Normalarbeitstage x 8 = Normalarbeitsstd.
Bemerkungen	* ohne Azubis, Umschüler, Wehrdienst leistende

Abb. 5.12: Auszug aus einem Kennzahlen-Handbuch: Überstundenquote

	Kennzahlen - Definition		Datum 01.8.81	Kennzahl-Nr. 1.8
Titel	Durchschnittlicher Arbeitsgrad Einheit: % ☐ monatlich ☒ jährlich	MA-Gruppe	☐ Gesamtbelegschaft ☒ Lohnempfänger[1] ☐ Fertigungslöhner ☐ Zeitlöhner ☐ Gehaltsempfänger	
Anwendung	Gibt Auskunft über den prozentualen Anteil der geleisteten Arbeitsstunden an den bezahlten Arbeitsstunden			
Formel	$\frac{\text{Summe geleistete Arbeitsstunden} \times 100}{\text{Summe bezahlte Arbeitsstunden}}$			
Formelinhalt	Zähler: geleistete Arbeitsstunden = Kalendertage ./. Samstage, Sonntage = Soll-Arbeitstage ./. Feiertage ./. Abwesenheitstage + Überstunden (Sonderschichten) in Tagen = gel. Arbeitstage x 8 = gel. Arbeitsstunden der MA Nenner: bez. Arbeitsstunden = geleistete Arbeitsstunden lt. Abrechnung + bez. Urlaubsstunden + bez. Feiertagsstunden + bez. LFZ-Stunden = bez. Arbeitsstunden Verwendet auch bei Kennzahl-Nr. 3.4			
Bemerkungen	1) ohne Fremdfirmen, Azubi, Umschüler, Praktikanten, Wehrdienstl.,			

Abb. 5.13: Auszug aus einem Kennzahlen-Handbuch: Durchschnittlicher Arbeitsgrad

Hinsichtlich der Gesamtzahl der zu ermittelnden Personalkennzahlen läßt sich keine generelle Empfehlung aussprechen. Wir halten eine Beschränkung auf ein „vernünftiges" Maß für zweckmäßiger als eine nicht mehr bedarfsgerechte Kennzahlenbildung auf Vorrat. Die Beschränkung auf wenige Kennzahlen verringert den Aufwand der Erstellung und laufenden Pflege des Kennzahlensystems.

Die folgenden Kriterien können dem Anwender Anhaltspunkte für bzw. wider das regelmäßige Führen von Personalkennzahlen geben:

- Steht die Meßgröße im Zusammenhang mit quantifizierbaren Größen? (Vorsicht bei qualitativen Größen!)
- Erfolgt eine Konzentration auf Schwachstellenbereiche?
- Wie hoch wird der Pflegeaufwand der einzelnen Personalkennzahlen geschätzt? (Datenbeschaffung, Aktualisierung!)
- Wie groß ist die Aussagefähigkeit der einzelnen Kennzahlen?
- Welchen Nutzen stiftet die Bildung der jeweiligen Kennzahlen innerhalb der Organisation?
- Besteht die Möglichkeit, selektive Einzelanalysen (mit Computerunterstützung) durchzuführen?
- Bezieht sich die Kennzahl auf einen bestimmten Zeitraum oder einen bestimmten Zeitpunkt?
- Gehen sensitive Personaldaten in die Kennzahlenberechnung ein? (Die meisten Betriebsräte sehen beispielsweise Fehlzeitenanalysen und Berechnung der Arbeitsproduktivität als hochsensible Auswertungen an.)

5.2.4 Darstellen der Ergebnisse

Das Ergebnis einer periodischen Kennzahlenermittlung ist regelmäßig ein mehr oder weniger umfangreiches Zahlenwerk. Die in Form von Tabellen, Statistiken oder Computerausdrucken (Listen) vorliegenden Ergebnisse müssen – je nach Adressatengruppe – grafisch aufbereitet werden. Die Berichterstattung an das Top-Management beschränkt sich in der Praxis meist auf einige wenige Führungskennzahlen. Als Darstellungsformen bieten sich grafische Darstellungen, Häufigkeitsdiagramme oder Kurvendiagramme an. Entscheidend ist die Konzentration auf wesentliche Ergebnisse. Jede Abweichung, jedes Mißverständnis soll dem Betrachter sofort auffallen. Kennzahlen für den operativen Bereich gehen mehr ins Detail. Auch hier erleichtert eine grafische Darstellung weitergehende Analysen und Maßnahmen. Auf die verschiedenen Möglichkeiten der Diagrammgestaltung kann an dieser Stelle nicht näher eingegangen werden[6]. In Abb. 5.14 werden zwei Beispiele für grafische Darstellungen von Personalkennzahlen aufgeführt.

---

[6] vgl. Ahorner (1979), S. 164

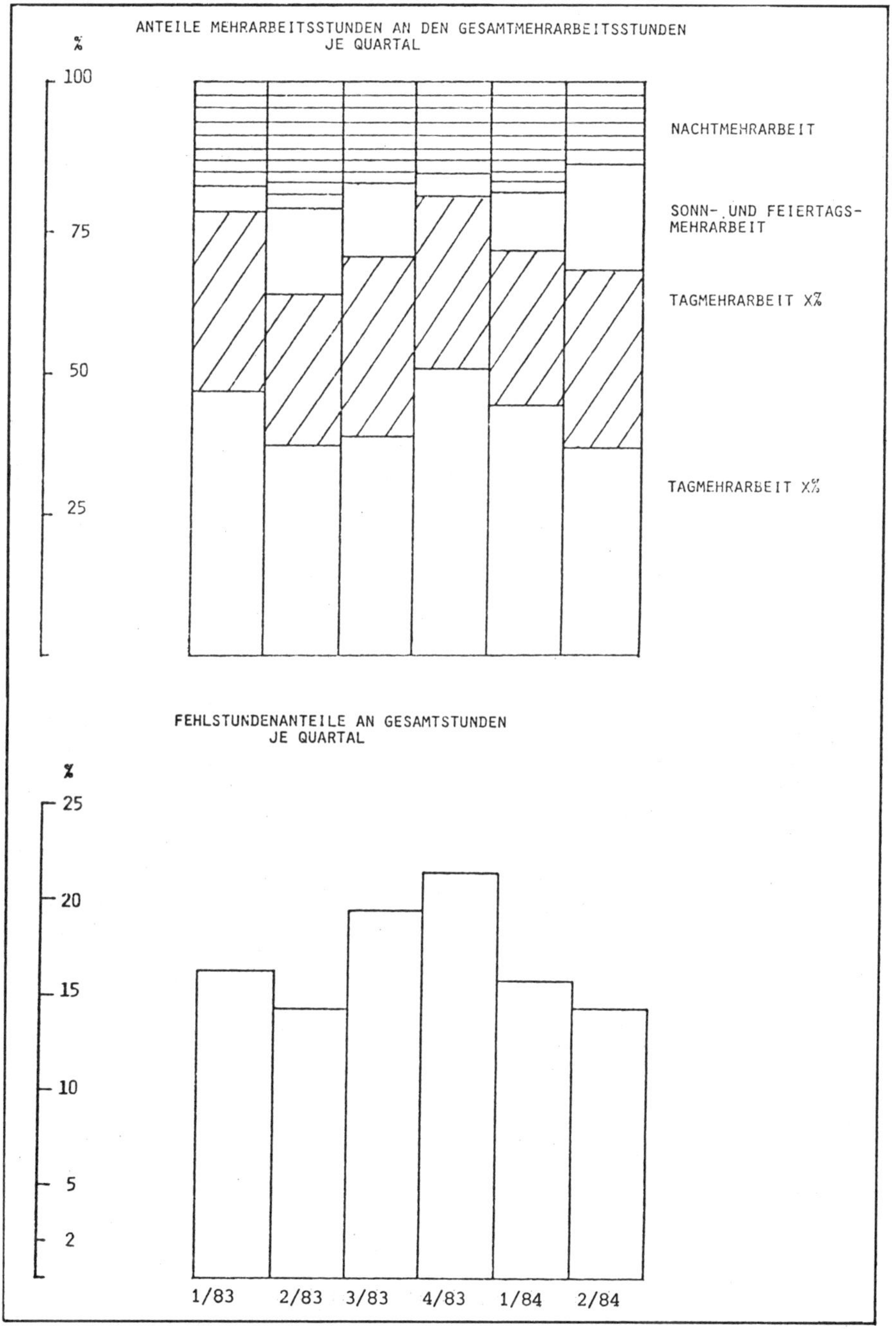

Abb. 5.14: Beispiel für grafische Darstellungen

5.3 Konzeption für eine Computerunterstützung

5.3.1 Einstieg in weiterführende Analysen

Als wesentliche Funktionen eines Kennzahlensystems haben wir die Messung der Zielerreichung, die Feststellung von Trends bzw. Entwicklungen sowie die Durchführung interner und externer Vergleiche angesehen. Als Instrument für diese Aufgabenstellung genügt häufig bereits die Nutzung eines Standardberichtsystems (regelmäßige, standardisierte Computerauswertungen) oder die Zusammenstellung von Lohn- und Gehaltsdaten auf der Basis eines Personalabrechnungssystems. Für eine tiefer gegliederte Informationsaufbereitung mit nachfolgender Ursachenanalyse kommt man in der Regel nicht mehr mit Standardauswertungen aus. Hierzu werden variabel gestaltbare Aufbereitungs- und Analyseprogramme im Dialogbetrieb benötigt. Die Einführung eines Personalkennzahlensystems ist damit untrennbar verbunden mit der Frage nach einer geeigneten Computerunterstützung im Personalbereich. Hierbei gilt:

Je komplexer das Personalkennzahlensystem ist,
je umfangreicher die Datenbasis ist,
je schwieriger Datenbeschaffung und Datenpflege sind,
je anspruchsvoller die Berechnung der Kennzahlen ist,

umso notwendiger erscheint der Einsatz eines computergestützten Personalinformationssystems[7]. (Siehe hierzu Abbildung 5.15 für den stufenweisen Aufbau eines computergestützten Kennzahlensystems.)

5.3.2 Basisdatenorganisation als Voraussetzung

Ein wesentlicher Gesichtspunkt für die DV-Konzeption eines Personalkennzahlensystems ist die Festlegung der Basisdaten. Hierbei bieten sich zwei Alternativen an:

- Zugriff/Nutzung von Personalstamm- und Bestandsdaten auf dem Mitarbeiter-Level. Hierbei sind personenbezogene und personenübergreifende Auswertungen möglich.
- Verdichtung der Analysedaten auf den Kostenstellenbereich bzw. auf Arbeitsplatzebene. In diesem Fall können lediglich aggregierte Daten für weitergehende Analysen benutzt werden; eine Auswertung individueller Daten ist nicht möglich.

Welche dieser beiden Alternativen am sinnvollsten ist, hängt ab von

- der Häufigkeit von Analyseanfragen auf Mitarbeiterebene,
- der Häufigkeit von Analyseanfragen auf Kostenstellenebene,

---

7) vgl. zum Begriff des computergestützten Personalinformationssystems Seibt/Mülder (1981), S. 247 ff. sowie Mülder (1984), S. 11 ff.

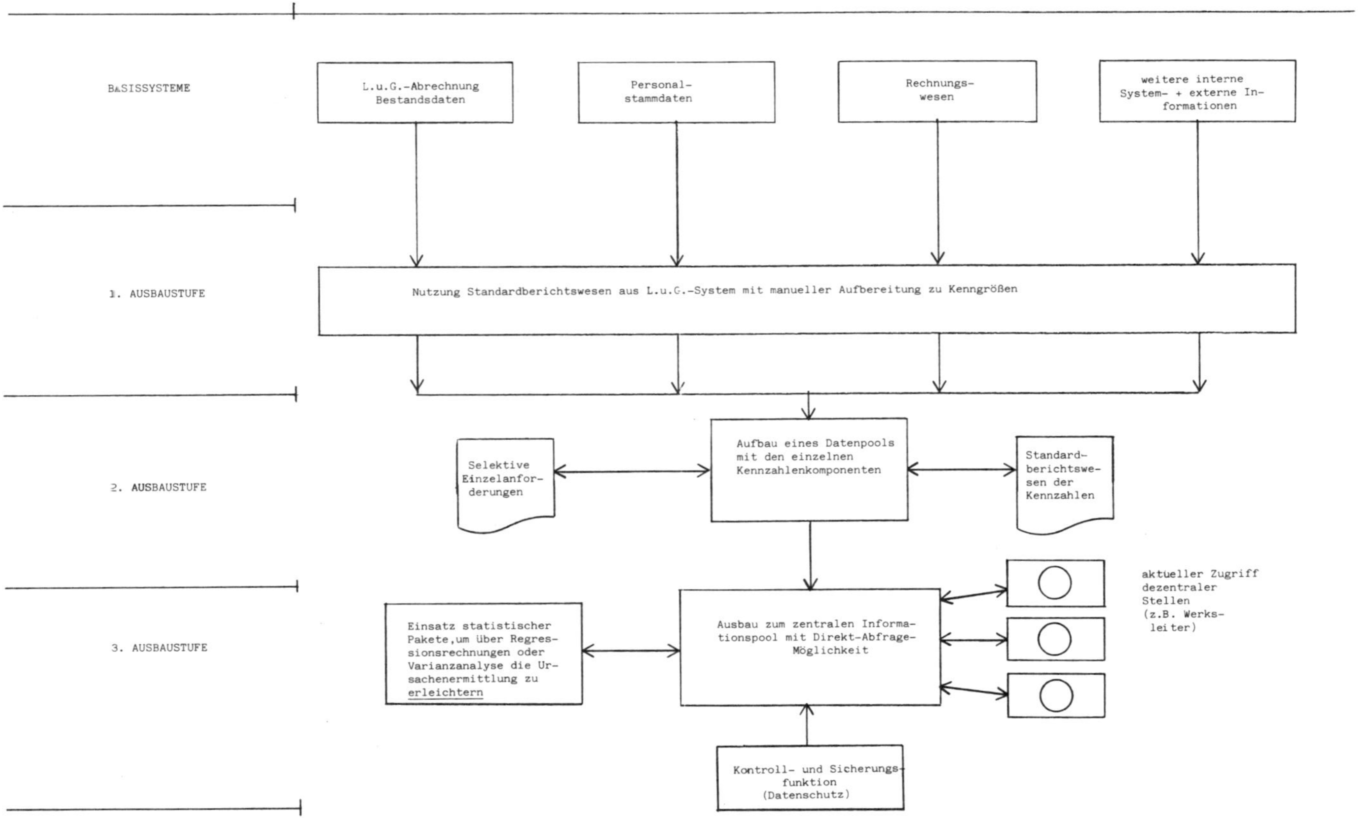

Abb. 5.15: Mögliche Stufen des EDV-gestützten Teilsystems Personalkennzahlen im Rahmen eines Personalinformationssystems

- den Zeitpunkten der Analyseanfragen auf Kostenstellenebene,
- dem Laufzeitverhalten (Datenvolumen Personalstamm),
- Häufigkeit und Umfang der Organisationsänderungen (Mitarbeiterwechsel auf Kostenstellen).

Die Verknüpfung und Analyse von Personaldaten mit dem Ziel, personalwirtschaftliche Kennzahlen zu gewinnen, läßt sich — bei entsprechenden datenorganisatorischen Voraussetzungen — äußerst flexibel handhaben. Fehlzeiten und Mehrarbeitsstunden (als „Abweichungen" von der Normalarbeitszeit) lassen sich beispielsweise nach folgenden Kriterien auswerten:

- Alle Kostenstellen mit Krank- und Unfallstunden größer X % oder mehr als Y % Zuwachs an Krank- und Unfallstunden gegenüber Vorjahr,
- alle Kostenstellen mit Krank- und Unfallstunden in den Monaten Dez./Jan. mit mehr als X % Zuwachs gegenüber dem Jahresdurchschnitt (Vormonaten Okt./Nov.),
- alle Kostenstellen mit Mehrarbeitsstunden größer als X %,
- alle Kostenstellen mit mehr als 180 Std./Kopf und Monat,
- Rangreihenbildung Fehlzeit, Überstunden etc.

5.3.3 Vorgehensweise bei der Entwicklung und Einführung eines computergestützten Personalkennzahlensystems

Die wichtigsten Schritte bei der Konzipierung eines Personalkennzahlensystems wurden in Abschnitt 5.2 erläutert. Plant der Anwender im Rahmen der Datenerfassung und Kennzahlenberechnung eine Computerunterstützung, so kann ggf. das bestehende Personalabrechnungs- bzw. Personalinformationssystem genutzt werden. Die wichtigsten Schritte bei der Entwicklung und Einführung eines Personalkennzahlensystems werden nachstehend in Form einer Checkliste aufgeführt:

- Selektion relevanter Kennzahlen auf Basis des vorhandenen Gesamtkenngrößenrahmens nach unternehmensspezifischen Kriterien, wie
  - Unternehmensgröße,
  - Branche,
  - Geschäftsprobleme,
  - besondere Personalprobleme.
- Abstimmung des ausgewählten Kennzahlenkatalogs mit dem Management,
- Entwurf der Datenstrukturen und -Organisation,
- Definition der Dateninhalte,
- Integration des Kennzahlensystems in das bestehende Planungs- und Kontrollsystem,

- Festlegung des Standardberichtswesens,
- Einführung und Praxistest (ggf. mit Vergangenheitsdaten).

5.4 Grenzen bei der Anwendung von Kennzahlensystemen

Wiederholt haben wir darauf aufmerksam gemacht, daß die Interpretation einer errechneten Kennzahl stets mit einer gewissen Vorsicht zu erfolgen hat. Nachfolgend sollen die Grenzen der Kennzahlenanwendung anhand von Beispielen verdeutlicht werden.

5.4.1 Fehlende oder ungenaue Definition der inhaltlichen Komponenten von Personalkennzahlen

Auf die Notwendigkeit exakter inhaltlicher Definition von grundlegenden Personalgrößen haben wir bereits hingewiesen. Anhand einiger Beispiele soll diese Definitionsproblematik noch einmal verdeutlicht werden:

- Wie lassen sich Kosten der Personalbeschaffung definieren?
  Zählen hierzu
  - Personalberater-Honorar,
  - Reisekosten,
  - Umzugskostenermittlung,
  - Weihnachtsgelderstattung,
  - Bearbeitungskosten ungezielter Bewerbungen?
- Wie lassen sich Krankheitsstunden geldmäßig bewerten?
- Auf welche Weise wird die Fluktuation „richtig“ berechnet? (BDA-Formel oder Schlüter-Formel?)
- Dürfen dem Mitarbeiter „nahegelegte“ Selbstkündigungen mit in die Fluktuationsberechnung eingehen?
- Soll der Personalstand zum Jahresende (Stichtag) oder für den Jahresdurchschnitt ermittelt werden?
- Werden Interviewzeit oder Personalvermittlungshonorare mit zu den Personalbeschaffungskosten gezählt?

Eindeutige Antworten lassen sich auf diese Fragen nicht geben. Allenfalls durch Koordination und Empfehlung von Industrie- und Handelskammern, Arbeitgeberverbänden, RKW und ähnlichen Einrichtungen besteht langfristig die Chance, personalwirtschaftliche Kennzahlen und Bezugsgrößen eindeutig zu definieren. Solange unternehmensübergreifende Kennzahlensysteme für den Personalbereich nicht bestehen, muß jeder einzelne Anwender die obigen Fragen für sich beantworten. Ohne die vorherige Festlegung/Definition führen innerbetriebliche Kennzahlenvergleiche zu fehlerhaften Analysen und in letzter Konsequenz zu Fehlentscheidungen.

5.4.2 Saldierte Ergebnisse auf einem verdichteten Level können zu Fehlinterpretationen führen

Insbesondere für aggregierte Führungskennzahlen besteht die Gefahr, daß im Detail deutlich erkennbare Trends nivelliert werden. In Abb. 5.16 wird deutlich, daß die Kennzahlen auf der Abteilungs- und Hauptabteilungsebene noch deutliche Unterschiede aufweisen, während sich auf der Bereichsebene positive und negative Entwicklung gegenseitig aufheben. Es empfiehlt sich, trotz der besseren Übersichtlichkeit von einigen wenigen Kennzahlen, auf detaillierte Analysen nicht zu verzichten. Im Kennzahlensystem sollten Saldierungen nur in Ausnahmefällen zugelassen werden.

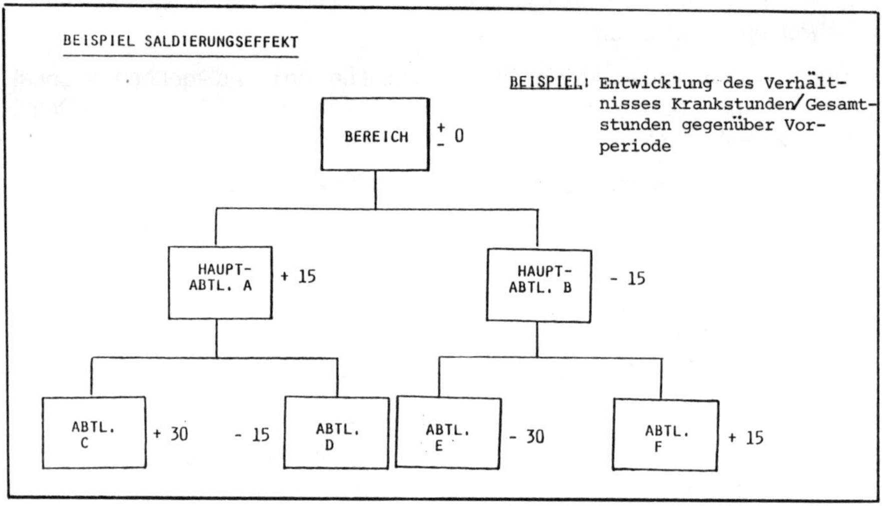

Abb. 5.16: Beispiel für den Saldierungseffekt

5.4.3 Organisatorische Einheiten, die nicht miteinander vergleichbar sind, dürfen auch nicht verglichen werden

Das Argument mangelnder Vergleichbarkeit soll keine Entschuldigung für Fehlverhalten bzw. Fehlentwicklungen organisatorischer Einheiten sein. Am folgenden Beispiel läßt sich zeigen, daß hier ein Kennzahlenvergleich unsinnig erscheint:

Beim Vergleich von acht Brauereien (davon 6 aus der BRD im gleichen Marktsegment) ergaben sich völlig unterschiedliche Kennzahlen für die Arbeitsproduktivität (hier gemessen in HL-Ausstoß pro Mitarbeiter, bezogen auf 1 Jahr):

	HL-Ausstoß pro Mitarbeiter/Jahr[8]
Brauerei 1	3.400
Brauerei 2	3.000

[8] Zahlen entnommen aus Geschäftsberichten deutscher und amerikanischer Brauereien

Brauerei 3	1.666
Brauerei 4	2.800
Brauerei 5	3.000
Brauerei 6	1.800
Brauerei 7	5.713
Brauerei 8	3.750

Ohne die Information, daß es sich bei den Brauereien 7 und 8 um amerikanische Unternehmen mit völlig anderen Brauverfahren als in der BRD handelt, besteht die Gefahr der Fehlinterpretation dieser Zahlen. Neben unterschiedlichen Produktionsverfahren können Automatisierungsgrad, Ausmaß der Produktdifferenzierung, Rationalisierungsgrad, das Führen eigener Bereiche wie Fuhrpark, technische Instandhaltung oder Inanspruchnahme externer Dienstleistungen, die Kennzahl Arbeitsproduktivität beeinflussen. Vor jedem externen Vergleich, aber auch beim innerbetrieblichen Vergleich in großen, dezentralisierten Unternehmen muß daher die Vergleichbarkeit der für die untersuchten organisatorischen Einheiten ermittelten Kennzahlen geprüft werden.

5.4.4 Konsequenz aus den aufgezeigten Problemen

Zur Vermeidung der hier aufgezeigten Probleme empfiehlt es sich, die Analyse der Personalkennzahlen nicht auf dem obersten Level zu belassen. Vielmehr erscheint es notwendig, bis auf die Ebene der Einzelkostenstelle (bzw. einer vergleichbaren organisatorischen Einheit) herunterzugehen. Erst auf einer derart spezialisierten Kennzahlenanalyse scheint eine fundierte Ursachenfeststellung möglich. Als Konsequenz der mangelnden Vergleichbarkeit größerer organisatorischer Einheiten empfiehlt sich der weitgehende Verzicht auf externe Kennzahlenvergleiche. Die Anwendung sollte sich in erster Linie auf den internen Zeitreihenvergleich konzentrieren. Schließlich lassen sich häufige Fehlerquellen durch sorgfältige Datenaufbereitung und inhaltliche Definition der Bezugsgrößen vermeiden.

5.5 Beispiele für praktische Anwendung von Kennzahlen

5.5.1 Hinweise auf Fehltage vor und nach Urlaubs- und Feiertagen

Für ausländische Mitarbeiter wurden zunächst relativ hohe Fehlzeitenanteile in der Kategorie „Kurzfehlzeiten" festgestellt. Pro Nationalitätengruppe wurden daraufhin neben den Urlaubstagen und Feiertagen in der BRD auch die jeweils nationalen Feiertage EDV-mäßig mitgeführt. Dazu wurden dann jeweils Häufigkeitsstufen für die Kategorie „Kurzfehlzeiten" festgelegt. Die Erreichung der Häufigkeitsstufen führte zu einer automatischen Erstellung von „abgestuften Mahnbriefen" an die entsprechenden Mitarbeiter. Diese, im Einvernehmen mit dem Betriebsrat getroffene Maßnahme, führte zu einer Reduktion der Kategorie „Kurzfehlzeiten" um ca. 80 %.

5.5.2 Hinweise auf unterschiedliche Auslastungsgrade

Die Auftragsbearbeitung eines Unternehmens besteht aus mehreren Abteilungen, gegliedert nach Produktgruppen. Diese Gliederung ist aufgrund der fachspezifischen Bearbeitung zweckmäßig. Die im einzelnen durchzuführenden Arbeitsschritte und dafür erforderlichen Zeitaufwendungen sind pro Auftrag über alle Abteilungen vergleichbar. Der jeweilige Auslastungsgrad ist daher weitgehend abhängig von der Anzahl zu bearbeitender Aufträge. Bedingt durch die Marktentwicklung der einzelnen Produkte ergeben sich in den einzelnen Gruppen extreme Mehr- bzw. Minderbelastungen. Durch regelmäßiges Führen der Kennzahl

$$\frac{\text{zu bearbeitende Aufträge pro Tag}}{\text{Mitarbeiter pro Gruppe}}$$

konnten jeweils entsprechende Umgestaltungsmaßnahmen (Umbesetzung oder andere Aufgabenzuordnung) eingeleitet werden, um einen kontinuierlichen und angemessenen Auslastungsgrad einzuhalten.

5.5.3 Hinweise auf die Inanspruchnahme „teurer" Überstunden

Für eine relativ große Abteilung „Eigene technische Instandhaltung" wurde zunächst die Kennzahl

$$\frac{\text{Anzahl Überstunden insgesamt}}{\text{Anzahl Normalstunden}}$$

rückwirkend als Zeitreihe geführt. Ebenso die Kennzahl

$$\frac{\text{Lohnkosten}}{\text{Überstunden insgesamt}}$$

Daraus konnte ersehen werden, daß zum einen der Überstundenanteil relativ hoch war und zum anderen, daß die Durchschnittskosten pro Überstunde sehr hoch lagen. Dies führte zu einer Detaillierung der Kennzahlenzeitreihe für die einzelnen Überstundenkategorien. Dabei wurde ersichtlich, daß die „kostengünstigen" Überstunden (= 1. und 2. Überstunde an Werktagen) niemals mehr als 25 % der gesamten Überstunden erreichten. Demnach wurden Überstunden überwiegend an den Wochenendtagen und Feiertagen durchgeführt. Daraufhin wurden die durchgeführten, innerbetrieblichen Aufträge dahingehend überprüft, ob deren Durchführung nur in diesen teueren Stunden möglich war. Diese Überprüfung ergab, daß ca. 80 % der in den „teueren" Zeiten durchgeführten Aufträge unabhängig von einem Produktionsstillstand waren. Wären entsprechende Kontrollmaßnahmen früher vorhanden gewesen, hätte dies zu einer Kostenreduktion von TDM 600 p. a. führen können.

5.5.4 Hinweise auf Kurzkrankheiten

Um die Fehlzeitenrate bei Kurzkrankheiten zu reduzieren wurde folgendes, EDV-gestütztes Verfahren eingeführt: Für jeden Mitarbeiter wurden jeweils die letzten 12 Monate rückwirkend betrachtet.

Als Selektionskriterium diente hierbei die Kennzahl

$$(\text{Häufigkeit der Krankmeldungen})^2 \times \text{Anzahl der Kranktage} > 490.$$

Wenn die Zahl 490 überschritten wurde, ergab sich ein automatischer Hinweis zur Gesprächsführung für die jeweiligen Personalreferenten. Die Zahl 490 wurde zunächst testweise festgelegt und soll nach einer Erfahrungszeit überprüft werden. Folgende Fallbeispiele dienen zur Erläuterung des Verfahrens:

Fallbeispiel 1: Herr X fehlte 8 Mal, insgesamt an 10 von 220 Arbeitstagen ergibt $8^2 \times 10 = 640$ = Hinweis für Gesprächsführung.

Fallbeispiel 2: Herr Y fehlte 2 Mal, insgesamt an 100 von 220 Arbeitstagen ergibt $2^2 \times 100 = 400$ = kein Gespräch erforderlich.

5.5.5 Ermittlung von Fluktuationskosten

Wie bedeutend die regelmäßige Führung einer Fluktuationskennziffer pro Abteilung ist, zeigt das folgende Beispiel für die Ermittlung der Fluktuationskosten pro Mitarbeiter (Kostenermittlung in 1981), vgl. Abb. 5.17.

Tätigkeitsbezeichnung: Anlagenelektroniker für die selbständige Wartung und Fehlerbehebung an elektronisch gesteuerten Maschinen und Anlagen.

Bei der Kostenermittlung wurde unterstellt, daß der ausscheidende Mitarbeiter voll eingearbeitet war (= 100 % Leistung) und der Fluktuationsersatz bei Eintritt alternativ ein Erfahrungsprofil der 3 nachfolgenden Erfahrungsstufen hatte:

Stufe 1: Der neue Mitarbeiter war mit der Wartung artfremder Maschinen und Anlagen betraut.

Stufe 2: Der neue Mitarbeiter hat artverwandte Maschinen und Anlagen betreut.

Stufe 3: Der neue Mitarbeiter hat artgleiche Maschinen gewartet.

Die Aus- u. Weiterbildungskosten der Stufen 1 bis 3 sind in den Abb. 5.18 und 5.19 zusammengestellt worden.

Profil des Fluktuationsersatzes	Stufe 1	Stufe 2	Stufe 3
1. Einstellkosten			
Anzeigen	2.000	3.000	5.000
Auswahlzeit/Einstellgespräch 10 Std. à 80,–	800	800	800
Einstelluntersuchung	150	150	150
Verwaltungskosten (Aktenbearbeit.)	180	180	180
Übernahme Maklergebühr, Umzugskosten (jeder 20. MA = 5.000)	250	250	250
2. Einarbeitungskosten			
Kosten für Einführung (Umlauf 1. Tag)	200	200	200
Minderleistung infolge Einarbeitungszeit	(2 MJ = 20 Mt. 40 %) 13,– DM/Std. 17.990	(1 MJ = 10 Mt. 25 %) 15,– DM/Std. 6.480	(0,5 MJ = 5 Mt. 25 %) 17,– DM/Std. 3.680
Aus- und Weiterbildungskosten (s. Abb. 5.18)	8.950	6.080	3.200
Aufwand für erhöhte Beaufsichtigung und Informationsaustausch à 30 DM/Std.	(60 Std.) 1.800	(40 Std.) 1.200	(20 Std.) 600
erhöhtes Unfall- bzw. Krankheitsrisiko	–	–	–
3. Ausstellkosten			
Ausstellgespräche (1 Std.)	80	80	80
Verwaltungskosten (Aktenbearbeit.)	180	180	180
Umlauf letzter Tag	200	200	200
Minderleistung (2 Wochen 50 %) (18,– DM × 80 Std.)	720	720	720
4. Zusatzkosten durch Unterbesetzung			
Überstundenzuschläge bzw. Mehrkosten von Leiharbeitskräften (siehe Abb. 5.19)	290	430	1.010
erhöhte Fehlzeiten wegen Überlastung durch Mehrarbeit	nicht quantifizierbar	nicht quantifizierbar	nicht quantifizierbar
Gesamt	**33.790**	**19.950**	**16.250**

Unberücksichtigt blieben in obiger Berechnung die durch unvollständig ausgebildete Neueintritte evtl. verursachten zusätzlichen Kosten durch längere Stillstandzeiten der Anlagen und Maschinen sowie Schäden durch unsachgemäße Wartung bzw. Handhabung.

Abb. 5.17: Fluktuationskosten für einen Anlagenelektroniker

Aus- und Weiterbildungskosten

Stufe 1	Kursgebühr DM	Spesen DM	Lohnausfall 250,– pro Tag	Gesamt
1. 3teiliger Wartungskurs Elektronik (= 9 Tage)	1.000,–	450,–	2.250,–	= 3.700,–
2. Einführung Pneumatik (= 3 Tage)	200,–	100,–	750,–	= 1.050,–
3. Einführung Hydraulik (= 3 Tage)	200,–	50,–	750,–	= 1.000,–
4. Lehrgang bei Hersteller (= 5 Tage)	1.300,–	650,–	1.250,–	= 3.200,–
				8.950,–
Stufe 2				
diverse fachspezifische Lehrgänge, Faktor 0,5 der Positionen 1, 2 und 3 von Stufe 1 (geschätzt)				2.880,–
Lehrgang bei Hersteller				3.200,–
				6.080,–
Stufe 3				
keine fachspezifischen Lehrgänge notwendig				–
Lehrgang bei Hersteller				3.200,–
				3.200,–

Abb. 5.18: Aus- und Weiterbildungskosten

Zusatzkosten durch Unterbesetzung

Es wird unterstellt, daß in der Zeit der Nichtbesetzung eines Arbeitsplatzes (zwischen Austritt des alten und Eintritt des neuen Mitarbeiters) die anfallenden Arbeiten teilweise verschoben und teilweise von den verbleibenden Mitarbeitern in Überstunden erledigt bzw. von extra hierfür angeworbenen Leiharbeitskräften übernommen werden. Dieser zu überbrückende Zeitraum ergibt sich aus der ∅ Beschaffungsdauer ·/. 2 Wochen Kündigungszeit. Er beträgt nach Schätzungen

bei Stufe 1 = 4 Wochen
bei Stufe 2 = 6 Wochen und
bei Stufe 3 = 14 Wochen

Die Summe der Überstundenzuschläge bzw. die Mehrkosten berechnen sich nach folgender Formel:

Wochen × Std./Woche × ∅ Anwesenheit × ∅ übernommener Leistungsgrad × ∅ Std. Lohn × Überstundenzuschlag = Mehrkosten

Dies ergibt:

bei Stufe 1:	160 × 0,8 × 0,5 × 18 × 0,25	290,– DM
bei Stufe 2:	240 × 0,8 × 0,5 × 18 × 0,25	430,– DM
bei Stufe 3:	560 × 0,8 × 0,5 × 18 × 0,25	1.010,– DM

Abb. 5.19: Zusatzkosten bei Unterbesetzung

5.6 Literatur

Ahorner, K.: Kennziffern für den Chef — Führungssicherheit durch ein umfassendes Frühwarnsystem. Kissing 1979

Botta, V.: Kennzahlensysteme als Führungsinstrumente. Berlin u. a. 1984

Eckardstein, D. v.: Kennzahlen im Personalbereich. In: WiSt 11 (1982), S. 423-426

Grünefeld, H.-G.: Personalkennzahlensystem. Planung, Kontrolle und Analyse von Personalaufwand und -daten. Wiesbaden 1981

Grünefeld, H.-G.: Inhalt und Auswertungsmöglichkeiten eines Personalkennzahlen-Systems. In: Personal (1981) 5, S. 202-207

Mülder, W.: Organisatorische Implementierung von computergestützten Personalinformationssystemen. Berlin, Heidelberg, New York 1984

Seibt, D.; Mülder, W.: Rechnergestützte Personalinformationssysteme. In: Angewandte Informatik 23 (1981) 6, S. 245-253

Stächelin, W.: Betriebswirtschaftliche Kennzahlen zur Personalkostenplanung. In: Personal 4/76, S. 137 ff.

Alfred Buhr

6. Personalplanung in einem Unternehmen der chemischen Industrie

6.1 Einführung

Die zahlreichen Veröffentlichungen der letzten 15 Jahre zum Themenbereich Personalplanung haben, von wenigen Ausnahmen abgesehen, das gemeinsame Kennzeichen, daß

- sie auf theoretischer Basis Grundlagen und Teilfunktionen der Personalplanung beschreiben und
- falls solche Überlegungen tatsächlich in konkrete Planungsmethoden oder -modelle übergehen, bewußt oder unbewußt das Vorhandensein eines Freiraums annehmen, welcher die Umsetzung der so erarbeiteten gedanklichen Verfahrensweisen in das betriebliche Geschehen ermöglicht.

Eine solche Chance der vollständigen Umsetzung eines gedanklichen Personalplanungskonzepts bietet sich indes i. d. R. bestenfalls bei der Neuerrichtung größerer Unternehmenseinheiten. In der Phase der Konzipierung der zukünftigen Ablauforganisation könnte es gelingen, Planungsabläufe als festen Bestandteil des zukünftigen Betriebsgeschehens zu integrieren.

Die Neuschaffung größerer Unternehmenseinheiten ist indes ein seltener Vorgang. Das Personalwesen wird zudem, wie jeder Praktiker weiß, in solchen Anlaufphasen auf anderen Gebieten gefordert. Die vorhandene Aufgabenfülle wird i. d. R. langfristig angelegte Aspekte des Personalwesens in den Hintergrund treten lassen.

Wenn es selbst unter den vergleichsweise günstigen Rahmenbedingungen einer Unternehmenserweiterung bzw. -neugründung nur selten gelingen wird, ein theoretisch als richtig empfundenes Personalplanungskonzept umzusetzen und in praktische „Planungs"-Routine überzuführen, muß dieser Versuch bei bestehenden Organisationen regelmäßig scheitern.

Erfolgreich wird ein Personalplanungssystem nur dann sein, wenn es als Maßanzug für ein Unternehmen/eine Organisation ausgestaltet wird.

Nur wenn es gelingt, die im Unternehmen bereits vorhandenen Gegebenheiten/Instrumentarien zum Zwecke der Personalplanung zu nutzen oder umzugestalten, eventuelle Lücken im Instrumentarium schließen und dabei den (Informations-)Bedürfnissen/Interessen der am betrieblichen Geschehen beteiligten Mitglieder angemessen Rechnung zu tragen, wird die erfolgreiche Integration eines Planungssystems im Personalbereich möglich.

Ein Anzug, der zu groß oder zu klein ist, wird ebenso wenig ankommen wie einer, der nicht zu den übrigen Kleidungsstücken paßt, der nicht gefällt, der nicht die gewünschte Wirkung erzielt oder der zu teuer ist.

Basierend auf dieser grundlegenden Einsicht wird nachstehend ein systematisches Verfahren einer Personalplanung erläutert, das, eingebettet in ein theoretisches Gerüst, auf die Bedürfnisse eines Produktionsbetriebes mit ca. 1200 Mitarbeitern zugeschnitten wurde. Es handelt sich um ein manuelles Verfahren einer (rollierenden) Personalbedarfsplanung, das nunmehr seit 10 Jahren besteht und jährlich viermal durchgeführt wird.

6.2 Personalplanung als Teil der Unternehmensplanung

Wenngleich letztlich Art und Umfang der Einführung personalplanerischer Elemente von unternehmensspezifischen Verhältnissen und Bedürfnissen abhängt, ist im Vorfeld hierzu die Erarbeitung detaillierter Kenntnisse von den Zusammenhängen zwischen den einzelnen Planungselementen und den sie beeinflussenden internen und externen Faktoren unerläßlich.

Die Planung eines Unternehmens — sofern sie systematisch betrieben wird — besteht aus einer Reihe von Teilplänen und Unterplänen, die zusammen die Unternehmensplanung darstellen (s. Abb. 6.1).

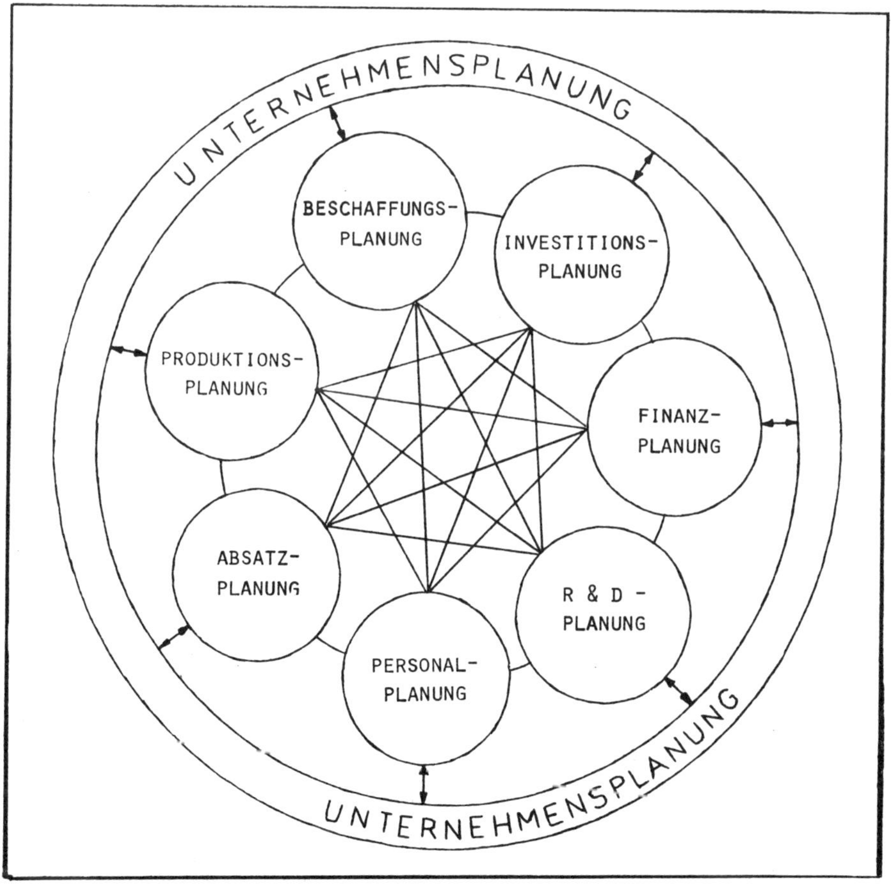

Abb. 6.1: Planungen im Unternehmen

Zwischen den einzelnen Planungsbereichen bestehen Beziehungen. Umfang und Intensität dieser Beziehungen sind unterschiedlich ausgeprägt und werden zunächst durch rein funktionale Verbindungen und Abhängigkeiten bestimmt. Eine Reihe weiterer Faktoren wie Branche, Unternehmensstruktur, Unternehmensphilosophie, Unternehmenspolitik, Durchsetzungsvermögen der Bereichsrepräsentanten, wirtschaftliche Situation des Unternehmens, wirken auf diese Beziehungen ein und beeinflussen insbesondere die Qualität der gegenseitigen Integration und Koordination der Einzelpläne sowie Dominanz eines Einzelplans bei bestehenden Zielkonflikten.

Solange eine simultane, integrierte Unternehmensgesamtplanung ein Ansatz auf dem Papier bleibt, ist es wichtig, diese Betrachtungsebene zu kennen. Da dies sicherlich noch längere Zeit der Fall sein wird, dürfte Unternehmensplanung auch weiterhin als ein Vorgang der zielgerichteten Erstellung und Abstimmung von Einzelplanungen gekennzeichnet sein.

Der Personalsektor ist einer dieser Planungsbereiche und damit ein Element der Unternehmensplanung. Aufgrund der Entwicklungen der letzten Jahre hat dieser Sektor enorm an Gewicht gewonnen; einen Verzicht auf ein systematisches Vorgehen in diesem Bereich wird sich langfristig kein Unternehmen leisten können.

6.3 Planung im Personalbereich

6.3.1 Gründe für eine systematische Planung im Personalbereich

Versteht man den Vorgang der Planung als die „in Entscheidungen mündende geistige Vorwegnahme zukünftigen Geschehens“,[1] so ergeben sich für ein solches „geplantes“ Vorgehen im Personalwesen viele Gründe.

Neben der beträchtlichen Auswirkung der Planung im Personalwesen auf die anderen Planungsbereiche und damit auf die Unternehmensplanung insgesamt ergeben sich solche Gründe bereits aus dem engeren Betrachtungsrahmen des Personalwesens heraus:

- Vermeidung von Personalengpässen
- Vermeidung von Personalüberbeständen
- Vermeidung sozialer Härten
- Verbesserung der individuellen Aus- und Weiterbildung
- Verbesserung des beruflichen Fortkommens des einzelnen Mitarbeiters
- Optimaler Einsatz der Mitarbeiter als Basis der Erhaltung der Arbeitszufriedenheit/Verbesserung des Betriebsklimas
- Kostenersparnis
- Schaffung einer Datenbasis für unternehmerische Entscheidungen

Weitere Gründe ließen sich nennen, — und die mit dem Aufbau/der Durchführung der Personalplanung beauftragte Person/Organisation tut gut daran, diese mög-

---

1) vgl. Langholz (1972), S. 58.

lichst komplett jederzeit parat zu haben, steht sie doch mehr noch als andere Planungsbereiche unter dem kontinuierlichen Zwang, Zeitaufwand und damit Kosten rechtfertigen zu müssen.

Gründe für eine systematische Personalplanung, die solche Hürden spielend überwinden und nicht allein deshalb einer besonderen Betonung würdig sind, ergeben sich aus den betriebsverfassungsrechtlichen Vorschriften.

Nicht nur die in § 92 BetrVG enthaltenen Unterrichtungs- und Beratungsrechte zur Personalplanung oder das in § 92 (2) enthaltene Vorschlagsrecht des Betriebsrats legen ein systematisches Planungsverfahren nahe.

Viele Vorschriften und Verfahrensweisen dieses Gesetzes (wie auch des Mitbestimmungsgesetzes) setzen eine Planung und damit ein frühzeitiges Erkennen personalwirtschaftlich relevanter zukünftiger Situationen geradezu voraus. Maßnahmen, die beispielsweise die Voraussetzungen der §§ 111/112 BetrVG (Betriebsänderungen/Sozialplan) erfüllen, werden zu einer termingerechten Abwicklung einen zeitlichen Vorlauf von zumindest mehreren Monaten, i. d. R. jedoch von 1-2 Jahren benötigen. Diese Zeit ist nur dann verfügbar, wenn Probleme rechtzeitig erkannt werden.

6.3.2 Teilbereiche der Personalplanung

Die verschiedenen Teilbereiche der Personalplanung sind miteinander verwoben und beeinflussen sich gegenseitig. Abbildung 6.2 zeigt eine Darstellung dieser Teilbereiche.

Definiert man Personalplanung –

„Die Personalplanung geht von der Ermittlung des Personalbedarfs in qualitativer, quantitativer, zeitlicher und ggf. örtlicher Hinsicht aus und bereitet systematisch alle sich daraus ergebenden Maßnahmen für

- die Personalbeschaffung
- die Personalentwicklung
- den Personaleinsatz
  und für
- die Personalfreistellung

vor,“[2] –

so wird deutlich, weshalb die Personalbedarfsplanung das Kernstück der gesamten Personalplanung darstellt und in der Abb. 6.2 besonders betont wurde.

Die jederzeitige Übereinstimmung von Bestand und Bedarf in quantitativer, qualitativer und ggf. örtlicher Hinsicht würde das Vorhandensein der übrigen Teilbereiche erübrigen.

---

[2] vgl. REFA (1975), S. 34

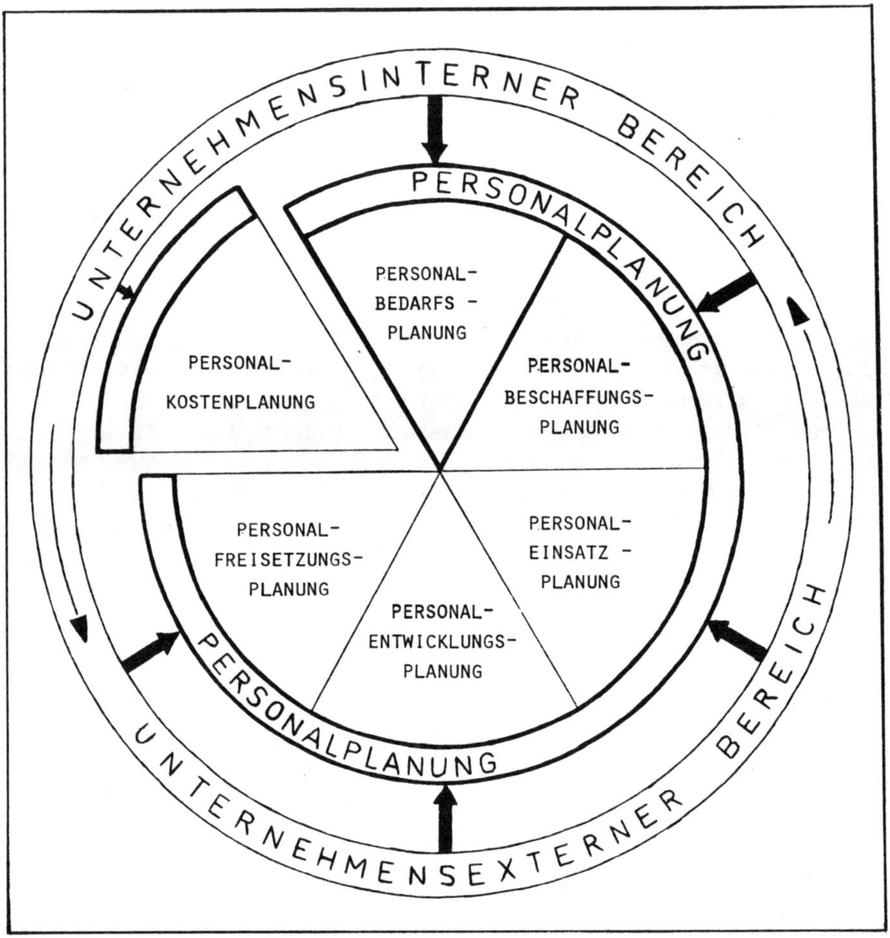

Abb. 6.2: Personalplanung: Grundmodell

Erst eine Abweichung von Bedarf und Bestand bewirkt Aktivitäten in den übrigen Planungsbereichen. Die Art der Abweichung (Über-/Unterdeckung – qualitativ/quantitativ) bestimmt dabei, welche Planungsbereiche jeweils angesprochen werden.

Daraus folgt, daß der Ansatzpunkt bei der Einführung einer systematischen Personalplanung immer die Personalbedarfsplanung sein muß; auf eine systematische Abwicklung der „abgeleiteten" Planungsteile kann ggf. ganz verzichtet werden (zumindest in Unternehmenseinheiten bis ca. 2000 Mitarbeiter genügt i. d. R. die fallweise Erstellung dieser abgeleiteten Planungselemente).

Die Personalkostenplanung stellt im wesentlichen das Wertgerüst der anderen Teilbereiche dar und wurde aufgrund dieser besonderen Beziehung in der Abb. 6.2 abgetrennt dargestellt.

Wie bei anderen Planungen wirken auch auf die Planungen im Personalbereich eine Reihe interner wie auch externer Einflußfaktoren ein (s. Abb. 6.3).

Interne Einflußgrößen

- Produktionsplanung (Produktionsmengen)
- Anlagenplanung (Änderungen der Anlagenausstattung)
- Betriebsorganisation
- Personalstruktur
- Qualifikation der Mitarbeiter
- Altersstruktur
- Fluktuation
- Fehlzeitenquoten/-verteilung
- Überstundenquote
- Sonstige Planung (Finanz- und Kostenplanung, Marketing)
- Personalpolitik des Unternehmens

Externe Einflußgrößen

- Gesamtwirtschaftliche Lage
- Bevölkerungsentwicklung
- Entwicklung des Gesamtarbeitsmarktes und der Teilarbeitsmärkte
- Tarifvertragliche Entwicklungstendenzen (Löhne, Gehälter, Arbeitszeit)
- Abgangszahlen der Schulen und Hochschulen
- Entwicklungen in der Sozialgesetzgebung

Abb. 6.3: Einflußgrößen der Personalplanung

6.4 Beschreibung der Einführung und Durchführung eines manuellen Verfahrens der Personal(bedarfs)planung für ein Produktionswerk mit ca. 1200 Mitarbeitern

6.4.1 Ausgangssituation

Die Planung im Personalbereich des Produktionswerkes wurde durch fallweise erstellte ad hoc Planungen betrieben. Daneben planten die Betriebsabteilungen selbständig den Personalbedarf für ihren Bereich. Diese Planung wurde jedoch in erster Linie zum Zwecke der Kosten- und Finanzplanung erstellt. Dementsprechend handelte es sich auch nicht um Bedarfszahlen, sondern um vorausberechnete zukünftige Bestandszahlen. Eine Integration dieser Einzelplanungen bzw. eine zentrale Auswertung erfolgte nicht.

Die Planung der Betriebsabteilungen beruhte auf vorgegebenen Produktionszahlen, die ihrerseits Bestandteil eines Produktionsplans waren.

Neben diesen Produktionsvorgaben bestand ein Investitionsplan als weiteres, für eine systematische Personalplanung verwendbares Instrument.

Ferner verwendbar war der sich im üblichen Rahmen bewegende, damals manuell geführte personalstatistische Bereich.

Die Notwendigkeit für eine verbesserte Planung war erkannt; entsprechende Arbeitszeit zur Verbesserung des Planungswesens wurde eingeräumt; organisatorisch wurden die Planungsaktivitäten im Personalbereich angesiedelt.

6.4.2 Schaffung der Planungsvoraussetzungen

6.4.2.1 Stellenbesetzungsplan

Die wichtigste Voraussetzung vor Einführung einer systematischen Personalplanung war die Schaffung zuverlässiger Hilfsmittel, um damit die erforderliche Transparenz der jeweils aktuellen Ist-Situation in bezug auf Stellen und Mitarbeiter herzustellen.

Organisationspläne, Stellenpläne oder Besetzungspläne dienen üblicherweise dieser Zielsetzung, wenngleich oftmals die Aktualität und damit die Verwendbarkeit dieser Instrumente durch zu große und voneinander abweichende Wartungs-/Überarbeitungszeiträume negativ beeinflußt wird.

Zielsetzung im vorliegenden Fall war die Schaffung eines Instruments, das unter Vermeidung dieser Nachteile einen jederzeitigen aktuellen Einblick in die bestehenden Personal- und Stellen(Ist)situation ermöglicht, gleichermaßen den Informationsbedürfnissen der Linienvorgesetzten, dem Werksmanagement und dem Personalbereich entsprach und auf diese Weise zum zentralen Hilfsmittel bei der Durchführung der laufenden Aufgaben in und zwischen diesen Bereichen werden sollte.

Unter der Bezeichnung „Stellenbesetzungsplan" wurde hierzu eine Unterlage geschaffen, welche die Elemente Organisationsplan, (Soll-)Stellenplan und Besetzungsplan in sich vereinte und darüber hinaus weitere Informationen enthielt (s. Abb. 6.4).

STELLENBESETZUNGSPLAN

Betrieb/Abt. Ingenieur-Abteilung — angefertigt von E. Maier — befürwortet von H. Schwaier — Blatt 5

Betriebs-/Abt.-Nr.: - 10 - Stand vom 5.11.1984 — geprüft von F. Kurz — genehmigt von H. Bäumer — von 10

Lfd. Nr.	Organisatorischer Aufbau nach Positionen gemäß Organisationsplan	SOLL – BESTAND: Anzahl der Positionen	SOLL: Eingruppierung AT	SOLL: Gehaltsgruppe (Tarif)	SOLL: Lohngruppe (innerbetrieblich)	SOLL: Arbeitszeit +)	IST – BESTAND: Name des Positionsinhabers	IST: AT-Stufe	IST: Gehaltsgruppe (Tarif)	IST: Lohngruppe (innerbetrieblich)	IST: Sex m	IST: Sex w	IST: SCHWERBEHINDERTE	IST: Datenschutz	ÜBERBESTAND: Name	ÜBER: AT-Stufe	ÜBER: Gehaltsgruppe (Tarif)	ÜBER: Lohngruppe (innerbetrieblich)	ÜBER: Sex m	ÜBER: Sex w	ÜBER: SCHWERBEHINDERTE	Begründung des Überbestandes/sonstige Bemerkungen +)N = Normal, V = versetzte AZ, 3 = 3er-Schicht, 4 = 4er-Schicht
4/08	Leiter - Instandhaltung		III			N	S. Pfaff															
	Sekretärin			K4					K4			x		D+								
5/01	Schicht-Instandhaltungsleiter	1	I			3	E. Pircher	I			x			D+								
5/02	Techniker	1		T4/7		3	H. Blau		T5		x											
5/03	Instandhaltungs-Elektriker	2			H1/3	3	I. Schulz			H3	x											
5/04							vakant															Neubesetzung ab 1.12.84
5/05	Instandhaltungs-Mech./Schlosser	2			H1/3	3	W. Heinrich			H3	x											
5/06							R. Dubowski			H2	x											
5/07	Schicht-Instandhaltungsleiter	1	I			3	F. Braun	I			x			D+								
5/08	Techniker	1		T4/7		3	H. Hoffmann		T6		x											
5/09	Irstandhaltungs-Elektriker	2			H1/3	3	A. Perrone			H3	x											
5/10							E. Fischer			H2	x											
5/11	Instandhaltungs-Mech./Schlosser	2			H1/3	3	F. Bast			H3	x											
5/12							I. Kaiser			H3	x											
5/13	Schicht-Instandhaltungsleiter	1	I			3	F. Ines	I			x			D+								
5/14	Techniker	1		T4/7		3	D. Elsner		T6		x		x									
5/15	Instandhaltungs-Elektriker	2		H1/3		3	A. Gross			H3	x											
5/16							W. Esser			H3	x											
5/17	Instandhaltungs-Mech./Schlosser	2		H1/3		3	P. Elter			H3	x											
5/18							W. Philipp			H3	x											
5/19	Schicht-Instandhaltungsleiter	1	I			3	M. Schäfer	I			x			D+								
5/20	Techniker	1		T4/7		3	N. Koslik		T6		x											
5/21	Instandhaltungs-Elektriker	2			H1/3	3	W. Elsing			H3	x											
5/22							X. de Angelo			H3	x											
5/23	Instandhaltungs-Mech./Schlosser	2			H1/3	3	A. Ludwig			H3	x				H. Klinger			H1	x			Doppelbes. w. Bundeswehr b. 7/85
5/24							D. Becker			H3	x											
			50	29	21		Sub (total) m/w				94	5			Sub (total) m/w				2			
	Sub (total)	100					Sub (total)				99				Sub (total)				2			

Abb. 6.4: Beispiel für einen Stellenbesetzungsplan

Dieser Plan, der sukzessive für alle Abteilungsbereiche des Werkes eingeführt wurde, umfaßt alle Mitarbeiter und Stellen und deren organisatorische Einordnung.

Der Erstgenehmigung der Einzelpläne ging ein Prozeß detaillierten Darlegung und Begründung, insbesondere der Sollorganisation, durch die Hauptabteilungsleiterebene voraus; die Personalabteilung war bereits in diesen Prozeß vollständig einbezogen.

Vor Inkraftsetzen der Pläne als zentrale Unterlage der Personalführung war es erforderlich, für alle auf diesen Plan einwirkende Veränderungen (Neugenehmigung/Eliminierung von Positionen, organisatorische Änderungen, Doppelbesetzungen, Versetzungen, Umgruppierungen, Neubewertungen etc.) genaue Genehmigungsverfahren festzulegen und die dazu erforderlichen formellen Unterlagen zu konzipieren.

Von entscheidender Bedeutung für die breite Akzeptanz der Unterlage war es, ihre Aktualität (Qualität des Änderungsdienstes) sicherzustellen.

Mit der Entscheidung, die Erfassung und Einarbeitung aller Planänderungen von einer zentralen Stelle innerhalb der Personalabteilung vornehmen zu lassen, wurde dieses Ziel erreicht. Diese Entscheidung setzte zwar einerseits ein Umlenken aller den Plan betreffenden Informationsströme über diese Stelle voraus (z. B. gesamtes Antragswesen an Betriebsrat, aber auch Namensänderungen, Meldungen über Schwerbehinderteneigenschaft, Datenbankschutzverpflichtung, Ergebnisse der Stellenbewertung etc.), führte aber in Verbindung mit den modifizierten Genehmigungsabläufen zu den durchaus erwünschten Effekten, daß nahezu alle den Personalsektor betreffende Informationen an einer Stelle zusammenliefen, personelle Einzelmaßnahmen und organisatorische Änderungen in einem geregelten Rahmen abliefen, die Personalabteilung von allen geplanten und beantragten Aktivitäten frühzeitig unterrichtet wurde und die Wege für einen Informationsfluß außerhalb dieses Ablaufes nahezu verschlossen waren.

Wenige Monate nach Genehmigung wurde der Stellenbesetzungsplan als die zentrale Unterlage für die Personalverwaltung akzeptiert. Dies führte sehr rasch dazu, daß der Teilbereich innerhalb der Personalabteilung, der die Pflege des Planes übernommen hatte (monatliche Überarbeitung und Herausgabe an Abteilungsleitung, Management und Personalleitung), zur Anlaufstelle der Linienvorgesetzen in allen Fragen der Personalorganisation und der Abwicklung von Einzelmaßnahmen wurde und damit frühzeitig beratend in alle geplanten Veränderungen einbezogen war.

Verstärkt und begünstigt wurde diese Entwicklung dadurch, daß dieser Bereich innerhalb der Personalabteilung gleichzeitig für die Abwicklung der Antragsverfahren mit dem Betriebsrat zuständig war und dadurch als kompetenter Berater in betriebsverfassungsrechtlichen Fragen anerkannt wurde.

Mit der erfolgreichen Implementierung des Stellenbesetzungsplans war damit die Transparenz der Ist-Situation erreicht. Von der zuständigen Gruppe in der Personalabteilung wurden zunehmend Funktionen der Positionskontrolle sowie personalplanerische Funktionen wahrgenommen. Die organisatorische Eingliederung der Abwicklung einer zukünftigen systematischen Personalplanung in diesem Bereich war unter den gegebenen Voraussetzungen deshalb die logische Konsequenz.

6.4.2.2 Verfügbarkeit und Anpassung bestehender Unterlagen aus anderen Planungsbereichen

Zu den vorbereitenden Maßnahmen einer systematischen Personalplanung gehört die „Nutzbarmachung" bestehender Planungsquellen bzw. -unterlagen zum Zwecke der Personalplanung. Es muß sichergestellt werden, daß relevante Planungsunterlagen aus anderen Planungsbereichen zur Verfügung stehen. Soweit erforderlich, müssen Erfassungsverfahren und Planungsinhalte dieser Planungen mit den Zwecken/Zielsetzung der Personalplanung abgestimmt werden. Planungszyklen und Planungsabläufe müssen mit den bestehenden Planungselementen koordiniert bzw. an diese angepaßt werden.

Im beschriebenen Beispiel wurden hierzu relevante Unterlagen der Investitions- und Produktionsplanung zum Zwecke der Personalplanung verfügbar gemacht, Erfassungsunterlagen der Personalkostenermittlung um die für die Personalplanung erforderlichen Elemente ergänzt sowie die Termine der Durchführung der anderen Planungen mit jenen der Personalplanung koordiniert und abgestimmt.

6.4.2.3 Erstellung formeller Planungsunterlagen

Die Art und der Umfang erforderlicher formeller Planungshilfsmittel sind einerseits abhängig vom Planungskonzept, werden des weiteren jedoch von Existenz und Qualität bereits bestehender Unterlagen im Personalbereich beeinflußt.

Nachstehende Faktoren wirken beispielsweise auf die Gestaltung der Planungsunterlagen:

- Zielsetzung der Planung
- Planungszeitraum und ggf. dessen Untergliederung
- Art der Planung (qualitativ-quantitativ-gemischt)
- Organisatorische Eingliederung der Planungsaktivitäten
- Organisatorischer Ablauf der Planung
- Qualität des vorhandenen Personalberichtswesens (Personalstand, Arbeits-/ Abwesenheitszeiten etc.)
- Qualität der vorhandenen Personalstatistiken (Fluktuation, Mitarbeiterstruktur)
- Art der Planungsdurchführung (manuell - computergestützt)

Im Werk stand ein ausreichendes Berichtswesen zur Verfügung. Der personalstatistische Bereich wurde ebenfalls durch vorhandene Unterlagen zufriedenstellend abgedeckt.

Zur Umsetzung des Konzepts war die Erstellung nur einer formellen Planungshilfe, dem sog. „Basisblatt zur Personalbedarfsplanung" ausreichend. Dieses Basisblatt (siehe hierzu Abb. 6.7 sowie die detaillierte Beschreibung unter 6.4.4) verband die bestehenden logischen personalplanerischen Zusammenhänge mit den konzeptionellen Erfordernissen. Im späteren Planungsbericht war es das Kernstück des statistischen Teils.

6.4.3 Planungskonzept

Das Planungskonzept, das, sollte es ein „Maßanzug“ werden, notwendigerweise von den betrieblichen Erwartungen/Erfordernissen an eine Personalplanung unter Berücksichtigung der organisatorischen Gegebenheiten des Werkes geprägt sein mußte, hatte folgende Hauptmerkmale:

- Planung des quantitativen Personalbedarfs
- Grobe qualitative Komponente durch Unterteilung der Planzahlen in die Mitarbeiterkategorien (gewerbliche Arbeitnehmer, Tarifangestellte, AT- und Führungskräfte)
- Kurzfristiger Planungszeitraum von einem Jahr (Planungsaufbau sollte grundsätzlich auch zur Durchführung langfristiger Planungen geeignet sein)
- Untergliederung des Planungszeitraums in vier Quartale
- Vierteljährliche Durchführung der Planung
- Rollierende Planung (mit jeder Planung wird der Planungshorizont um ein Quartal erweitert; das vergangene Quartal entfällt)
- Erstellung der Planung in enger Kooperation zwischen Personalabteilung und Bereichsmanagement
- Aufbereitung der Planung im Personalbereich (inkl. Abgabe von Empfehlungen)
- Einbindung des Werksmanagements
- Einbindung des Betriebsrats

6.4.4 Ablauf der Planung

Der Ablauf der vierteljährlich durchgeführten kurzfristigen Personalbedarfsplanung läßt sich in sieben Phasen untergliedern (vgl. Abb. 6.5).

PHASE I:
Anforderung von Planungszahlen/Vorgabe des Durchführungsrahmens

Diese Phase ist zunächst dadurch gekennzeichnet, daß sich die für die Planung zuständige Person (im weiteren Text: „Planer“), i. d. R. ein qualifizierter Personalassistent, mit den übrigen relevanten Planungsbereichen (Investitionsplanung, Produktionsplanung, Finanzplanung) abstimmt und auf Basis dieser Abstimmung den Durchführungsrahmen der Personalplanung festlegt. Aus dieser Abstimmung ergeben sich beispielsweise die exakten Termine der nächsten Produktionsplanung (bzw. Planrevision), genaue Abschlußtermine der Investitionsplanung, Zeitplan und Stand der Realisierung von Investitionsprojekten sowie die Notwendigkeit zur Miterfassung von Planungszahlen für die Finanzplanung.

Diese Abstimmung versetzt nunmehr den Planer in die Lage, Zeitrahmen, Betrach-

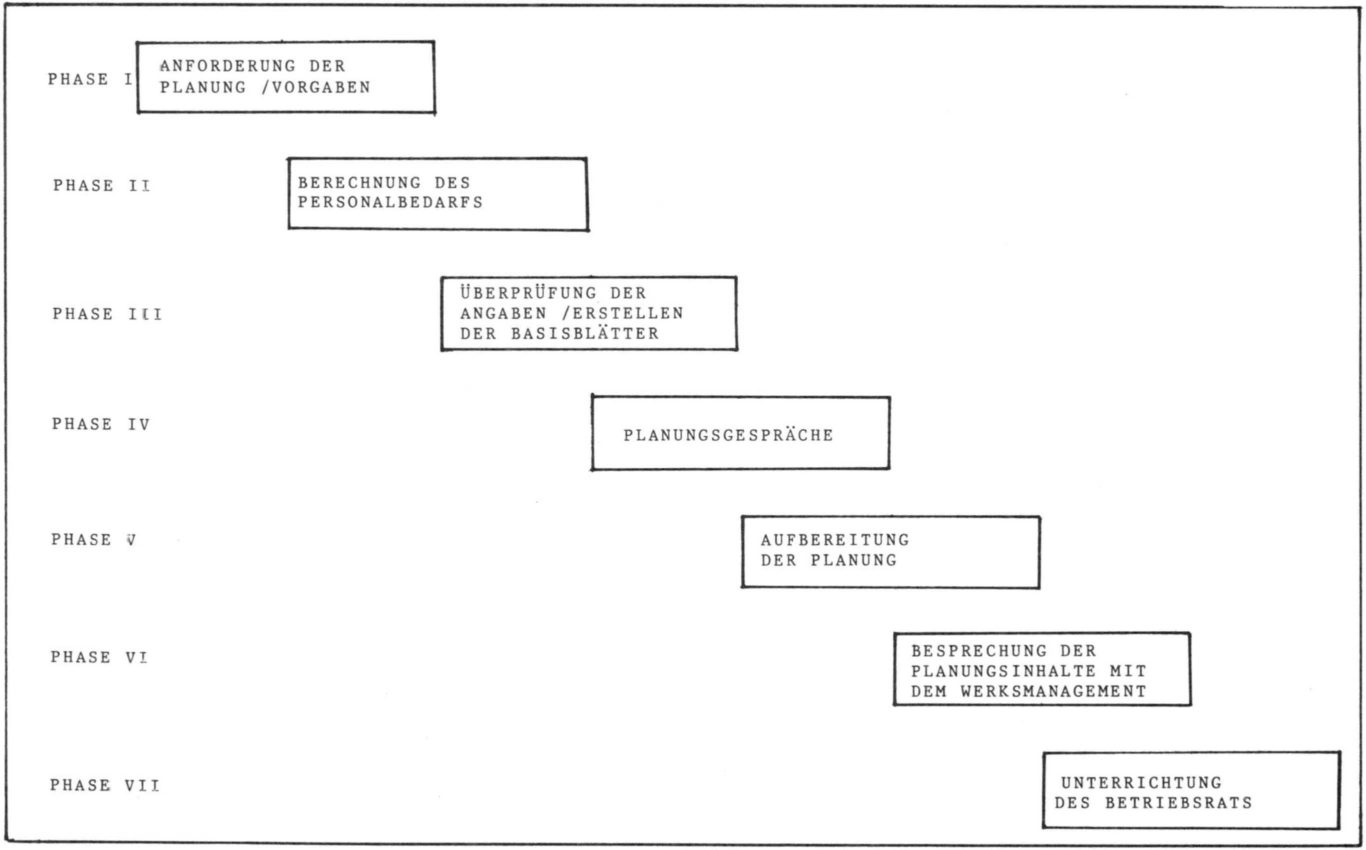

Abb. 6.5: Ablauf der Planung

tungsstichtag und Abschlußstichtag festzulegen, die jeweils zu verwendende Fassung anderer Planungen/Planrevisionen vorzugeben sowie die Notwendigkeit der Miterfassung von Angaben zur Personalkostenplanung abzuschätzen.

Unter Verarbeitung dieser Informationen werden nunmehr die Abteilungsleiter der Produktionsbetriebe und Verwaltungsabteilungen zur Erstellung der Personalbedarfs- und ggf. Personalkostenplanung für die folgenden vier Quartale aufgefordert; ein Formblatt hierzu wird der Aufforderung beigefügt (siehe Abb. 6.6).

PHASE II: Berechnung des Personalbedarfs

Die Berechnung des Personalbedarfs erfolgt durch die Abteilungsleiter der Produktionsbetriebe/Verwaltungsabteilungen, wird jedoch nach Erstellung vom Planer überprüft (siehe Phase III).

Die Leiter der Produktionsbetriebe orientieren sich dabei am vorgegebenen Produktionsvolumen gemäß Produktionsplanung und für das erste Planungsquartal an evtl. bereits vorliegenden tatsächlichen Produktionsanforderungen.

Von Höhe und Zusammensetzung des Produktionsvolumens wird die Art der Erfüllung des Produktionsprogramms (welche maschinelle Anlage, Anzahl der Maschinenbesatzungen/der Schichten, Laufgeschwindigkeiten der Anlagen, Stärke der Maschinenbesatzungen, personelle Ausstattung für Arbeitsvorbereitung, produktionsbegleitende und nachgelagerte Funktionen u. v. a. m.) und damit zunächst die erforderliche Anzahl von Mitarbeitern abgeleitet. Projekte aus der Investitionsplanung, die sich innerhalb des Planungszeitraums auf die Abteilung auswirken, werden im Hinblick auf die personellen Konsequenzen untersucht und bei der Planung berücksichtigt. Alle Planungen des Abteilungsmanagements (Änderung der Abteilungsorganisation, Änderung des Produktionsverfahrens, Anschaffung technischer Hilfsmittel u. a. m.) werden ebenfalls berücksichtigt, sofern sie eine gewisse Planungsreife erreicht haben und personelle Auswirkungen damit verbunden sind.

Die Planungen außerhalb der Produktionsbetriebe (Service- und Verwaltungsabteilungen) orientieren sich teilweise an von der Produktion abgeleiteten Größen (z. B. Einkaufsvolumen, Transportmengen, Wartungsvolumen/Störanfälligkeit der maschinellen Anlagen), teils an den Inhalten der Investitionsplanung (Projekte in der Ingenieurabteilung), hauptsächlich jedoch an den Planungen und Vorstellungen des Abteilungsmanagements zur Gestaltung einer effektiven Abteilungsorganisation.

Die starke Berücksichtigung der Planungen des Abteilungsmanagements muß dabei vor dem Hintergrund gesehen werden, daß unter Verzicht auf eine Organisationsabteilung die Verantwortung für eine sinnvolle, effiziente Betriebs-/Abteilungsorganisation einschließlich der Anregung baulicher Veränderung, Änderungen der maschinellen Ausstattung an Produktions-/Büromaschinen und für eine effiziente Personalorganisation beim jeweiligen Abteilungsmanagement liegt.

Die Verlagerung des Prozesses der Personalbedarfsermittlung in die Abteilungsbereiche erscheint vor diesem Hintergrund als logische Konsequenz.

PERSONAL-PLANUNG (KOSTEN- UND BEDARFSPLANUNG): /19

Kostenstellen-Bezeichnung: Kostenstellen-Nummer: Kostenstellen-Leiter:

PERSONAL - KOSTENPLANUNG	__ Quartal 19 __	__ Quartal 19 __	__ Quartal 19__	__ Quartal 19__
AT				
Tarifangestellte				
Gewerbliche Arbeitnehmer				
T O T A L				

PERSONAL-BEDARFSPLANUNG	__ Quartal 19__	__ Quartal 19__	__Quartal 19__	__ Quartal 19__
AT				
Tarifangestellte				
Gewerbliche Arbeitnehmer				
T O T A L				

Abb. 6.6: Formblatt für Personalkostenplanung und Personalbedarfsplanung

Die Ermittlung des Personalbedarfs einer Abteilung erfolgt getrennt nach Personalkostenstellen, wobei aufgrund der vorhandenen Kostenstellenstruktur diese Kostenstellen sinnvolle organisatorische und planungsrelevante Einheiten reflektieren. Mit gleicher Untergliederung werden die ermittelten Werte in die Formblätter (Abb. 6.6) übertragen und zusätzlich zu einem entsprechenden Deckblatt aufsummiert. Diese Verfahrensweise erhöht die Transparenz der Planung und erleichtert die Überprüfung der Angaben durch den Planer.

Die Berechnungsgrundlagen der Bedarfsermittlung sind jeweils auf der Rückseite der Formblätter anzugeben (z. B. Umfang, Zusammensetzung und zeitliche Verteilung des geplanten Produktionsvolumens; geplante Produktivität; geplante Ausbeute; Art, Besetzungstärke und Laufgeschwindigkeiten der maschinellen Anlagen u. a. m. – siehe oben). Positionen, die zukünftig eliminiert oder neu eingerichtet werden sollen, sind konkret zu benennen. Damit wird an dieser Stelle der Bezug zum Stellenbesetzungsplan hergestellt.

Soweit außer Angaben zur Bedarfsplanung (Fragestellung: „Wieviele Mitarbeiter werden voraussichtlich benötigt?") auch Angaben zur jährlichen Kostenplanung (Fragestellung: „Wieviele Mitarbeiter werden voraussichtlich zu bezahlen sein?") angefordert werden, ist auch der Kostenteil des Formulars auszufüllen.

Im Gegensatz zur vierteljährlich durchgeführten Personalbedarfsplanung wird die Personalkostenplanung i. d. R. nur einmal jährlich durchgeführt. Lediglich aus Zweckmäßigkeitsüberlegungen wird sie dann mit der Personalbedarfsplanung parallel geschaltet (ein Bearbeitungsvorgang für das Abteilungsmanagement). Der Planer prüft in Phase III zwar auch die Richtigkeit der Angaben im Kostenteil (und ändert sie i. d. R. aufgrund personalplanerischer Gesamtübersicht/Überlegungen ab), ansonsten gibt er das Mengengerüst lediglich an den kaufmännischen Bereich als Grundlage der dort durchgeführten Finanz- und Kostenplanung weiter.

PHASE III:
Überprüfung der Bedarfsangaben durch den Planer/Erstellung des Basisblatts zur Personalplanung

Nach Rückfluß der Bedarfsangaben werden diese vom Planer überprüft. Aktueller Stellenbesetzungsplan, Darlegung der Berechnungsgrundlagen auf dem Erfassungsformular, Angaben in vorhergehenden Planungsunterlagen sowie die durch die wiederholte Planungsdurchführung erworbenen Kenntnisse und Erfahrungen ermöglichen eine solche Überprüfung.

Soweit dennoch Verständnisprobleme auftreten, können diese durch Rückfragen an den Ersteller der Bedarfsdaten oder dessen übergeordnetes Management beseitigt werden. Die Besprechung und Lösung grundlegender Meinungsunterschiede (Berechnungsmethodik, Planungsgrundlagen, Bedarfsangaben) erfolgt ggf. im späteren Planungsgespräch (Phase IV).

Der Planer überträgt die überprüften und ggf. korrigierten (Abteilungs)Bedarfswerte in die Zeile A des Basisblattes „Personalplanung" (siehe Abb. 6.7). Den

PERSONALBEDARFSPLANUNG

Abteilung / Werk : ______ Planungszeitraum von ______ bis ______	Quartal ____				Quartal ____				Quartal ____				Quartal ____			
	AT	ANG.	ARB	GES.	AT	ANG	ARB.	GES.	AT	ANG.	ARB	GES.	AT	ANG.	ARB.	GES.
A. Geschätzter Bedarf																
./. Bestand fortgeschrieben																
= Summe A.																
+ B. Abgänge während d. Planungszeitraums																
a) geplante Abgänge																
- Pensionierungen																
- ausgesprochene Kündigungen																
- Beförderungen																
- Versetzungen																
= Summe A. + B.																
./. C. Zugänge während d. Planungszeitraums																
- Versetzungen																
- Beförderungen																
- Übernahme aus dem Lehrverhältnis																
- bereits abgeschlossene Einstellungsverträge																
= Endsumme A. + B. ./. C.																
-ggf.- Endsumme nach Korrektur inf. falscher Zuordnung																
Personalüberbestand: - ; Personalbedarf: +																

BEMERKUNGEN:

Abb. 6.7: Basisblatt zur Personalbedarfsplanung

Bedarfswerten jedes Quartals wird in der zweiten Zeile der (jeweilige) Personalbestand gegenübergestellt. Für das erste Planungsquartal wird hierzu der Personalbestand nach dem Ende des letzten Kalendertages des vorhergehenden Quartals eingetragen.

Der Personalbestand für die folgenden Quartale ergibt sich durch Fortschreibung des ersten Bestandwertes um die unter C und B ausgewiesenen Zu- und Abgänge.

Als Differenz zwischen Bedarf und Bestand erfolgt in der nächsten Zeile der Ausweis der jeweiligen Personalsituation (Personalüberhang, Personallücke, ausgeglichene Personalsituation) zu Beginn des Planungsquartals (der kleine „wissenschaftliche" Fehler, daß beim Bedarf Quartalsdurchschnitte verwendet werden, kann hierbei vernachlässigt werden).

Von diesem Zwischenwert (Summe A), der bei Personalbedarf mit positivem Vorzeichen und Personalüberhang mit negativem Vorzeichen versehen ist, werden geplante Zugänge abgezogen und geplante Abgänge hinzuaddiert.

Die hierfür erforderlichen Informationen ergeben sich aus den zur Verfügung stehenden oder zuvor beschafften Unterlagen (Pensionslisten, Kündigungsmeldungen, Lehrabschlußdaten, geplante personelle Einzelmaßnahmen, Informationen aus früheren Planungen etc.).

Als geplante Zu- und Abgänge gelten in diesem Zusammenhang entweder sichere Maßnahmen (Kündigung eingegangen/ausgesprochen, Erreichen von Alter 65, abgeschlossene Einstellungsverträge etc.) oder Maßnahmen dieser Art, deren Eintreten geplant oder erwartet wird.

Beförderungen sind, abweichend vom üblichen Sprachgebrauch, als Wechsel der Beschäftigungskategorie definiert (Wechsel der Spalte im Formblatt). Eine Beförderung erscheint somit sowohl unter Punkt B (Abgang in der bisherigen Beschäftigungskategorie) als auch unter Punkt C (Zugang in der neuen Beschäftigungskategorie).

Die Berücksichtigung von Versetzungen (ohne Wechsel der Beschäftigungskategorie) ergibt sich aus der abteilungsbezogenen Betrachtungsweise im Basisblatt. Es werden somit nur Versetzungen ausgewiesen, die als Abgang in einer Abteilung und Zugang in einer anderen Abteilung wirksam werden. Versetzungen innerhalb einer Abteilung bleiben unberücksichtigt.

Bei der späteren Zusammenfassung der Abteilungsangaben zu einem Werksblatt hebt sich die Anzahl solcher Versetzungen gegenseitig auf. Lediglich Versetzungen in oder aus anderen Unternehmensbereichen, die nicht vom Planungsbereich des Werkes abgedeckt sind, wirken dann tatsächlich wie Zu- bzw. Abgänge.

Nach Abzug der Zugänge und Addition der Abgänge ergibt sich eine (vorläufige) Zwischensumme. Diese Summe unterliegt ggf. noch einer Korrektur, weil in Einzelfällen Mitarbeiter auf Arbeitsplätzen beschäftigt werden, die nicht ihrem derzeitigen Beschäftigungsstatus entsprechen. Solche Fälle treten beispielsweise in Einarbeitungsperioden auf (Mitarbeiter wird erst nach einer Einarbeitungs-/Testperiode in die höhere Beschäftigungskategorie übernommen) oder im Rahmen von Verdienstsicherungsmaßnahmen (Einsatz auf einem Arbeitsplatz einer niederen Beschäftigungskategorie unter Sicherung des bisherigen Status) auf.

Die Ursache dieser Korrekturmaßnahme liegt in der Unterteilung der Planungswerte in verschiedene Beschäftigungskategorien. Folgerichtig treten durch die Korrekturen nur Verschiebungen zwischen diesen Kategorien ein; der Gesamtwert bleibt unberührt.

Die durch diese Verfahrensweise gewonnenen Werte (Ausweis in der untersten Zeile des Basisblattes) zeigen die Personalsituation der Abteilung (Personalüberdeckung, Personalunterdeckung, ausgeglichene Personalsituation) zum Ende jedes Planungsquartals für den Fall, daß keine Maßnahmen getroffen werden, die das tatsächliche Eintreffen dieser Situation verhindern.

Die Kenntnisse von der voraussichtlichen Personalsituation zu bestimmten Zeitpunkten des Planungszeitraums in Verbindung mit der Möglichkeit, rechtzeitig erforderliche Maßnahmen zu treffen, verdeutlichen nicht nur den Nutzen dieser Schlußzeile, sondern kennzeichnen den Wert der Personalplanung überhaupt.

PHASE IV:
Planungsgespräch mit den Abteilungsleitern

Nach der vorläufigen Erstellung des Basisblattes für jede Abteilung findet zwischen dem Abteilungsleiter und dem Planer ein Personalplanungsgespräch statt mit dem Ziel, die gegenwärtige und zukünftige Personalsituation des Betriebes zu besprechen und im Rahmen dessen ggf. auch die vorläufigen Inhalte des Basisblattes zu verändern oder zu vervollständigen.

Das Planungsgespräch dient im einzelnen

- der Abklärung offener Fragen zu den Bedarfsangaben
- der Besprechung geplanter Investitionsprojekte, insbesondere in bezug auf ihre personellen Auswirkungen
- der Besprechung geplanter oder sich im Stadium der Vorplanung befindlicher organisatorischer Änderungen
- der Besprechung voraussichtlicher weiterer Austritte (geäußerte Pensionsabsicht, Kündigungsabsicht, voraussichtliche Versetzung in eine andere Abteilung etc.)
- der Besprechung der Besetzung zukünftiger Vakanzen (z. B. abteilungsinterne Versetzungen, Beförderungen)
- der Besprechung möglicher Reaktionen auf zukünftige Personalsituationen u. v. a. m.

Dieser Teil der Diskussion wird i. d. R. nicht ohne Einfluß auf die vorläufig erstellten Werte des Basisblattes bleiben. Möglicherweise ergibt die Diskussion, daß sich geplante organisatorische Änderungen nicht in der vorgesehenen Weise realisieren lassen, daß Vorüberlegungen bereits ein so konkretes Stadium erreicht haben, daß sie in die Planung aufgenommen werden müssen, daß angenommene Terminpläne nicht realisierbar sind oder daß Absichtsäußerungen zum Thema Austritt so konkret sind, daß sie eine planbare Größe darstellen. Die Umsetzung dieses Teils des Gesprächs verlangt vom Planer ein hohes Maß an Erfahrung.

Eine weitere wichtige Funktion dieses Gesprächs besteht darin, daß in regelmäßigen Abständen zwischen Personalplaner und Abteilungsleiter ein Meinungsaustausch über Probleme, Entwicklungen und Tendenzen im Personalwesen aus abteilungsbezogener Sicht stattfindet. Die in solchen Gesprächen gewonnenen Erkenntnisse aus verschiedenen Abteilungen ermöglichen es dem Planer, Tendenzen zu erkennen und in Empfehlungen umzusetzen.

PHASE V:
Aufbereitung der Planung

Die Aufbereitung der Planung erfolgt in fünf Schritten:

1. **Erstellung eines Basisblattes für das gesamte Werk**

   Die Addition der vorliegenden Abteilungsblätter zu einem Werksblatt bietet bereits einen groben Einblick in die Personalsituation des Werkes insgesamt und nach Beschäftigungskategorien für den Zeitraum der nächsten vier Quartale.

2. **Erstellung der Prognose über zusätzliche Abgänge**

   Während die geplanten Ab- und Zugänge bereits in den Zeilen B und C des Basisblattes in die Planung eingingen, ist es erforderlich, für die zusätzlich zu erwartenden Abgänge eine Schätzung zu erstellen.

   Dies geschieht dadurch, daß Todesfälle, vorzeitige Pensionierungen, Entlassungen, Mitarbeiterkündigungen und Versetzungen in andere Niederlassungen/Werke separat prognostiziert werden.

   Wie die nachträgliche Kontrolle zahlreicher Prognosen zeigt, bedarf es für eine zufriedenstellende Vorhersage der gesamten Abgänge einer Planungsperiode keiner schwierigen mathematischen Verfahren.

   Vielmehr ist die Ableitung der prognostizierten Werte aus den vorhandenen Werten der Vergangenheit mit einfachen mathematischen Methoden völlig ausreichend. In der Regel genügt hierzu die Bildung von Durchschnitten vergangener Perioden (Todesfälle, Entlassungen), Trendextrapolation (Mitarbeiterkündigungen, Versetzungen in andere Werke) oder die Erarbeitung von Verhaltensrelationen (Verteilung der Pensionierungsfälle zwischen frühest möglichem und spätestem Pensionierungstermin). Wichtig ist jedoch, daß Sondereinflüsse in den Vergangenheitswerten (Ausreißer) bereinigt und aktuelle Sondereinflüsse entsprechend berücksichtigt werden (z. B. durch Korrekturfaktoren).

3. **Ermittlung des „erweiterten Personalbedarfs"**

Der ermittelte Personalbedarf spiegelt die Anzahl an Mitarbeitern wieder, die zur Erfüllung der gestellten Aufgaben erforderlich ist.

Erforderliches Ersatzpersonal für einen normalen Umfang an Ausfallzeiten wegen Urlaub und Krankheit ist in diesen Werten berücksichtigt.

Nicht berücksichtigt sind jedoch Ausfälle wegen Wehr-/Ersatzdienst, Langzeiterkrankung oder „Langzeit"-Mutterschaft (Mutterschutzfrist + Mutterschaftsurlaub).

Es gibt verschiedene Möglichkeiten, diesen Personenkreis bei der Planung zu berücksichtigen, ohne daß es zu einer Verfälschung der gewonnenen Ergebnisse kommt.

Dies kann dadurch geschehen, daß er (wie in vielen Unternehmen üblich) nicht im Personalstand mitgezählt wird. Eine andere Möglichkeit besteht darin, den Personalbedarf entsprechend zu erhöhen. Die Anwendung der zuletzt genannten Methode führte im beschriebenen Beispiel zur Einführung eines sog. „erweiterten Personalbedarfs" für die Planungswerte des gesamten Werkes (Basisblätter bleiben unverändert und weisen damit reine Bedarfszahlen aus).

Zu Ermittlung des erweiterten Personalbedarfs wird der „normale" Personalbedarf um die Mitarbeiter erhöht, die zwar im Personalbestand enthalten sind, langfristig jedoch keinen (wirkungsvollen) Beitrag zur Erreichung der Unternehmensziele leisten.

4. **Zeichnerische Darstellung der Planungswerte**

Zur optischen Verdeutlichung der sich aus den vorliegenden Planungswerten ergebenen Zusammenhänge erfolgt als weitere Planungsunterlage eine zeichnerische Umsetzung.

In einem Koordinatensystem werden erweiterter Personalbedarf und der um die Abgänge (geplant und geschätzt) verminderte Personalbestand für die vier Planungsquartale gegenübergestellt (siehe Abb. 6.8).

Mit dieser Darstellung kann ein optischer Eindruck über voraussichtliche Dekkungslücken oder Personalüberhänge und deren Entwicklung über die Planungsperiode hinweg (falls keine Maßnahmen ergriffen werden) vermittelt werden. Der ebenfalls eingetragene und prognostizierte Personalbestand ist eine von den Empfehlungen (s. u.) abgeleitete Vorhersage des tatsächlichen Bestandes an Mitarbeitern in einem festen Arbeitsverhältnis.

Insgesamt werden vier Schaubilder dieser Art erstellt (gesamtes Werk sowie jede Beschäftigungskategorie).

5. **Empfehlungen**

Man kann den voraussichtlichen Bedarf und Bestand an Personal für verschiedene zukünftige Zeitpunkte auch nur ermitteln, um zu sehen, welche Situation

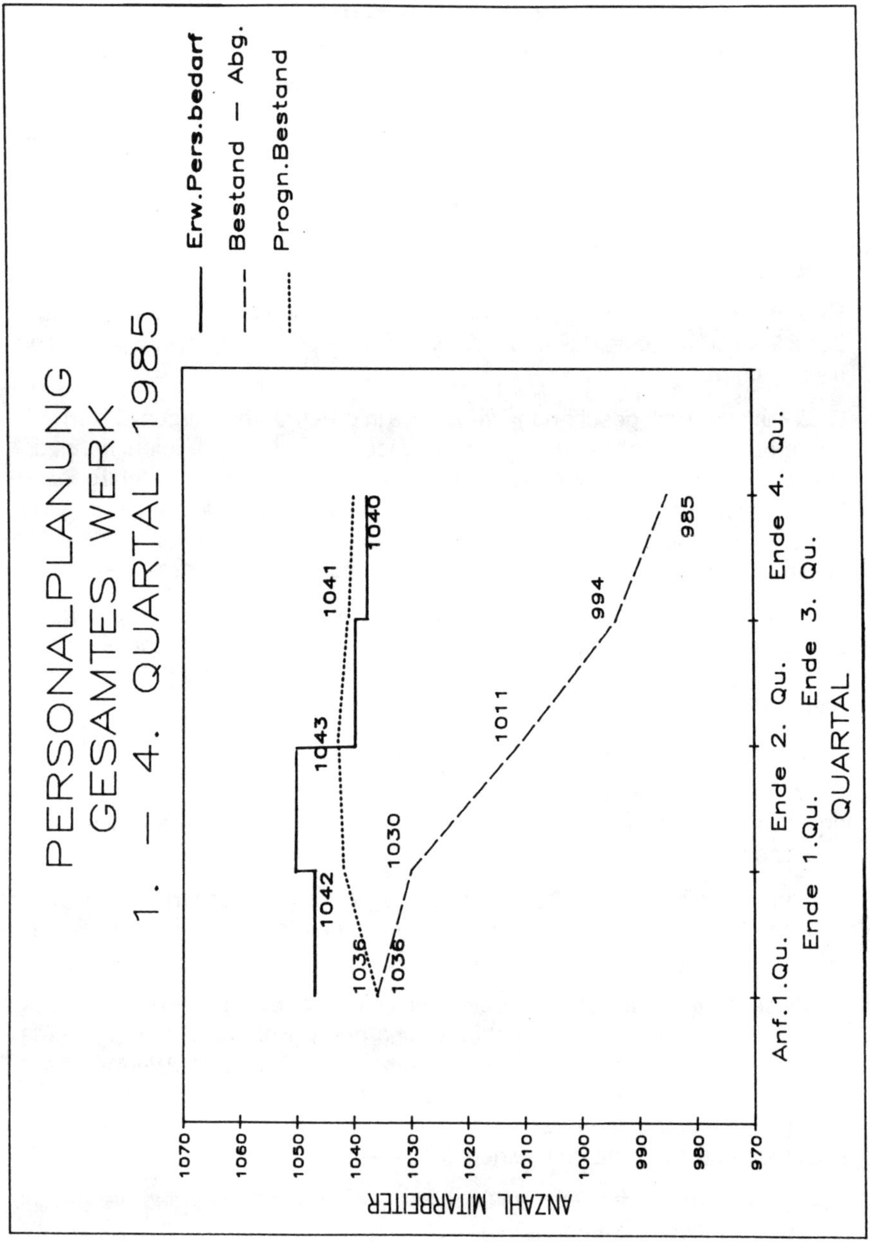

Abb. 6.8: Grafische Darstellung

eintreten wird, wenn keine Maßnahmen ergriffen werden. Das ist jedoch zu wenig, um den mit einer Personalbedarfsplanung verbundenen Arbeitsaufwand zu rechtfertigen.

Vielmehr ist erforderlich, aus den zur Verfügung stehenden Informationen konkrete Maßnahmen abzuleiten und zu realisieren.

Deshalb ist es im beschriebenen Ablauf Aufgabe des Planers, aus den vorhandenen Planungsunterlagen, jedoch auch aus den bei den Planungsgesprächen gewonnenen zuzsätzlichen Informationen und Erkenntnissen konkrete Maßnahmen abzuleiten und in Empfehlungen an das Werksmanagement umzusetzen.

Diese Empfehlungen sind i. d. R. von erheblicher Bedeutung und wirken im Falle ihrer Umsetzung nachhaltig in die Personalarbeit der folgenden Perioden ein. Sie beschränken sich dabei nicht auf quantitative Aspekte.

Durch die relativ kurzen zeitlichen Abstände zwischen zwei Planungen ist bereits zwangsläufig eine gewisse Kontinuität der Empfehlungen gegeben. Der Planer muß sich darüber hinaus bewußt bemühen, eine solche Kontinuität zu früheren Planungen herzustellen.

Nachstehend sind beispielhaft einige Empfehlungen aufgeführt, wie sie aus dem aufbereiteten Planungsmaterial abgeleitet werden könnten:

- Einführung bzw. Aufhebung von Einstellungsstopps
- Ausarbeitung von Personalbeschaffungsprogrammen
  - Vorschläge zur Vermeidung von Beschaffungsengpässen
  - Vorschläge zur Art der Personalbeschaffung (befristete-/unbefristete Verträge, Studenten, Leiharbeitskräfte etc.)
- Planung und Durchführung von Umsetzungs- und Freisetzungsprogrammen
- Abstimmung von Art und Zeitpunkt personeller Maßnahmen infolge Reorganisationen oder Änderungen in der Anlagenausstattung
- Anregung von Umschulungs- und Trainingsprogrammen
- Empfehlungen zur Lehrlingsausbildung (hinsichtlich Art und Umfang)
- Durchführung von Umstrukturierungen des Personalbestandes unter dem Aspekt betrieblicher Erfordernisse
- Empfehlung zur Einrichtung von spezifischen Nachwuchsreserven

Erfahrungsgemäß werden für jede Planung ca. 20-25 derartige Empfehlungen abgegeben. Diese Empfehlungen sind nicht alle vollkommen neu. Es knüpft vielmehr ein beträchtlicher Anteil an in früheren Planungen ausgesprochene Empfehlungen an, indem die Fortsetzung, Aufhebung oder Modifizierung dieser Maßnahmen empfohlen wird.

Sinnvollerweise untergliedert man die Empfehlungen in solche, die alle Mitarbeitergruppen betreffen (generelle Empfehlungen), und solche, die die spezifische Situation in den drei Mitarbeiterkategorien beinhalten (gruppenspezifische Empfehlungen). Dabei zeigt sich, daß bei den generellen Empfehlungen die quantitativen Aspekte im Vordergrund stehen, während bei den spezifischen Empfehlungen der Anteil der qualitativen Gesichtspunkte ansteigt.

PHASE VI:
Information des Werksmanagements/Entscheidung über empfohlene Maßnahmen

Die wichtigsten Planungsinhalte werden dem Werksmanagement (Werksleiter und Leiter der Hauptabteilungen) vorgetragen. Die Planungszahlen und die daraus abgeleiteten Empfehlungen werden mit diesem Kreis diskutiert und – ggf. nach Abänderung oder Streichung einzelner Empfehlungen – genehmigt.

Nach Genehmigung ist es die Aufgabe der Personalabteilung, diese Maßnahmen umzusetzen bzw. die Erarbeitung von Folgeprogrammen einzuleiten (z. B. Ausarbeitung von Beschaffungsprogrammen/Erstellung einer Freisetzungsplanung etc.).

PHASE VII: Unterrichtung des Betriebsrates

Die Unterstützung des Betriebsrates gem. § 92 BetrVG erfolgt in einer sog. „Personalplanungsbesprechung“, die entsprechend dem Turnus der Planungserstellung vierteljährlich durchgeführt wird. Gesprächsteilnehmer sind zwei Mitarbeiter aus dem Personalbereich (darunter der Planer) und die Mitglieder eines eigens für diesen Zweck etablierten „Ausschusses für Personalplanung“ des Betriebsrates.

In dieser Planungsbesprechung werden die Basisblätter aller Abteilungen sowie die entsprechende Übersicht für das gesamte Werk durchgesprochen. Die eingearbeiteten Zahlenangaben werden erläutert, größere Abweichungen zu früheren Planungen begründet und ggf. erforderliche Maßnahmen angesprochen.

Das Gespräch findet i. d. R. in einer sehr sachlichen, positiven Atmosphäre statt. Es ermöglicht eine unverbindliche Diskussion der mit den Planungsinhalten verbundenen Maßnahmen, das Kennenlernen der beiderseitigen Standpunkte und das Auffinden gemeinsamer Positionen. Es bietet die Möglichkeit der Vorbesprechung personeller Einzelmaßnahmen oder organisatorischer Änderungen. Es ist jedoch auch ein Forum für eine (unverbindliche) Besprechung aller Fragen und Probleme, die auf dem betrieblichen Personalsektor eine der beiden vertretenen Seiten bewegt.

Einen wesentlichen Beitrag zu diesem positiven Klima ergibt sich sicherlich aus der zeitlichen Ferne besprochener Problemsituationen. Auch die Erkenntnis, daß Planungsinhalte noch keine entscheidungsreifen Tatbestände sind und somit die Möglichkeit des Nichteintreffens besteht, ist diesem Klima förderlich. Ferner ist festzustellen, daß die wiederholte Besprechung zukünftiger Probleme in verschiedenen Planungsgesprächen (somit mit unterschiedlichem Zeitabstand bis zum Eintritt) zu einem Gewöhnungseffekt führt, der versachlichend wirkt.

Nach Abschluß der beschriebenen sieben Phasen ist der eigentliche Planungsprozeß beendet. Planungsunterlagen erhalten (teilweise parallel zu Phase VI und VII) die Werksleitung, die Leiter der Hauptabteilungen (für die ihnen unterstellten Abteilungen sowie Gesamtübersicht Werk), die Abteilungsleiter (für ihre Abteilung) und der Betriebsrat. Soweit andere Bereiche innerhalb der Personalabteilung (z. B. Personalbeschaffung, Aus- und Weiterbildung etc.) von den Ergebnissen/Empfehlungen tangiert werden, erhalten sie die hierfür erforderlichen Unterlagen.

6.4.5 Erstellungszeitraum und Zeitaufwand

Der beschriebene Planungsablauf wird jeweils innerhalb der letzten 4-5 Wochen vor Beendigung eines Quartals durchgeführt. Er wird i. d. R. mit dem Ende eines Quartals, d. h. mit Beginn der neuen Planungsperiode abgeschlossen.

Der erforderliche Zeitaufwand für die Durchführung dieser Planung beträgt ca. 15 Arbeitstage (ohne Berücksichtigung des Zeitaufwands der Gesprächspartner).

6.5 Auswirkungen und Ergebnisse

Das beschriebene Planungsverfahren wird seit nunmehr 10 Jahren erfolgreich durchgeführt; es hat sich neben der Verwendung für die 40 Jahresplanungen, die in diesen Zeitraum fielen, auch bei der Erstellung von Planungen mit längeren Planungsperioden bewährt (3-5 Jahre).

Rückwirkend betrachtet kann folgendes festgestellt werden:

- Mit der Einführung und breiten Akzeptanz der Stellenbesetzungspläne als die zentrale Unterlage für die Personalverwaltung wurde nicht nur die Transparenz des betrieblichen Personalsektors hergestellt, sondern die Bedeutung und Qualität der Personalarbeit wesentlich verbessert.
- Mit der detaillierten Festlegung der Genehmigungswege für alle den Plan betreffenden Änderungen wurden klare Abläufe etabliert. Dies führte dazu, daß die Personalabteilung frühzeitig in alle betrieblichen Vorhaben eingebunden und zunehmend zur Anlauf- und Beratungsstelle des Abteilungsmanagements wurde.
- Mit der Einführung und Durchführung der systematischen Personalbedarfsplanung wurden die Kontakte zwischen Planer und Abteilungsmanagement zu beiderseitigem Nutzen weiter intensiviert (insbesondere als Folge der Planungsgespräche).
- Mit der Einführung der systematischen Personalbedarfsplanung stieg die Auseinandersetzung mit Fragen/Methoden der Personalbemessung in allen Führungsebenen merklich an.

- Dies bewirkte, daß die bestehenden Organisationsstrukturen regelmäßig überprüft und ggf. geändert wurden.
- Eventuell bestehende Personalreserven in einzelnen Bereichen wurden mit Einführung von Stellenbesetzungsplan und Personalbedarfsplanung transparent.
- Aus dem gleichen Grund wurden Leistungsproblemfälle (die bislang von den anderen Mitarbeitern mitgetragen wurden bzw. zu einer höheren Personalreserve führten) sichtbar.
- Ähnliches gilt für Mitarbeiter, die aus gesundheitlichen Gründen an ihrem Arbeitsplatz nicht oder nur beschränkt einsetzbar waren. Sie konnten vielfach, insbesondere auch durch die umfassende Übersicht des Planers, in andere Aufgabengebiete mit erhöhter Einsetzbarkeit versetzt werden.
- Die inhaltlichen Erwartungen, die mit der Einführung einer systematischen Bedarfsplanung verbunden waren, wurden erfüllt. Aufgrund der Planungsinhalte und der darauf aufbauenden Empfehlungen konnte rechtzeitig eine Vielzahl von Maßnahmen ergriffen werden, die das Eintreten eines Problems ganz verhinderten oder den Problemumfang deutlich reduzierten.
- Aufgrund der verbesserten Informationsgrundlagen wurden andererseits Überreaktionen vermieden. Insgesamt führte dies zu einer Verstetigung in der Personalarbeit.
- Das gewählte Verfahren, die Personalplanung in Zusammenarbeit zwischen Planer und Abteilungsmanagement zu erstellen, hatte nahezu ausschließlich positive Effekte, wenngleich es besondere Anforderungen an die Qualitäten des Planers im Umgang mit Menschen stellte. Ein Nebeneffekt dieses Verfahrens bestand darin, daß auch Verschiebungen/Probleme im klimatischen Bereich erkennbar wurden.
- Die Zusammenarbeit mit dem Betriebsrat im Rahmen der Personalplanung auf Basis des beschriebenen Verfahrens verlief positiv. Es war dabei jedoch wichtig, ein gemeinsames Verständnis darüber zu erzielen, daß Planungsvorgänge mit Unsicherheiten bezüglich ihres Eintreffens behaftet und deshalb nicht mit konkret anstehenden Maßnahmen gleichzusetzen sind.
- Die inhaltliche Qualität der Planung (Richtigkeit/Eintreffen der prognostizierten Zahlenangaben) war und ist voll zufriedenstellend. Hierzu trugen sicherlich das rollierende Verfahren und die relativ kurzen Zeiträume zwischen der Durchführung zweier Planungen bei.

6.6 Computer-Unterstützung bei der Planung

Das beschriebene System wurde ursprünglich als manuelles System nach den Bedürfnissen eines Produktionswerkes mittlerer Größe konzipiert. Manueller Aufwand und erreichte Ziele standen im richtigen Verhältnis.

Durch die inzwischen eingetretene Weiterentwicklung auf den Gebieten der allgemeinen und internen Datenverarbeitung ergeben sich nunmehr auch Ansatzpunkte für eine Computer-Unterstützung bei der Durchführung dieser Planung. So werden in naher Zukunft Führung und Pflege des Stellenbesetzungsplans maschinell erfolgen.

Der graphische Teil der Planung wird inzwischen durch einen Personalcomputer erstellt; für die Abwicklung des Zahlenteils der Planung (Basisblätter) wird die Unterstützung durch einen Personalcomputer erwogen.

Ob die Möglichkeit besteht, durch die automatischen Verfahren Produktionsvorgaben in Personalbedarfsangaben (mit vertretbarem Aufwand) umzusetzen, erscheint im speziellen Fall aufgrund einer Vielzahl von Typen und Spezifikationen mit unterschiedlichen Produktionsmethoden zweifelhaft.

6.7 Literatur

Langholz, B.: Personalplanung und Fluktuation. In: Rationalisierung 23. Jg. 1972, S. 58ff.

REFA e. V. (Hrsg.): Methodenlehre der Planung und Steuerung. Teil 2: Planung. München 1975

Hans-Jürgen Brüx / Werner Seysen

7. Erfahrungen mit Personalbedarfsplanung in einem Warenhauskonzern

7.1 Vorbemerkungen

7.1.1 Handelsspezifische Anforderungen an Personalbedarfsplanung

Personalbedarfsplanung legt die erforderliche personelle Kapazität in

- quantitativer (**wieviele** Mitarbeiter)
- qualitativer (mit **welchen** Fertigkeiten und Fähigkeiten)
- zeitlicher (werden **wann,** wie lange)
- örtlicher (und **wo** benötigt?)

Hinsicht fest.

Diese Definition, die in der Literatur mehr oder weniger abgewandelt zu finden ist, gilt auch für den Handel. In Abgrenzung zur Industrie ergeben sich bei der Personalbedarfsplanung im Handel jedoch eine Reihe von spezifischen Problemen:

- **Geschäftsöffnungszeiten/tarifliche Arbeitszeit**

  Die übliche Geschäftsöffnungszeit (Mo.—Fr. 9.00 h—18.30 h, „Kurzer Samstag" 8.30 h—14.00 h, „Langer Samstag" 8.30 h—18.00 h) beträgt 53 Stunden in Wochen mit „kurzen" bzw. 57 Stunden in Wochen mit „langen Samstagen". Sie liegt damit um 13 bzw. 17 Stunden über der im Einzelhandel gültigen tariflichen Arbeitszeit von 40 Stunden bei einer 6-Tage-Woche. Der Ausgleich für den einzelnen vollbeschäftigten Mitarbeiter erfolgt durch „rollierende Freizeittage" (z. B. 1. Woche Montag frei, 2. Woche Dienstag frei usw.). Damit befindet sich jeden Tag ein Sechstel der vollbeschäftigten Verkaufsmitarbeiter in Freizeit. Für andere Bereiche z. B. die Verwaltung besteht eine 5-Tage-Woche. Diese bei der Planung zu berücksichtigende Abwesenheitsquote würde sich bei einer Verkürzung der wöchentlichen tariflichen Arbeitszeit weiter erhöhen.

  FAZIT: Um die Geschäftsöffnungszeit im Verkauf durch einen ausreichenden Mitarbeiterstamm abzudecken, müssen für je 10 Arbeitsplätze 14 Mitarbeiter eingesetzt werden.

- **„Produktion" nicht aktiv steuerbar**

  Die „Produktion" im Handel, also das Verkaufen und damit das Erzielen von Umsätzen, ist nicht nur in sehr engem Umfang (z. B. geplante Sonderveranstaltungen) durch das Handelsunternehmen aktiv steuerbar, sondern hängt vielmehr vom Kaufverhalten der Kunden ab. Dies bedeutet, daß bei der Personalbedarfsplanung nicht von einer über ein Jahr linearen Gesamtbesetzung mit kontinuierlicher Auslastung ausgegangen werden kann, sondern daß vielmehr saisonale, wöchentliche, ja stündliche Schwankungen der Kundenfrequenz entsprechend zu berücksichtigen sind.

  FAZIT: Die geplante Personalbesetzung ist an Schwankungen der Umsatz- und Kundenfrequenz anzupassen.

- **Unterschiedliche „Fertigungszeiten“**

  Die Erstellung eines bestimmten Produktes in der Industrie erfolgt in der Regel unter gleichen Produktionsbedingungen bei gleichbleibender Fertigungszeit. Wird das Tätigen eines Verkaufs als Produkt angesehen, so ist die Fertigungszeit in diesem Fall die Zeit für das Bedienungs- und Beratungsgespräch zwischen Kunde und Verkäufer, das Kassieren des Kaufbetrages, das Verpacken der Ware und die Verabschiedung des Kunden durch den Verkäufer. Fertigungszeit in diesem Sinn ist aber abhängig von einer Vielzahl von Variablen wie z. B.

  - dem einzelnen Artikel → Hochwertiges Gebrauchs- oder geringwertiges Verbrauchsgut?
  - dem Informationsstand des Kunden → Wie umfangreich muß die Produktbeschreibung sein?
  - der Konkretisierung der Kaufabsicht beim Kunden → Hat der Kunde sich bereits zum Kauf eines Artikels entschlossen oder ist er noch in der Informationsphase?
  - der Bedienungsform in der Verkaufsabteilung → SB oder Bedienung?

Noch deutlicher wird dies an einem anderen Beispiel: Sehen wir als Produkt nicht den getätigten Verkauf, sondern den damit erreichten Umsatz, so unterscheiden sich die Fertigungszeiten zur „Produktion“ von 1.000,– DM Umsatz u. U. ganz erheblich. 1.000,– DM Umsatz können sein der Verkauf von einem Videorecorder, aber auch der Verkauf von 40 Herrenoberhemden.

FAZIT: Für die Personalbedarfsplanung gilt es also nicht global für den gesamten Verkauf, sondern differenziert, in Abhängigkeit der in Abteilungen zusammengefaßten Sortimente zu planen.

- **Unterschiedliche „Fertigungsprozesse“**

  Der „Fertigungsprozeß“ im Handel besteht im wesentlichen aus den Teilschritten

  1. Disposition der Artikel
  2. Auspacken und Auszeichnen der Ware bei Anlieferung
  3. Präsentation der Ware im Verkaufsraum
  4. Verkaufsvorgang mit den Teilschritten Bedienungs- und Beratungsgespräch, Kassieren des Kaufbetrages, Verpacken bzw. Versenden der Ware für den Kunden
  5. Warenpflege

  Unterschiede im „Fertigungsprozeß“ können z. B. liegen bei

  Teilschritt 1: in dem Dispositionsrythmus

Teilschritt 2: in dem Grad der Vorauszeichnung der Ware durch den Hersteller
Teilschritt 3: verfügbare Verkaufsfläche, die in Verbindung mit dem Warenumschlag den Auffüllrhythmus bestimmt
Teilschritt 4: in der Bedienungsform (z. B. Selbstbedienung, Beratung über Verkaufstheke), eingesetzte Kassen (z. B. Datenkassen)
Teilschritt 5: Größe, Beschaffenheit, Präsentationsform der Artikel

FAZIT: Planungsverfahren sind so auszurichten, daß nach Möglichkeit nicht nur für eine gesamte Abteilung, sondern strukturiert nach den o. g. Teilschritten geplant wird.

Unabhängig von den o. g. spezifischen Problemen wird die Notwendigkeit einer systematischen Personalbedarfsplanung — also dem möglichst rationellen Umgang mit dem „Produktionsfaktor Personal" — noch dadurch unterstrichen, daß durch die Personalintensität eines Warenhauses (im Gegensatz z. B. zu einem SB-Markt) gut 20 % des Umsatzes für Personalkosten aufgewandt werden müssen und der Block der Personalkosten mit einem Umfang von ca. 57 % aller Kosten eine hohe Ergebnisrelevanz aufweist. So müssen — um die Mehrkosten für einen zusätzlichen Mitarbeiter von ca. 36.000,— DM/Jahr auszugleichen — zusätzliche Umsätze von etwa 100.000,— DM erzielt werden.

7.1.2 Entwicklung der Personalbedarfsplanung

Die ersten Ansätze einer systematischen Personalbedarfsplanung stammen bereits aus den Jahren des Wiederaufbaus unseres Unternehmens nach dem zweiten Weltkrieg.

In den 60er Jahren wurde die Personalbesetzung durch die Abteilung Volks- und Betriebswirtschaft auf der Basis von geplanten Umsätzen für jeweils eine Filiale als Gesamtwert ermittelt.

Die im Grundsatz noch heute praktizierten Verfahren wurden in der Mitte der 70er Jahre eingeführt und von der damals in der Hauptverwaltung neu gebildeten Abteilung Personalbedarfsplanung bearbeitet. Heute umfassen die Aufgaben dieser Abteilung die

- Entwicklung
- Umsetzung
- Wartung
- Auswertung

von

- Planungs- u. Kontroll- bzw. Steuerungssystemen, -methoden
- Planungshilfen
- Personalstatistik

in den Teilbereichen

- Personalbedarf
- Personalkosten
- Personaleinsatz
- Personalstrukturplanung.

Die wesentlichsten Unterschiede in der heutigen Personalbedarfsplanung zu der in den 60er Jahren praktizierten Vorgehensweise bestehen darin, daß

- die konkrete Einzelplanung nicht von einer zentralen Stelle, sondern von Planungsverantwortlichen in den Filialen (Geschäftsführer, Personal-, Organisations- u. Abteilungsleiter) durchgeführt wird;
- als Planungseinheit nicht eine gesamte Filiale zugrundegelegt wird, sondern differenziert für die unterschiedlichen Abteilungsbereiche/Mitarbeitergruppen in den Teilbereichen der Filiale (Verkauf, Verwaltung, Hilfsbetriebe, Dienstleistungen) geplant wird;
- Personalbedarfsplanung seit Ende der 70er Jahre nicht nur in der Hauptverwaltung, sondern auch in den Filialen DV-gestützt durchgeführt wird;
- der Teilplan Personal seit Beginn der 80er Jahre organisatorisch und technisch in das System einer DV-gestützten „integrierten Betriebsergebnisplanung" eingebunden wird.

7.2 Unternehmensspezifische Rahmenbedingungen

7.2.1 Aufgaben und Verantwortlichkeiten im Rahmen der Personalbedarfsplanung

Wie schon unter 7.1.2 aufgezeigt, ist es Aufgabe der in der Hauptverwaltung angesiedelten Abteilung Personalbedarfsplanung, den Planungsverantwortlichen vor Ort in der jeweiligen Filiale Planungssysteme, -methoden und -hilfen zur Durchführung der konkreten Einzelplanung zur Verfügung zu stellen. Der Hauptgrund für eine derartige Vorgehensweise liegt neben einer stärkeren Identifikation mit den Planergebnissen darin, daß die unter 7.1 aufgeführten handelsspezifischen Anforderungen ebenfalls von Filiale zu Filiale bzw. Filialabteilung zu Filialabteilung streuen. Aufgrund von Lage, Struktur, Größe und Sortimentsgewichtung in der einzelnen Filiale/Filialabteilung ergeben sich eine Reihe von Besonderheiten, die durch eine zentrale Planung nicht oder nur sehr unzureichend berücksichtigt werden können, aber sehr wohl starke Auswirkungen auf den Personalbedarf haben können.

Verantwortlich für die Durchführung der Planung vor Ort sind die Personalleiter und der jeweils zuständige Abteilungsleiter, die gemeinsam den Personalbedarf planen, wobei dem Personalleiter noch die weitere Aufgabe zukommt, die einzelnen Abteilungsplanungen bereits zum Planungszeitpunkt im Hinblick auf ihre spätere Durchführung zu koordinieren und für die einzelne Abteilungsplanung Durchführungsmaßnahmen vorzunehmen.

Das gemeinsam erarbeitete Ergebnis wird dann mit dem zuständigen Filialgeschäftsführer abgestimmt.

7.2.2 Personalbedarfsplanung als integrierter Bestandteil der betrieblichen Ergebnisplanung

- „Abteilungsleiter und Personalleiter planen Personalbesetzung und Personalkosten gemeinsam mit dem Ziel, einen möglichst hohen Deckungsbeitrag zu erreichen".
- „Der Personalbesetzungsplan ist unter dem Gesichtspunkt zu erstellen, inwieweit und durch welche Maßnahmen die Personalbesetzung im Planjahr realisiert werden kann".

Soweit zwei Zitate aus einem internen Handbuch zur integrierten Betriebsergebnisplanung (IBEP).

Die IBEP wird in den Filialen DV-gestützt (IBM/1) durchgeführt (Ablauf s. Abb. 7.1)

Aus den zwei o. g. Zitaten lassen sich in Bezug auf die Personalbedarfsplanung folgende Schlüsse ziehen:

- **zum 1. Zitat**

  Die Personalbesetzung ist so zu planen, daß die Personalkosten in angemessenem Verhältnis zum Bruttogewinn stehen. Dieses Ziel ist aber nur dann zu erreichen, wenn die der Kostenplanung zugrundeliegende Personalbesetzung jederzeit den Erfordernissen (z. B. Umsatz, Verkaufsfläche, Bedienungsform) einer Verkaufsabteilung entspricht.

  Zu hohe Personalbesetzung bedeutet höhere Personalkosten und niedrigeren Deckungsbeitrag.

  Eine zu niedrige Personalbesetzung kann u. U. Umsatzverluste, niedrigeren Bruttogewinn sowie niedrigeren Deckungsbeitrag zur Folge haben.

- **zum 2. Zitat**

  In diesem Planungsabschnitt erfolgt der Übergang von der an den Erfordernissen einer Verkaufsabteilung arbeitsmengenorientiert geplanten Besetzung und dem Personalbesetzungsplan für IBEP. Im Bezug auf die arbeitsmengenorientierte Besetzungsplanung ist zu prüfen, inwieweit sie vor dem Hintergrund der vorhandenen Ist-Besetzung und bereits bekannter personeller Veränderungen durch welche Maßnahmen im Planungszeitraum realisiert werden kann.

- **FAZIT:** Personalbedarfsplanung im Rahmen der IBEP erfolgt immer in zwei Schritten:

  1. Schritt: Arbeitsmengenorientierte Planung
  2. Schritt: Personalbesetzungsplan für die IBEP

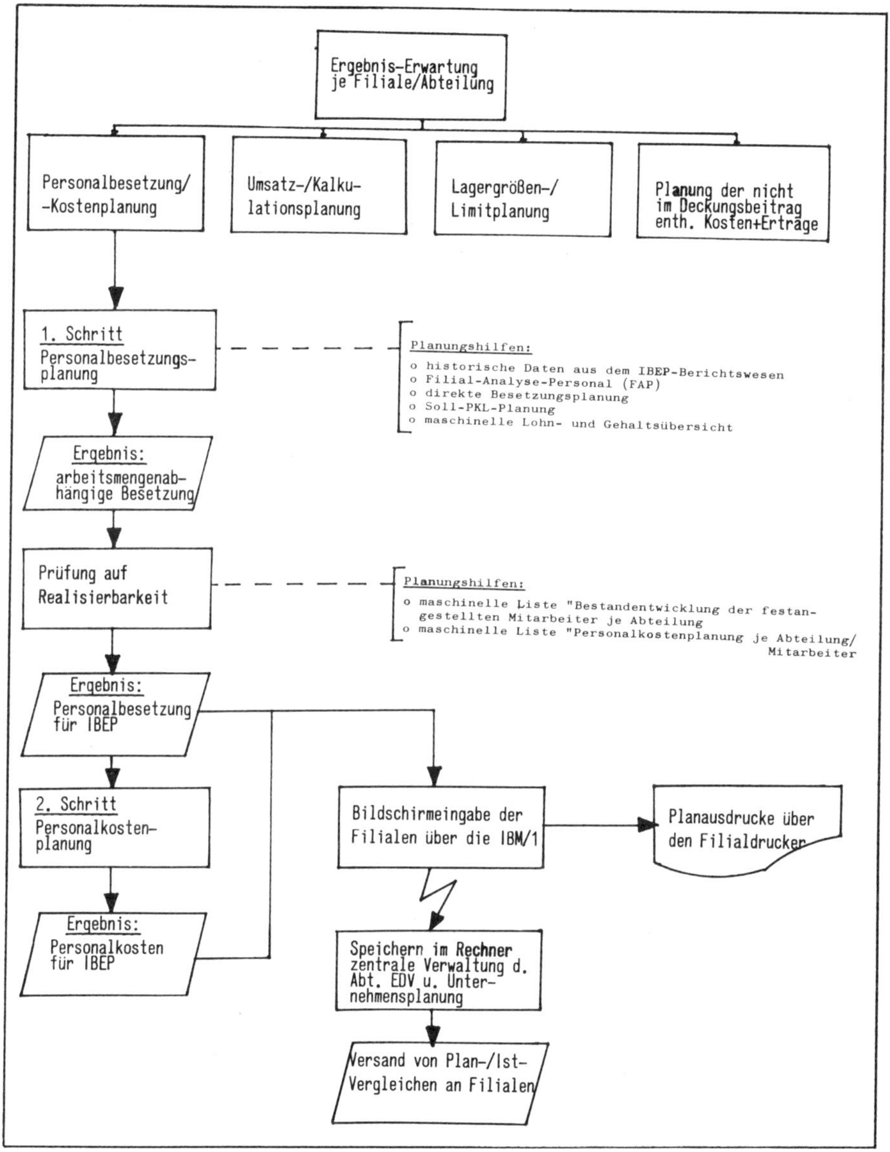

Abb. 7 1: Ablauf der integrierten Betriebsergebnisplanung

7.2.3 Ableiten von Planungssystematik, -perioden, -einheiten aus der betrieblichen Organisation

Die Verkaufshäuser sind strukturiert in die Bereiche:

- Verkauf
  mit Abteilungsleiterbereichen und den Aufgaben der Disposition, Auszeichnung, Lagerhaltung, Präsentation, Verkauf, Bestandsüberwachung und Pflege der Ware;

- Verwaltung
  mit Kostenstellen wie Personalabteilung, Versand, Dekoration, Warenannahme, Hausinspektion/Technik, Organisationsabteilung, etc.;

- Hilfsbetriebe
  z. B. Konditorei;

- Dienstleistungen
  mit Kostenstellen wie Reisebüro, Atelier, Auto-/Zweiradservice etc.

Für diese Bereiche werden im Rahmen der IBEP kostenstellenweise bzw. nach Abteilungsleiterbetreuungsbereichen Deckungsbeiträge (Verkauf, Dienstleistungen, Hilfsbetriebe) bzw. Kosten (Verwaltung) als Jahres- und Monatswerte geplant. Nach diesen Größen werden die jeweils zuständigen Abteilungsleiter geführt und sollen in Zukunft auch bezahlt werden.

Da die Personalbedarfsplanung integrierter Bestandteil der Betriebsergebnisplanung ist, werden auch die Personalbesetzung und die daraus resultierenden Personalkosten kostenstellenweise bzw. nach Abteilungsleiterbetreuungsbereichen als Monats- u. Jahreswerte geplant.

Grundlage zur Planung sind Daten aus anderen Teilplänen:

- **im Verkauf**
  Umsatz-, Limitplan, voraussichtliche Verkaufspreisänderungen, organisatorische Informationen (Bedienungsform, Kassenanzahl, Lagersituation, Verkaufsfläche etc.)

- **in der Verwaltung**
  Arbeitsmengenprognosen, notwendige Besetzungszeiten, bauliche/technische Gegebenheiten bzw. Veränderungen

- **in den Hilfsbetrieben/Dienstleistungen**
  Umsatzplan, Arbeitsmengenprognose etc.

7.3 Planungsmethoden und DV-Unterstützung

Wie unter 7.2.2 beschrieben, erfolgt die Personalbedarfsplanung in zwei Schritten:

- arbeitsmengenorientierte Planung

- Personalbesetzungs-/-Kostenplan für IBEP

7.3.1 Arbeitsmengenorientierte Planung

Im Zuge dieser Planung ist die Frage zu beantworten:

- wieviele Mitarbeiter → Anzahl VB[1)]
- mit welcher Qualifikation im Sinne von Fertig- u. Tätigkeiten → Anzahl VB, Qualität
- werden **wann** → Personalkostenplanung, individuelle Arbeitszeit
- **wie lange** benötigt → Personaleinsatzplanung individuelle Arbeitszeit
- um die **Arbeitsmenge** → Verkaufs-, Büro-, Lagertätigkeiten

zu bewältigen.

Um eine derartige Planung durchführen zu können, müssen Kenntnisse über die Arbeitsmenge vorliegen hinsichtlich

- **Art** der Arbeit → Bedienen, Auspacken
- **Umfang** der Arbeit → Anzahl, Häufigkeiten
- **Zeitbedarf** je Arbeitseinheit → Tage, Stunden
- **Zeitpunkt** des Arbeitsanfalls → z. B. Kundenfrequenz
- **Sofort-** oder **Speicherarbeit** → Bedienen = Sofortarbeit Auszeichnen = Speicherarbeit

Im folgenden soll an konkreten Einzelbeispielen dargestellt werden, mit welchen Methoden konkret geplant wird und wie im Einzelfall DV-Unterstützung eingesetzt wird.

7.3.1.1 Verkaufsbereich

(Ablaufplan s. Abb. 7.2 – 7.4)

Im Verkauf werden z. Zt. zwei Verfahren eingesetzt:

- Soll-PKL-Planung
  Hier wird auf der Basis von Vorjahreswerten die Soll-Pro-Kopf-Leistung (Soll-PKL) für einen Abteilungsleiterbereich als Gesamtzahl für ein Planjahr geplant.
- Direkter Besetzungsplan
  Hier wird die Personalbesetzung nicht für einen gesamten Abteilungsleiterbereich, sondern für dessen einzelne Sortimentsbereiche/Tätigkeitsgruppen für ein Planjahr aus Umsatztabellen abgelesen, die von der zentralen Abteilung Personalbedarfsplanung erstellt werden.

---
1) VB = vollbeschäftigte Mitarbeiter

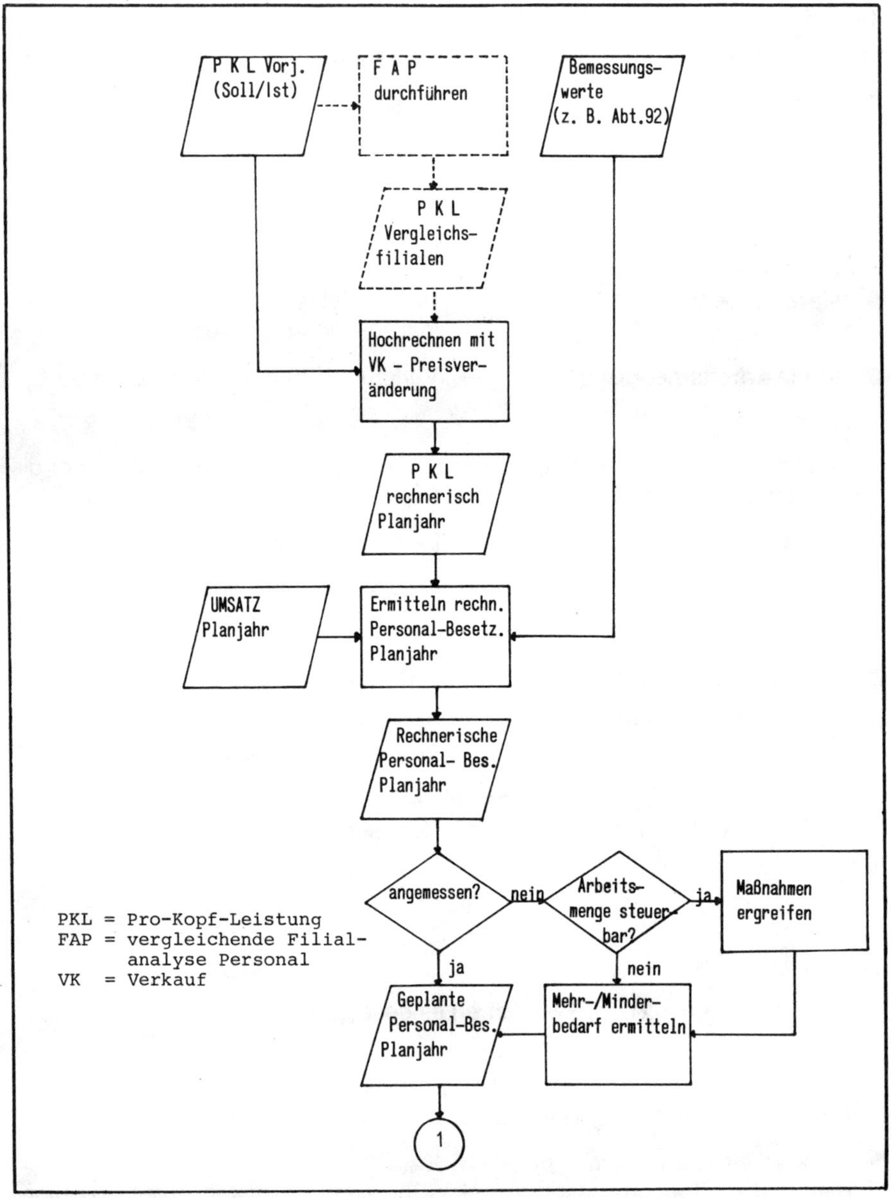

Abb. 7.2: Ablauf der Personalplanung

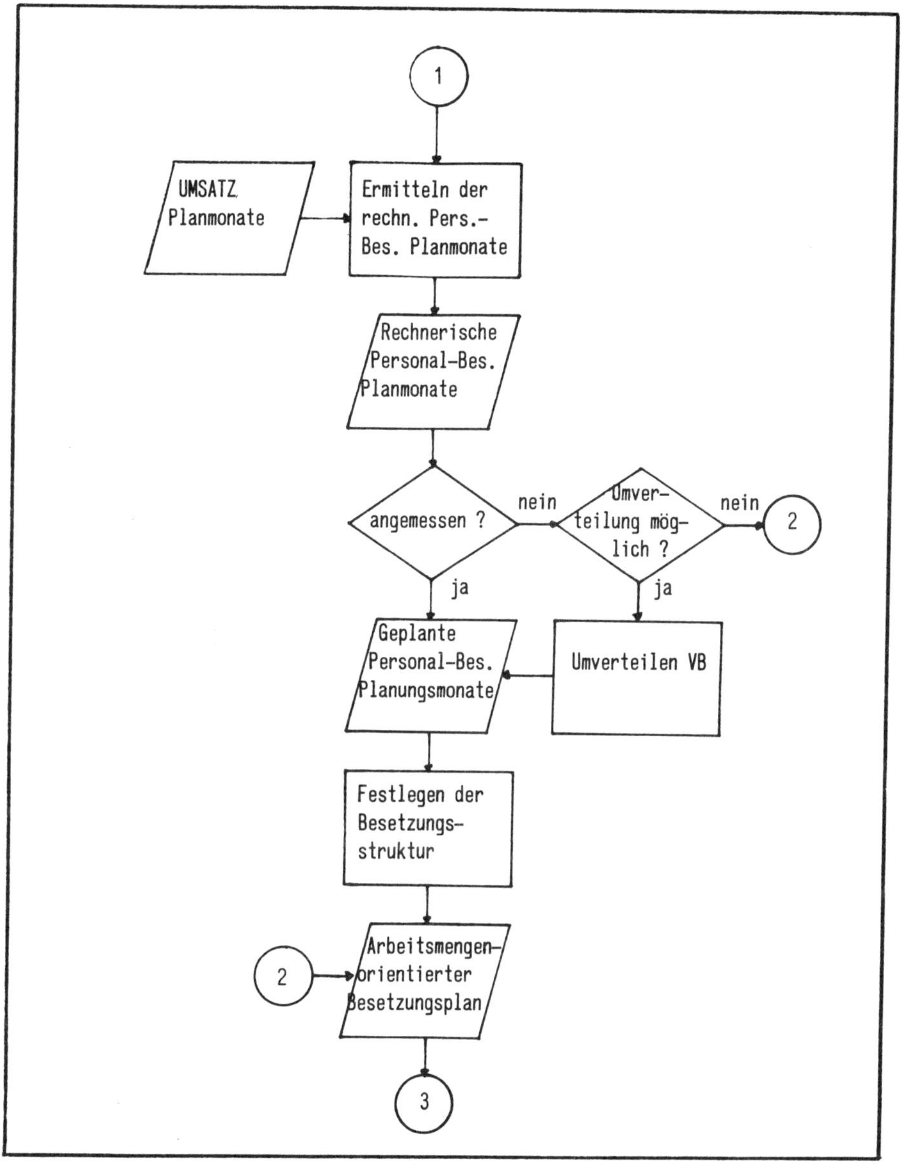

Abb. 7.3: Ablauf der Personalplanung (Forts.)

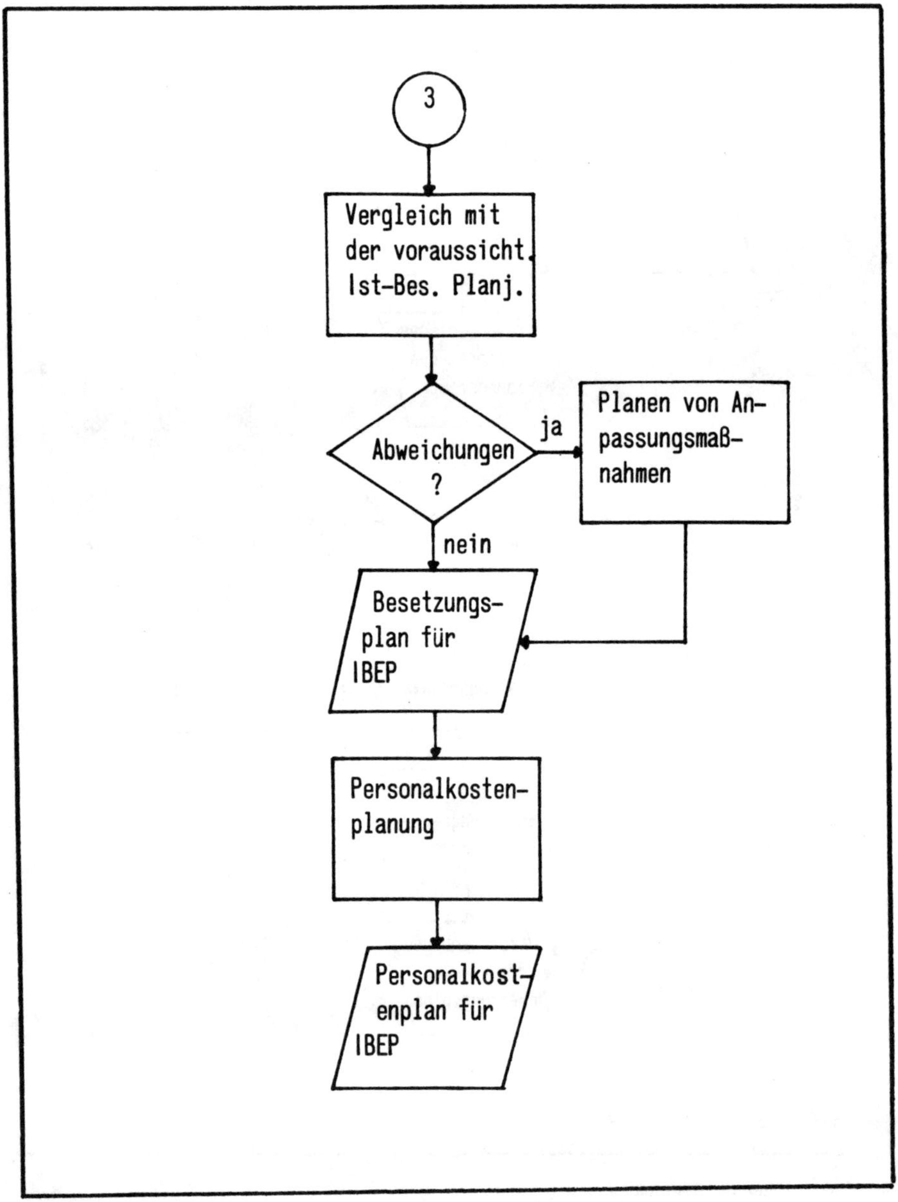

Abb. 7.4: Ablauf der Personalplanung (Forts.)

7.3.1.1.1 „Soll-PKL-Planung"

Die Pro-Kopf-Leistung (PKL) eines Abteilungsleiterbetreuungsbereichs (Al-Bereich) ist definiert als:

$$\frac{\text{Umsatz des Al-Bereichs}}{\text{Personalbesetzung des Al-Bereiches}}$$

mit den Einzelgrößen

- Umsatz
  zu Verkaufspreisen ohne Steuern je Zeiteinheit
- Personalbesetzung
  in Vollbeschäftigten (VB), wobei Teilzeitbeschäftigte

  $$\text{mit } \frac{\text{vertragliche Arbeitszeit in Std. pro Mon.}}{\text{tarifliche Arbeitszeit in Std. pro Mon.}}$$

  in VB umgerechnet werden.

Die konkrete Planung läuft nun wie folgt ab (vgl. Abb. 7.2):

1. Schritt

Es wird festgelegt, da die Planung für ein Jahr auf der Basis der Vorjahres-PKL durchgeführt wird, welche Vorjahres-PKL zugrundegelegt werden soll:

Ist-PKL oder Soll-PKL?

- Ist-PKL
  Für diesen Wert als Planungsgrundlage spricht, daß es ein tatsächlich erreichter Wert ist. Die Größe kann jedoch dadurch verfälscht sein, daß z. B. im Vorjahr die auf der Basis von geplanten Umsätzen festgelegte Personalbesetzung nicht an positive oder negative Abweichungen zum Personalumsatz angepaßt wurde.
- Soll-PKL
  Diese Größe kann nicht durch Planungsfehler im Vorjahr gestört sein.

Um diese Unsicherheiten zu relativieren, kann eine „Vergleichende Filialanalyse Personal" (FAP) durchgeführt werden.

Im Rahmen dieser FAP werden nach festgelegten Kriterien vergleichbare Abteilungsleiter-Bereiche anderer Filialen ermittelt. Diese Kriterien sind:

- Umsatz in TDM
- Personalbesetzung
- Personalkosten in % vom Umsatz

Für alle Vergleichs-Al-Bereiche werden die Daten PKL, Personalbesetzung und Personalkosten festgehalten und aus den Einzeldaten Durchschnittswerte errechnet. Die sich nun ergebende durchschnittliche PKL der Vergleichs-Al-Bereiche werden mit der PKL des zu planenden Al-Bereichs verglichen.

Dieser Filialvergleich kann von der zentralen Abteilung Personalbedarfsplanung auf Anforderung der Filialen maschinell durchgeführt werden.

2. Schritt

Die nun festgelegte Vorjahres-PKL wird mit der voraussichtlichen Verkaufs-Preissteigerungsrate hochgerechnet.

Dieser Rechenschritt ist erforderlich, da auch der geplante Umsatz, mit dessen Hilfe später die geplante Besetzung ermittelt werden soll, bereits Verkaufspreisänderungen beinhaltet. Im Endergebnis wird durch diese Hochrechnung die Vorjahresproduktivität beibehalten.

3. Schritt

Aus geplantem Umsatz und der rechnerischen PKL (2. Schritt) wird dann die rechnerische Personalbesetzung für das Planjahr ermittelt:

$$\frac{\text{Umsatz im Planjahr}}{\text{Rechnerische PKL im Planjahr}} = \text{Rechnerische Besetzung im Planjahr}$$

7.3.1.1.2 Direkte Besetzungsplanung

In verschiedenen Al-Bereichen (Lebensmittel, Sportabteilungen, Schreibwaren/Büroartikel) wird die rechnerische Personalbesetzung nicht über eine PKL, sondern aus Umsatztabellen abgelesen.

Diese Umsatztabellen werden in der zentralen Abteilung Personalbedarfsplanung wie folgt entwickelt:

- **Bildung von Sortimentsbereichen/Tätigkeitsgruppen**

  Zusammen mit den Warenfachleuten (Zentraleinkäufer/Verkaufsleiter) wird der jeweilige Al-Bereich (z. B. Abt. 11/18/60/61 = Zeitschriften/Bürotechnik/Schreibwaren/Bücher) strukturiert in

  - **Sortimentsbereiche**
    wie z. B. Abt. 60 Schreibwaren
  - Saisonartikel: Sylvester, Karneval, Ostern, Weihnachten
  - Hygiene-, Haushalts-, Partyartikel
  - Briefpapier
  - Fotobücher
  - Karten
  - Schreibgeräte
  - Bürobedarf, -artikel
  - Mal-, Zeichenbedarf, Schulartikel

- **Tätigkeitsbereiche**
  wie z. B.
  - Führungskräfte (Abteilungsleiter, Substitut)

- Büro
- Lager
- Verkauf

Für diese Sortimentsbereiche/Tätigkeitsgruppen werden Ist-Werte in möglichst vielen Al-Bereichen der Filialen durch eine schriftliche Befragung der zuständigen Abteilungsleiter erhoben. (Wieviele Mitarbeiter in VB werden beim Umsatz X in TDM heute eingesetzt?) Mit den erhobenen Ist-Daten werden Korrelationsrechnungen maschinell durchgeführt und datenmäßig, sowie graphisch ausgewertet. Die so ermittelten Umsatz-/Besetzungsrelationen werden dann wieder mit den Warenfachleuten (Zentraleinkäufer, Verkaufsleiter) und einigen Abteilungsleitern aus Filialen auf der Basis von DV-gestützten Modellrechnungen für einzelne Filialabteilungen abgestimmt. Erst danach wird die so konzipierte „direkte Besetzungsplanung" als Planungshilfe im Rahmen der IBEP eingesetzt.

Zur Zeit wird die direkte Besetzungsplanung aufgrund der langen Entwicklungszeit (ca. 1 1/2 – 2 Jahre) nur in wenigen Bereichen angewandt.

Sie werden zukünftig aber auch für andere Sortimentsbereiche forciert weiterentwickelt.

7.3.1.1.3 Ermittlung der Planbesetzung je Planmonat

Grundlage ist das rechnerische Ergebnis der Soll-PKL-Planung bzw. der direkten Besetzungsplanung und läuft wie folgt ab (vgl. Abb. 7.3):

1. Schritt

Es wird von einer Planbesetzung für das Planjahr ausgegangen. Dabei ist zu prüfen, ob die entsprechende rechnerische Personalbesetzung der Soll-PKL-Planung bzw. der direkten Besetzungsplanung für das Planjahr unter Berücksichtigung abteilungsspezifischer Gegebenheiten angemessen ist.

Gründe für Abweichungen (Zu- u. Abschläge) von den rechnerischen Werten können sein:

- Veränderungen zum Vorjahr in den Bereichen Sortiment, Verkaufsfläche, Lagersituation, Bedienungsform, Anzahl bzw. Standort der Kassen, sonstige organisatorische Änderungen,
- die arbeitsmengenunabhängige erforderliche Besetzung.

Vor der Planung von Zuschlägen ist zu prüfen, ob die Arbeitsmengen durch geeignete Maßnahmen so reduziert werden können, daß Zuschläge ganz oder teilweise entfallen können. Derartige Maßnahmen wie z. B.

- Reduzierung der Kassenanzahl (Bereichskassen)
- rationellere Arbeitserledigung durch die Zusammenfassung gleichartiger verkaufsvorbereitender Tätigkeiten (z. B. Wareneingangsbuchhaltung/Auffüllgruppen)

- klare Aufgabenabgrenzung für die Mitarbeiter
- Verkaufsflächenänderungen
- Zusammenfassung von Abteilungsleiter-Betreuungsbereichen
- Ändern von Laden-Öffnungszeiten
- Rationellere Warenpräsentation

sollen gemeinsam mit dem Abteilungsleiter erörtert werden.

2. Schritt

Auf Basis der geplanten Persoanlbesetzung für das Planjahr und des geplanten Umsatzes je Monat kann die rechnerische Personalbesetzung der Planmonate mit Hilfe einer Indexberechnung ermittelt werden (Berechnungsbeispiel s. Abb. 7.5):

1. Rechenschritt (Abteilungsdaten)

Ausgehend von der Überlegung, daß bei einer durchschnittlichen Arbeitsmenge auch die im Durchschnitt für das Planjahr geplante Besetzung eingesetzt werden soll, werden zunächst der durchschnittliche Umsatz bzw. das Limit[2)] der 12 Planungsmonate für den Abteilungsleiter-Betreuungsbereich ermittelt.

2. Rechenschritt (Indexberechnung)

Der geplante Monatswert für den Umsatz und der geplante Wert für das Limit werden durch den entsprechenden Durchschnittswert lt. 1. Rechenschritt geteilt, um zu ermitteln, wieviel % des durchschnittlichen Umsatzes bzw. Limits im einzelnen Planmonat anfallen.

3. Rechenschritt (Gesamtindex-Berechnung)

Aus dem Umsatzindex und dem Limitindex wird für jeden Monat ein Durchschnittswert ermittelt. (Gesamtindex).

4. Rechenschritt (Rechnerische Monatsbesetzung)

Die geplante durchschnittliche Personal-Besetzung für das Planjahr wird mit dem Gesamtindex lt. 3. Rechenschritt multipliziert. Das Ergebnis der Berechnung ist die rechnerische Personalbesetzung für die Planmonate.

Diese Indexberechnung kann von der zentralen Abteilung Personalbedarfsplanung auf Anforderung der Filialen — unabhängig von der FAP-Anwendung — maschinell durchgeführt werden.

3. Schritt

Die rechnerische Personalbesetzung für die einzelnen Planungsmonate ist daraufhin zu prüfen, inwieweit abteilungsspezifische Besonderheiten angemessen berücksichtigt werden. Gründe für Abweichungen (Zu- u. Abschläge) in den einzelnen Monaten können sein

---

2) Limit ist die Summe, die dem Abteilungsleiter monatlich für Wareneinkäufe zur Verfügung steht.

- **Abteilungsdaten :**

Ø - Besetzung : 9.3 VB

Planmonate	Umsatz TDM	Limit TDM
1	150.0	93.2
2	125.0	102.4
3	130.0	47.2
4	108.0	63.3
5	95.0	55.7
6	100.0	70.2
Ø	118.0	72.0

- **Indexberechnung** (mit Ø-Ums. = 100.0 % u. Ø-Lim. = 100.0 %)

Planmonate	Umsatzindex	Limitindex	Gesamtindex
1	127.12	129.46	128.29
2	105.93	142.21	124.07
3	110.17	65.54	87.85
4	91.53	87.97	89.75
5	80.51	77.32	78.91
6	84.75	97.50	91.12

- **Rechn. Monatsbesetzung**

Planmonate	Umsatz TDM	PKL TDM	Pers.-Bes. VB
1	150.0	12.6	11.9
2	125.0	10.8	11.5
3	130.0	15.9	8.2
4	108.0	12.9	8.3
5	95.0	12.9	7.3
6	100.0	11.8	8.5

Abb. 7.5: Beispiel für Indexberechnung

- geplante Aktionen außerhalb der Abteilung auf Sonderflächen
- Urlaubsplanung
- Glättung rein statistischer Schwankungen (etwa 0,1 – 0,2 VB).

Können die Auswirkungen der Urlaubs- bzw. Aktionsplanung nicht ausreichend durch Umverteilung der rechnerischen Besetzung zwischen den einzelnen Monaten berücksichtigt werden, so sind für die betreffenden Monate Zuschläge zu planen. Hierdurch wird in der Regel erforderlich, auch die geplante Besetzung des Planjahres zu überarbeiten.

7.3.1.1.4 Festlegung der Stammbesetzung

Die Festlegung der Stammbesetzung mit festangestellten voll- und teilzeitbeschäftigten Mitarbeitern sollte unter Berücksichtigung folgender Aspekte erfolgen:

- Abdeckung des „normalen, durchschnittlichen" Arbeitsanfalls der Abteilung im Monatsdurchschnitt
- die Stammbesetzung soll kleiner als die geplante Durchschnitts-Besetzung sein, um Umsatzschwankungen nach unten flexibler ausgleichen zu können.

Voraussetzungen für das Instrumentarium „Stammbesetzung" sind beispielhaft folgende flankierende Maßnahmen:

- Schaffung eines Aushilfenstammes
- systematischer abteilungsübergreifender Personalaustausch
- Prüfung der Arbeitszeiten

7.3.1.1.5 Festlegung der Besetzungsstruktur

Orientierungshilfen für die Festlegung der Besetzungsstruktur (= Anzahl voll- und teilzeitbeschäftigter Mitarbeiter) liefert eine tageweise Frequenzuntersuchung über Umsatz-, Kundenverlauf und Mitarbeitereinsatz.

Dabei ist die Zielsetzung,

- den Anteil Vollbeschäftigter,
- die Arbeitszeiten Teilzeitbeschäftigter,
- den variablen Mitarbeitereinsatz durch Aushilfen, Zeitverträge, abteilungsübergreifenden Mitarbeitereinsatz

dem tageweisen Arbeitsmengenverlauf anzupassen.

Die dazu erforderlichen Umsatz- bzw. Kundenwerte werden aus den Datenkassen abgezogen. Werte über den Mitarbeitereinsatz werden mittels Selbstaufschreibung erhoben.

Die Auswertung kann direkt in allen Filialen DV-gestützt über die IBM/1 vorgenommen werden (Beispiel einer Auswertung s. Abb. 7.6).

Eine graphische Aufbereitung der Ergebnisse wird von der zentralen Abteilung Personalbedarfsplanung durchgeführt werden (Beispiel s. Abb. 7.7).

FREQUENZANALYSE
UMSATZ/KUNDEN/MITARBEITER

DATUM ERHEBUNGSTAG : 161084
WOCHENTAG : DI

FILIALNUMMER :
KOSTENSTELLE :

T E I L 1

M I T A R B E I T E R E I N S A T Z I M V E R K A U F
(IM VERHAELTNIS ZUM UMSATZ-/KUNDENVERLAUF JE ZEITEINHEIT)

UHRZ.	ABSOLUTE WERTE UMSATZ DM	KUNDEN KOPFZ.	MA/VK STD	ANTEILE VOM TAG UMSATZ %	KUNDEN %	MA/VK %	D.KAUF DM	PKL DM
9.30	0	0	3.5	.0	.0	12.1	1	0
10.30	50	3	2.5	4.2	4.8	8.6	17	20
11.30	55	9	2.5	4.6	14.3	8.6	6	22
12.30	71	5	2.5	6.0	7.9	8.6	14	28
13.30	287	7	3.5	24.2	11.1	12.1	41	82
14.30	265	10	3.5	22.3	15.9	12.1	27	76
15.30	42	5	3.5	3.5	7.9	12.1	8	12
16.30	161	12	2.5	13.6	19.0	8.6	13	64
17.30	158	9	2.0	13.3	14.3	6.9	18	79
18.30	98	3	3.0	8.3	4.8	10.3	33	33

T E I L 2

V E R T E I L U N G D E S M I T A R B E I T E R E I N S A T Z E S
(MANN-STUNDEN JE ZEITEINHEIT)

UHRZ.	SUMME MANNSTD. JE ZEITEINHEIT: GESAMT STD	EINGESETZT STD	ABWESEND STD	EINGESETZTE MANNSTD. JE ZEITEINHEIT FUER: VERKAUF STD	LAGER STD	BUERO STD	AUSZ. STD	ABWESENDE MANNSTD. JE ZEITEINHEIT FUER: FREIZEIT STD	PAUSE STD	URLAUB STD	DIENSTLICH STD	SONSTIG STD
9.30	3.5	3.5	.0	3.5	.0	.0	.0	.0	.0	.0	.0	.0
10.30	2.5	2.5	.0	2.5	.0	.0	.0	.0	.0	.0	.0	.0
11.30	2.5	2.5	.0	2.5	.0	.0	.0	.0	.0	.0	.0	.0
12.30	2.5	2.5	.0	2.5	.0	.0	.0	.0	.0	.0	.0	.0
13.30	3.5	3.5	.0	3.5	.0	.0	.0	.0	.0	.0	.0	.0
14.30	3.5	3.5	.0	3.5	.0	.0	.0	.0	.0	.0	.0	.0
15.30	3.5	3.5	.0	3.5	.0	.0	.0	.0	.0	.0	.0	.0
16.30	2.5	2.5	.0	2.5	.0	.0	.0	.0	.0	.0	.0	.0
17.30	2.0	2.0	.0	2.0	.0	.0	.0	.0	.0	.0	.0	.0
18.30	3.0	3.0	.0	3.0	.0	.0	.0	.0	.0	.0	.0	.0

Abb. 7.6: Beispiel einer Auswertung „Frequenzanalyse“

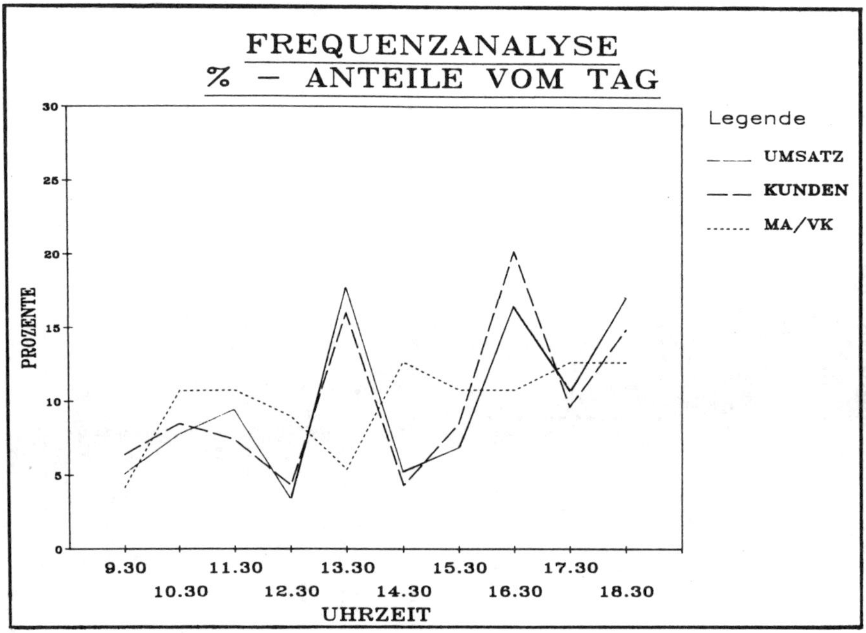

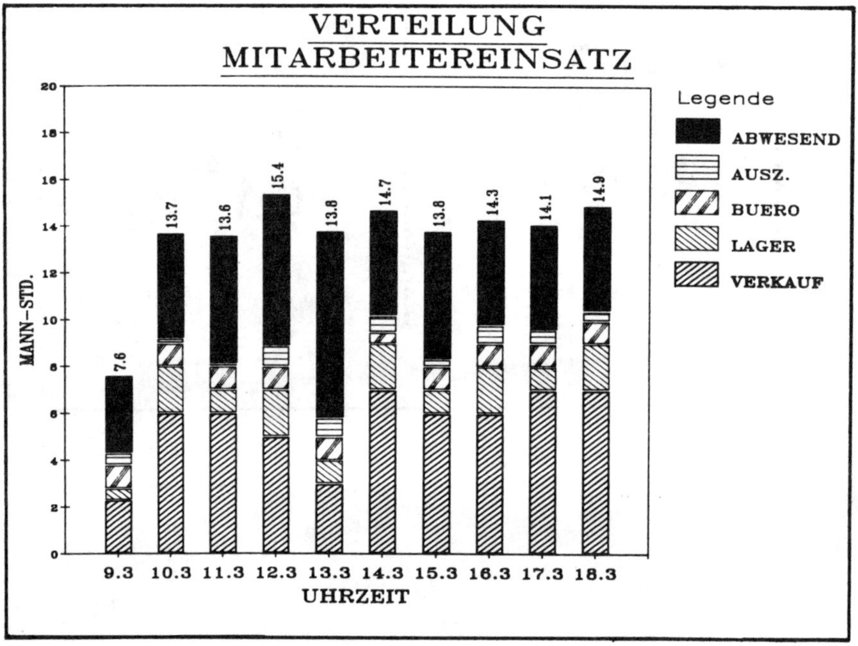

Abb. 7.7: Grafische Aufteilung

KONZEPT FÜR DIE DV-UNTERSTÜTZUNG DER PERSONALBEDARFSPLANUNG IM VERKAUF

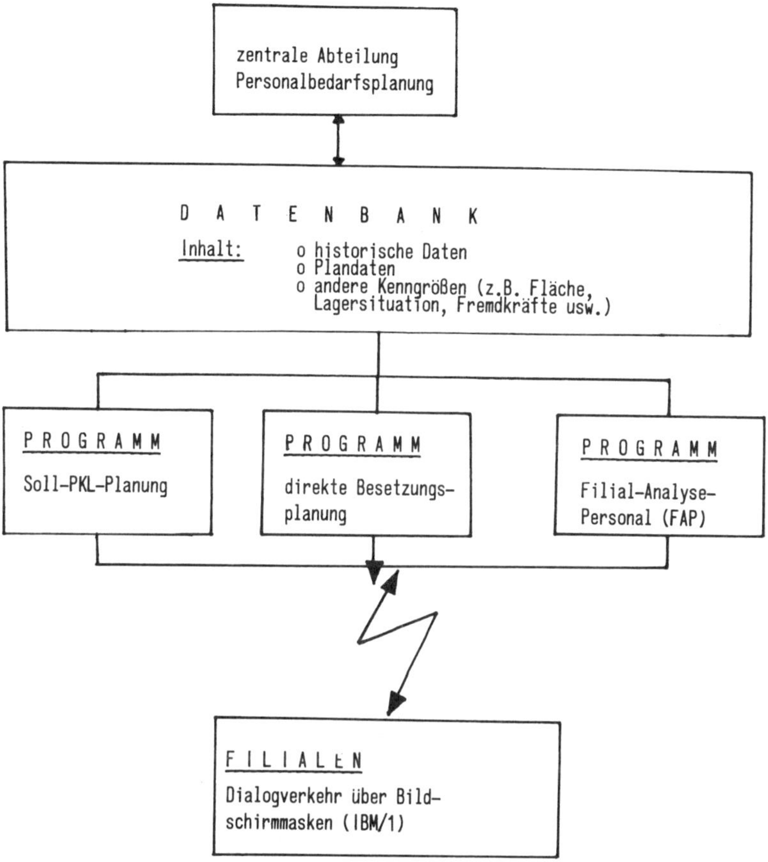

Erläuterung:

- Filialen können nur auf eigene Daten zugreifen (Ausnahme = FAP)
- historische Daten und andere Kenngrößen können ggf. nur von der zentralen Abt. Personalbedarfsplanung geändert werden
- Simulationsrechnungen sind von den Filialen und der Abt. Personalbedarfsplanung möglich
- Verdichtungen/Auswertungen/Analysen werden von der Abt. Personalbedarfsplanung vorgenommen
- genereller Zugriff der Abt. Personalbedarsplanung
- ständiger Zugriff von mehreren Anwendern gleichzeitig möglich

Abb. 7.8: Konzept für die DV-Unterstützung der Personalbedarfsplanung im Verkauf

7.3.1.1.6 Künftiges Konzept für die DV-Unterstützung der Personalbedarfsplanung für den Verkauf

Aufgrund der differenziert einzusetzenden Planungsmethoden für die arbeitsmengenorientierte Planung (Soll-PKL-Planung, FAP, direkte Besetzungsplanung) ist eine Entlastung des zeitlichen Planungsaufwandes erforderlich.

Dieses soll durch das in der Abb. 7.8 kurz skizzierte Konzept realisiert werden. Folgende Vorteile sind, über den geringeren Zeitaufwand hinaus, damit verbunden:

In den Verkaufshäusern

- Verbesserte Verfügbarkeit notwendiger Plandaten
- Nur eine den Anforderungen entsprechende Informationsquelle (Datenbank)
- Quervergleiche (FAP) können direkt abgerufen werden
- Simulationsrechnungen können jederzeit durchgeführt werden.

In der zentralen Abteilung Personalbedarfsplanung

- Bearbeitung und Auswertung der Daten aller Verkaufshäuser
- Quervergleiche und Simulationsrechnungen
- Prognoserechnungen z. B. bei organisatorischen Änderungen werden vereinfacht
- Mögliche Informationsquelle für die Überarbeitung bzw. Konzeption neuer Bemessungsverfahren.

7.3.1.2 Verwaltungsbereich, Hilfsbetriebe, Dienstleistungen

Analog zum Verkauf erfolgt im 1. Schritt die Ermittlung der rechnerischen Personalbesetzung für das Planjahr je Abteilung.

Die Bemessungsgrundlagen sind abteilungsspezifisch und werden überwiegend durch die Kennzahlenmethode ermittelt (Beispiele s. Abb. 7.9 – 7.11).

Im zweiten Schritt ist je Abteilung zu prüfen, inwieweit die rechnerische Personalbesetzung aufgrund der filialspezifischen Gegebenheiten angemessen ist oder durch Ab- oder Zuschläge verändert werden muß.

Die so eingereichten Anträge der Verkaufshäuser an die Abteilung Personalbedarfsplanung werden nun geprüft und ggf. korrigiert den Verkaufshäusern bestätigt.

Zur Zeit werden diese Filialanträge von der Abteilung Personalplanung DV-gestützt gewartet. Ähnlich wie für den Verkauf ist auch hier geplant, daß die DV-Unterstützung erweitert wird.

Die Planungssystematik für Hilfsbetriebe sowie für den Dienstleistungsbereich entspricht der im Bereich Verwaltung.

Personal-Soll-Besetzung - Bearbeitungshinweise		
Personalabteilung		
Bemessungsgrundlage	Bemessungswerte	
Kopfzahl der Beschäftigten in der Filiale im Jahresdurchschnitt	Ø Kopfzahl	Ø der zu betreuenden Mitarbeiter je VB in der Personalabteilung
	1) Selbständige Filialen	*
	bis 600	240.0
	601 - 800	250.0
	801 - 1000	270.0
	1001 - 1500	290.0
	über 1500	300.0
	2) Zuschlag für Bearbeitung der AF	
	a) bei selbst. Bearbeitung in der AF	
	bis 150	600.0
	151 - 400	650.0
	über 400	700.0
	b) bei Kontaktstelle in der AF	
	jede Größe	300.0
	3) Anhängefilialen	
	a) bei selbst. Bearbeitung	
	bis 100	200.0
	101 - 200	250.0
	über 200	300.0
	b) bei Kontaktstelle	
	bis 150	0,1 VB
	151 - 300	0,2 VB
	über 300	0,4 VB

*) Mindestbesetzung: 2.0 VB

Zuschläge:

- Personalleiter-Substitut/Büroleiter

ab 3.0 VB unterstellte MA in der Personalabt. *	=	1.0 VB
ab 6.0 - " - *(ohne Substitut, Ausbildungs-	=	2.0 VB
ab 9.0 - " - leiter und Auszubildende)	=	3.0 VB

- genehmigte Planstellen für Ausbildungsleiter
- Auszubildende

1. Ausbildungsjahr	=	0,25 VB
2. u. 3. Ausbildungsjahr	=	0,5 VB

Abb. 7.9: Kennzahlen für Personalbereich
(AF = Anhängefilialen, d. h. nicht selbständig operierende Filialen)

Personal-Soll-Besetzung - Bearbeitungshinweise	
Dekoration/Werbung/Plakatmalerei	
Bemessungsgrundlage	Bemessungswerte
	Für 1.0 Mitarbeiter einschl. Abteilungsleiter, Substitut und Auszubildende
Schaufenster/Vitrinen (Breite: 200 cm und mehr Höhe: 220 cm und mehr Tiefe: 70 cm und mehr)	3 *
Durchsichtsfenster	30
Verkaufsfläche	850 qm

* Der Bemessungswert ist gültig für normale Dekorationen (20 Dekorationswechsel/Jahr und mehr).
Langzeitdekorationen (weniger als 20 Dekorationswechsel/Jahr) sind umzurechnen.

Die Bemessungsgrundlagen sind mit den gemeldeten Daten des "Dekorationsetat 1983" abzustimmen.

Hinweis: Mitarbeiter, die gemäß RS Nr. als Raumgestalter für Möbelabteilungen beschäftigt sind, sind in der entsprechenden Möbelabteilung zu buchen. Eine Zusatzbemessung in der Dekorationsabteilung aus diesem Grunde ist nicht möglich.

In Filialverbünden, in denen Dekorationstätigkeiten in Anhängefilialen durch die Kopffiliale durchgeführt werden, ist die Soll-Besetzung zwischen den Filialen abzustimmen. Der Antrag der Soll-Besetzung erfolgt für die Kopffiliale, in der Anhängefiliale ist ein entsprechender Wert abzusetzen

Abb. 7. 10: Kennzahlen für Dekoration/Werbung/Plakatmalerei

Personal-Soll-Besetzung - Bearbeitungshinweise	
Heimtextilatelier Außendienst	
Bemessungsgrundlagen	Bemessungswerte
Arbeitseinheiten 198...	1 AE = 1 Min.
Gefahrende km - Jahr[1] der Außendienst-Fahrzeuge	∅ Fahrzeit[4] je km
Anzahl Tourentage[2] je Fahrzeug im Jahr	Grundbelastung[5] je Kfz., Tourentag und VB (Richtwert 45-60 Min.)
Anzahl der Ausmeßaufträge[3] im Jahr	∅ Dauer eines Ausmeßauftrages[5] (Richtwert ca. 20 Min.)

$$\text{Soll-Besetzung (VB)} = \frac{\text{Vorauss. AE in 198...(Min.)} + \text{Fahrzeit aller Fahrzeuge im Jahr (Min.)} + \text{Grundbelastung aller Fahrzeuge im Jahr (Min.)} + \text{Zeitaufwand für Ausmeßaufträge im Jahr (Min.)}}{\text{105.000 Min.}}$$

Sind Fahrzeuge ständig oder zeitweilig mit mehr als 1 Mitarbeiter besetzt, so sind die gefahrenen km Jahr sowie die Grundbelastung Jahr mit der sich ergebenden jährlichen ∅ Besetzung (VB) je Fahrzeug zu multiplizieren.

Besonderheiten:

1) Ermittlung lt. Auto- und Betriebskostenstatistik

2) Auszählung der Fahrtenschreiber je Fahrzeug für ein halbes Jahr (Umrechnung auf 1 Jahr)

3) Auszählung der Planungs-/Maß- und Begleitkarten (für 3 Monate/ Umrechnung auf 1 Jahr)

4) Auswertung entsprechend der Ermittlung der ∅ Fahrzeit im Versand

5) Filialindividuelle Ermittlung

Der Zuschlag für die Abteilungsleitung ist bereits in der Soll-Besetzung Konfektionsatelier enthalten.

Abb. 7.11: Kennzahlen für Heimtextilatelier Außendienst

7.3.2 Personalbesetzungs- und Kostenplan für IBEP

Als Ergebnis liegen bis jetzt die arbeitsmengenorientierten Besetzungswerte für die einzelnen Abteilungen der Bereiche Verkauf/Verwaltung/Hilfsbetriebe, Dienstleistungen vor.

Es ist zu prüfen, inwieweit diese geplante Besetzung im Planungszeitraum durch personelle Maßnahmen realisiert werden kann (Planungshilfe s. Abb. 7.12). Das Ergebnis dieser Prüfung ist der endgültige Besetzungsplan.

Der endgültige Besetzungsplan bildet die Grundlage zur Planung der Personalkosten (Planungshilfe s. Abb. 7.13). Der endgültige Besetzungsplan und die geplanten Personalkosten werden durch Eingabe über die IBM/1 in IBEP übernommen (Eingabebildschirm s. Abb. 7.14).

Plan/Ist-Vergleiche

Im Rahmen des Berichtswesens werden abteilungsweise folgende Analysen erstellt:

- Personalbesetzungsanalyse
- Personalkostenanalyse
- Plan/Ist-Vergleich „Personalkennzahlen"

Darüber hinaus erhalten die Filialen eine Plankontrolle „Personal" auf der Betriebsstellenebene.

7.3.3 Bedarfsplanung für ausgewählte Mitarbeitergruppen

7.3.3.1 Bedarfsplanung für Abteilungsleiter und Substituten

Der Bedarf an Abteilungsleitern und Substituten wird z. Z. für 6 Jahre geplant.

Die Planung erfolgt in folgenden Schritten:

1. Schritt

Der erste Bearbeitungsschritt ist die Gegenüberstellung von Soll- und Ist-Stellen.

Die Soll-Stellen ergeben sich aus den Regelungen in der „organischen Zusammenfassung" (OZF).

In der OZF ist geregelt,

- wie Sortimentsbereiche
- zu welchen Abteilungsgruppen (Grundgruppen)
- in Abhängigkeit von der Umsatzgröße der einzelnen Sortimentsbereiche

zusammengefaßt werden. Jede so gebildete Grundgruppe entspricht einer Soll-Stelle für Abteilungsleiter. Die Soll-Stellen der Substituten ist abhängig von der Umsatzstärke der Grundgruppe.

PERSONALWIRTSCHAFT F I L I A L E EDV-BEARB.-DAT. BLATT

ABT. PERSONA_PLANUNGSSYSTEME BESTANDSENTWICKLUNG DER FESTANGESTELLTEN MITARBEITER STICHTAG :

ABT.	NAME	POS.	ALTER	VB	NOV.	DEZ.	JAN.	FEB.	MAERZ	APRIL	MAI	JUNI	JULI	AUG.	SEPT.	OKT.	NOTIZEN
010		60	54	1.0													
010		70	42	0.6													
010		70	57	1.0													
010		70	49	1.0													
010		70	26	1.0													
010		70	21	1.0													
010		70	46	0.7													
010		70	40	0.5													
010		70	47	0.5													
010		70	36	0.4													
010		70	36	0.3													
010	GESAMT-BESETZUNG IN VB			8.0													
	VEREINB. STAMMBES. IN VB																

(Column group header: VORAUSS. BESTAND AM ENDE DES MONATS, over NOV. to OKT.)

Abb. 7.12: Planungshilfe „Personalbesetzung in der Filiale“

PERSONALWIRTSCHAFT F I L I A L E ABT. EDV-BEARB.-DAT. BLATT

ABT. PERSONALPLANUNGSSYSTEME PLANUNGSHILFE PERSONALKOSTEN STICHTAG :

NAME PNR	VA POS	NEUES BER.J T.GEH	TARIF GEH. DM	LETZTE G.AEND DATUM	FEST- GEH. AL-PR	GEH.S D.MON	GESAMT: GEHALT:	GEPLANTE PERSONALKOSTEN JE MONAT DEZ.	JAN.	FEB.	MAERZ	APRIL	MAI	JUNI	JULI	AUG.	SEPT.	OKT.	NOV.
	41 70	 0	1017	0 5.84	1037	13	1050												
	50 80	 0	725	15 8.84	725	13	738												
	50 80	 0	545	0	545	0	545												

WEITERE MITARBEITER:

SUMME KTO. 4010							2333												
SUMME KTO. 4011																			
SUMME KTO. 4012																			
SUMME KTO. 4010 - 4012			2287				2333												
SUMME KTO. 4040 SOZIALABG.																			
SUMME KTO. 4030 RUECKST.																			
SUMME KTO. 4880																			
GESAMTKOSTEN DER ABT.																			

Abb. 7.13: Planungshilfe Personalkosten

Eingabebildschirme (IBM/1) für die Personalbesetzungsplanung/-Kostenplanung

BETRIEBSERGEBNISPLANUNG - PERSONALBESETZUNGSPLANUNG - AUSW.-NR.: 150

BST: XXX ABT-GRUPPE: 004 PLAN-JAHR: 1984 HIST. DATEN: 1983

	PLAN-UMS. IN TDM	PKL IN TDM PLAN	PKL IN TDM HIST	BESETZUNG IN VB PLAN	BESETZUNG IN VB HIST	
						VK-PREISST: 3,69
						RECH. VB: 29,9
PLAN-JAHR	4.646	161	150	28,8	31,7P	
MONAT						
01	534	18	16	28,9	31,2	
02	432	15	13	29,0	32,8	
03	408	14	12	28,5	33,1	
04	355		11		34,4	
05	373		16		34,4	
⋮						
12						

P = INCL. PLANDATEN VORJ

BETRIEBSERGEBNISPLANUNG - PERSONALKOSTENPLANUNG - AUSW.-NR.: 151

BST: XXX ABT-GRUPPE: 004 PLAN-DATUM: 01 1984 HIST. DATEN: 1983

	PLAN-DATEN	% AEND.	HIST. DATEN
BESETZUNG	28,9	7,37-	31,2
LOEHNE UND GEHAELTER	55.301	1,86-	56.347
DURCHSCHNITTSGEHALT JE VB	1.914	5,98	1.806
LEISTUNGSLOHN	0	0,00	0
WARENPRAEMIEN	0	0,00	0
SOZIALABGABEN	8.583	1,85-	8.745
ABSCHLUSSVERGUETUNG	10.221	1,86-	10.415
PROPAGANDISTEN/FREMDKRAEFTE	13.000	4,24	12.471
GESAMT MONAT	87.105	0,99-	87.978
AUFGEL. JAHR	87.105	0,99-	87.978

ANZEIGEN PLANUNG (J)

Abb. 7.14: Eingabebildschirme

2. Schritt

Der Bedarf wird je Grundgruppe lt. OZF durch folgende Kriterien ermittelt:

- Fluktuation
- Pensionierungen
- Wegfall oder Neuschaffung von Soll-Stellen (z. B. durch Änderung der OZF oder Umsatzveränderungen einzelner Grundgruppen)

3. Schritt

Dem ermittelten Bedarf wird dann das Potential (z. B. Mitarbeiter in Weiterbildung) gegenübergestellt. Aus dem Ergebnis dieser Gegenüberstellung kann eine Bedarfsdeckung bzw. Unterdeckung (Personalbeschaffungsbedarf) oder eine Überdeckung (Personalfreistellungsbedarf) abgelesen werden.

Die so ermittelten Über- oder Unterdeckungen sind je Grundgruppe Basis für Entscheidungen über:

- Einstellungen von Einarbeiter zum Handelsassistenten, Einarbeiter zum Abteilungsleiter bzw. Substituten
- Förderung von Nachwuchskräften zum Abteilungsleiter und Substitut
- Umschulung von Mitarbeitern in andere Grundgruppen.

7.3.3.2 Führungskräfte-Auskunftssystem

Aufgrund der Organisationsstruktur des Unternehmens — dezentrale Bearbeitung filialspezifischer Aufgaben, zentrale Lösung filialübergreifender Fragestellungen — ist es Aufgabe der Personalplanung, für die Mitarbeitergruppen Abteilungsleiter, Substituten, 1. Kräfte und Mitarbeiter in Weiterbildung (z. B. Substituten, Handelsassistenten, Einarbeiter zum Abteilungsleiter, Einarbeiter zum Substituten und Nachwuchskräfte aus dem internen Förderkreis) folgende Anforderungen zu erfüllen:

- Bedarfs- und Einsatzpläne zu erstellen
- Kenngrößen (z. B. Standzeiten, Mobilität) zu ermitteln und zu analysieren
- Soll-/Ist-Vergleiche zu erstellen
- Simulationsrechnungen durchzuführen (z.B. Auswirkungen von organisatorischen Änderungen)
- Gehaltsvergleiche zu erarbeiten
- Systematisierung des Vorschlagsverfahrens bei neu zu besetzenden Positionen.

Diese beispielhafte Aufzeichnung zeigt, daß durch eine manuelle Bearbeitung (für ca. 9.000 Mitarbeiter insgesamt) der o. g. Aufgaben auf Dauer die Forderung nach umfassender, aktueller Information nicht erfüllt werden kann.

Vor diesem Hintergrund und unter Berücksichtigung des Anwachsens des Führungskräfte-/-nachwuchsbestandes während der Expansionsphase Mitte der

70er Jahre wurde von der Personalplanung in Zusammenarbeit mit der EDV-Abteilung das „Führungskräfte-Auskunftssystem (KAFKA) erstellt.

KAFKA ist ein System mit dem Ziel,

- schnelle
- exakte
- bedarfsorientierte
- umfassende
- aussagefähige

Informationen zu liefern, mit denen die Lösung von Aufgaben im Bereich von Führungskräften und Führungsnachwuchs hinsichtlich

- Bedarfsplanung
- Einsatz
- Problemanalysen
- Situationsberichten

erleichtert bzw. erst mit vertretbarem Aufwand ermöglicht wird.

Gespeicherte Daten und Datenschutz in KAFKA

Als Datenquellen dienen das Personal-Informations-Abrechnungssystem (PIAS) und das Statistische-Auswertungsprogramm. Die dort abgezogenen Daten werden durch Terminaleingabe zusätzlicher Daten ergänzt (Datenerfassung s. Abb. 7.15). Es werden nur für die bereits genannten Mitarbeitergruppen Daten in KAFKA gespeichert.

Die Datei und die einzelnen Programme von KAFKA sind vor unberechtigtem Zugriff durch ein Sicherheitskonzept geschützt. Umfang und Inhalt der Zugriffsmöglichkeit werden je Anwender in Abhängigkeit von seinen Aufgaben festgelegt. Der eigentliche Zugriff auf KAFKA ist nur mit Kenntnis eines festgelegten Passwords möglich. Dieses Password ist jeweils nur dem zugriffsberechtigten Anwender und einer zentralen EDV-Stelle bekannt. Durch das Password wird anwenderspezifisch geregelt, auf welche Daten bzw. Programme oder Anwendungen zugegriffen werden kann.

Über jeden erfolgten Zugriff sowie über unerlaubte Zugriffsversuche wird automatisch ein Protokoll erstellt, das täglich dem Leiter der Personalplanung und dem Datenschutzbeauftragten vorgelegt wird.

KAFKA-Anwendungen

Es bestehen feste Bildschirmmasken, z. B. zum Anzeigen bzw. Eingabe/Änderung von Daten. Daneben können Standardauswertungen sowie Ergebnisse von „Adhoc-Abfragen" in Listenform angedruckt werden (s. Abb. 7.16).

Im folgenden werden einige Anwendungen aufgezeigt:

- Anzeigen/Drucken von Mitarbeiterdaten

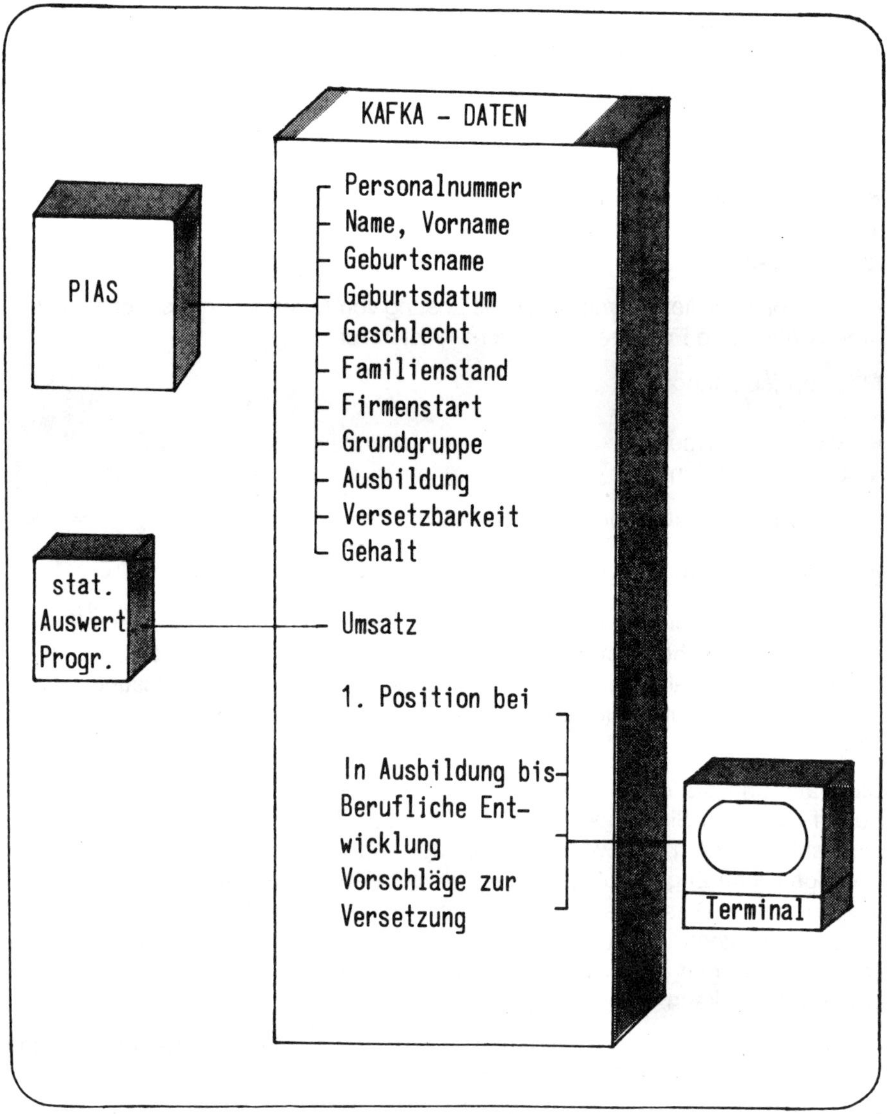

Abb. 7.15: KAFKA-Daten

- Eingabe/Änderung von Mitarbeiterdaten
- Erstellen von Besetzungsvorschlägen
- Bedarfsplanung für Abteilungsleiter im Verkauf
- Bedarfsermittlung je Grundgruppe
- Ermittlung des Mitarbeiterpotentials je Grundgruppe
- „Ad-hoc-Abfragen" wie z. B.
  - Standzeiten der Abteilungsleiter einer Grundgruppe
  - Durchgeführte Versetzungen von Abteilungsleitern und Substituten in einem bestimmten Zeitraum
  - Durchschnittliche Gehälter für Abteilungsleiter und Substituten in einer Grundgruppe
  - Beförderungen
  - Führungskräfte-/-nachwuchsbestand je Grundgruppe

Zusammenfassend ist festzuhalten, daß die Richtigkeit und Vollständigkeit der gespeicherten Daten unabdingbare Voraussetzung für die Funktionsfähigkeit von KAFKA ist.

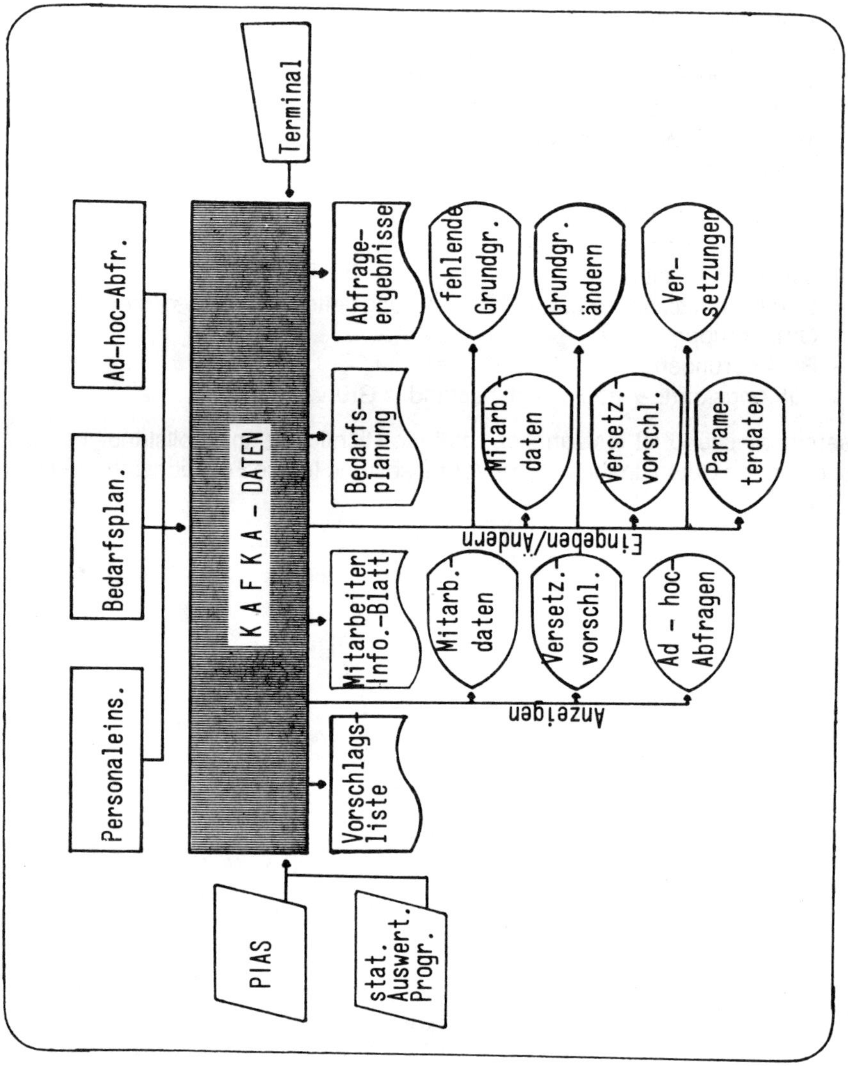

Abb. 7.16: KAFKA-Anwendungen

Walter Berger

8. Einführung der Personalplanung in einem Versicherungsunternehmen

8.1 Rahmenbedingungen

Der vorliegende Beitrag beschreibt die ersten Schritte eines Versicherungsunternehmens auf dem Wege zu einer in der Praxis „handhabbaren“ Personalplanung. Dabei waren und sind eine Reihe von Rahmenbedingungen zu beachten, auf die wir kurz eingehen wollen.

Wir sind ein Versicherungsunternehmen, das fast alle Versicherungszweige betreibt. Jeder Versicherungszweig hat seine ökonomischen, juristischen, versicherungstechnischen und betriebsorganisatorischen Besonderheiten, die in ihrer Gesamtheit ein höchst komplexes Gebilde ergeben.

Die Dienstleistung eines Versicherers besteht in der Übernahme von genau definierten Risiken gegen Entgelt. Damit sind u. a. folgende Aufgabenkomplexe verbunden:

- „Konstruktion“ des Versicherungschutzes,
- Kalkulation des Preises für Versicherungsschutz,
- „Aufklärung“ und Werbung für die Notwendigkeit von Versicherungsschutz,
- Beratung von Versicherungskunden und potentiellen Neukunden,
- Entgegennahme und Prüfung von Anträgen auf Versicherungsschutz,
- Ausstellung von Policen bei Risikoannahme und Prämienerhebung,
- Bearbeitung von Änderungen zum Versicherungsvertrag,
- Bearbeitung von Schadenfällen,
- Hilfestellung im Schadenfall.

Da diese Aufgaben unterschiedliche Anforderungen an das Personal stellen, haben wir ein breit gestreutes Qualifikationsspektrum der Mitarbeiter sicherzustellen. Jeder Versicherungszweig erfordert zudem oft ganz ausgeprägte „Spezial-Qualifikationen“. Wir unterscheiden z. B. Sachbearbeiter Haftpflicht-Betrieb, Sachbearbeiter Haftpflicht-Schaden, Sachbearbeiter Kraftfahrt-Betrieb, Sachbearbeiter Kraftfahrt-Schaden, Bausachverständige, Kraftfahrt-Sachverständige, Registratoren, Außendienst-Spezialisten. Innerhalb der Versicherungszweige gibt es noch verschiedene Differenzierungen der Sachbearbeiter hinsichtlich des Schwierigkeitsgrades des Versicherungsgeschäftes.

Innendienst- und Außendienst-Mitarbeiter werden von „getrennten“ Personalabteilungen betreut und eingesetzt.

Um möglichst kundennah arbeiten zu können, unterhalten wir eine größere Zahl von Geschäftsstellen, die sich in mehrere Kategorien einteilen lassen. Wir wollen nur auf die sogenannten Verwaltungsgeschäftsstellen hinweisen, die innerhalb festgelegter Kompetenzen die Aufgaben erfüllen, die sonst in der Direktion bzw. im Hauptbetrieb angesiedelt sind. Je kleiner die Verwaltungsgeschäftsstelle, desto mehr „Alleskönner“ werden benötigt. In der Direktion ist eine größere Spezialisierung anzutreffen und auch gefordert.

Jeder größere Versicherungszweig ist in der Direktion mit einer Betriebs- und einer Schadenabteilung vertreten. Kleinere Versicherungszweige werden nach versicherungstechnischen Überlegungen zusammengefaßt, entweder in einer Fachabteilung oder getrennt nach Betriebs- und Schadenabteilung.

Jede Fachabteilung wird von einem Abteilungsleiter geführt, der direkt dem zuständigen Vorstandsmitglied unterstellt ist. Innerhalb der Fachabteilung bestehen in der Regel mehrere Gruppen mit Gruppenleitern, denen Referate mit Sachbearbeitern zugeordnet sind.

Der Innendienst einer Verwaltungsgeschäftsstelle wird von einem Büroleiter „gesteuert", der disziplinarisch dem Geschäftsstellenleiter und fachlich den Abteilungsleitern der Direktion unterstellt ist. Dem Büroleiter unterstehen mehrere Gruppen mit Gruppenleitern, denen Sachbearbeiter und „Hilfskräfte" zugeordnet sind.

In der Direktion gibt es neben den Fachabteilungen sogenannte Allgemeine Abteilungen wie z. B. Personalabteilung, Vermögensverwaltung, Grundstücksverwaltung, EDV usw.

Diese knappe Skizzierung macht deutlich, daß hinter der Dienstleistung „Versicherungsschutz" ein riesiger Apparat steht, dessen Personalkosten den Löwenanteil der Kosten eines Versicherungsunternehmens ausmachen. Die Kosten sind inzwischen zu einem bedeutenden Wettbewerbsfaktor geworden, seit einige „Billigversicherer" durch Service-Reduzierung deutliche Prämienvorteile für sich verbuchen konnten. Da die traditionellen Versicherer auf den gewohnten Versicherungsservice nicht verzichten wollen, ist ein Rationalisierungswettbewerb ausgebrochen, der schon zu stagnierender Beschäftigungszahl in der Branche geführt hat.

Personalplanung ist lebenswichtig geworden. Die „gewachsene" Philosophie vieler traditionsreicher Versicherer hat jedoch noch manche Probleme mit dem modernen Planungsgedanken. Die „Planung" einer Personalplanung muß darauf Rücksicht nehmen und ihre Berechtigung Schritt für Schritt unter Beweis stellen.

8.2 Erarbeitung eines praktikablen Personalplanungskonzepts

Alle Aktivitäten, die der Vorbereitung, dem Finden und der Kontrolle personalpolitischer Entscheidungen dienen, ordnen wir dem Begriff Personalplanung zu. Es handelt sich dabei um folgende Entscheidungsprozesse:

- Schaffung von Arbeitsplätzen und Stellen,
- Festlegung der Vergütung von Stellen,
- Festlegung der hierarchischen und organisatorischen Einordnung von Stellen,
- Festlegung der Bedingungen für Aufstieg, Gehaltserhöhungen, Weiterbildung, Versetzungen, Vergabe von Sozialleistungen,
- Besetzung einer Stelle mit „dem" geeigneten Mitarbeiter,
- Festlegung der Mitarbeiter für Fördermaßnahmen,
- ganze oder teilweise Streichung von Arbeitsplätzen,
- Entlassung oder Versetzung von Mitarbeitern.

Diese Entscheidungsprozesse machen die Praxis der Personalarbeit aus. Keine Entscheidung steht für sich allein, vielmehr ist eine Vernetzung festzustellen. Diese

Vernetzung zwingt uns zu Entscheidungen, die „zusammenpassen“, die sich ergänzen, die sich in den Gesamtrahmen der Personalpolitik einfügen.

Jede personalpolitische Entscheidung sollte u. E. auf den Ergebnissen beruhen, die durch personalplanerische Instrumente bereitgestellt werden. Die Entwicklung und Einführung dieser Instrumente, sowie deren laufende Überprüfung hinsichtlich ihrer Effizienz ist vornehmste Pflicht der für Personalplanung Verantwortlichen.

In Form eines „Bausteinkonzepts“ versuchen wir, die für uns wesentlichen Instrumente stufenweise einzuführen und aufeinander abzustimmen.

In einer ersten Stufe haben wir ein Kennzahlensystem eingeführt, mit dem wir Produktivität und Wirtschaftlichkeit des Gesamtunternehmens und seiner Organisationseinheiten (Gruppen, Abteilungen, Geschäftsstellen) messen und im Zeitablauf beobachten können. Diese Kennzahlen sind Grundlage für die Vorgabe von Soll-Stellenzahlen, die in einem Stellenplan festgelegt werden, der als zweite Stufe der Personalplanung gegenwärtig eingeführt wird. Auf Kennzahlensystem und Stellenplan werden wir in den folgenden Abschnitten näher eingehen. Als weitere Stufen sind vorgesehen:

- Personalkostenbudget
- Arbeitsplatzbewertung/Stellenbeschreibungen
- Personalbeurteilung
- Nachwuchsplan/Personalentwicklungsplan.

Ein Unternehmen, das unter Personalarbeit bisher vorwiegend „Personalverwaltung“ verstand, kann nicht von heute auf morgen ohne Anpassungsprobleme auf ein modernes Personalplanungskonzept „umgerüstet“ werden. Unsere stufenweise Realisierung erleichtert uns jedoch die Auseinandersetzung mit den Akzeptanzproblemen, die von Stufe zu Stufe größer werden. Der erfolgreiche Abschluß einer Stufe erleichtert die Realisierung der nächsten.

8.3 Baustein „Kennzahlensystem“

Der richtigen Personalbemessung kommt immer größer werdende Bedeutung im Versicherungsbetrieb zu. Die Philosophie unseres Hauses verbietet uns jedoch die Ermittlung des Personalbedarfs mit arbeitswissenschaftlichen Methoden. Auch der Nutzen mathematischer Modellbildungen ist derzeit noch nicht vermittelbar. Daher haben wir ein Kennzahlensystem entwickelt, das mehrere Funktionen erfüllt:

- Erfassung der für den Personalbedarf relevanten Arbeitsmengen,
- Erfassung der mit dem Personalbedarf in Beziehung stehenden Bestands- und Neugeschäftsdaten,
- Beobachtung der Entwicklung des Personalbestandes,
- Beobachtung von Produktivität und Wirtschaftlichkeit,
- „Maßstab“ zum Vergleich von Organisationseinheiten,
- „Maßstab“ zur Beurteilung des Erfolges von Entscheidungen,
- Diagnoseinstrument zur Analyse von betriebswirtschaftlichen Sachverhalten,
- Grundlage zur Vorgabe von Soll- (Norm-) werten.

Das Kennzahlensystem ist unterteilt in ein **„Mikro-System“** und ein **„Makro-System“.** Das „Mikro-System“ mißt die für einzelne Organisationseinheiten relevanten Arbeitsmengen, die in der Regel nur für diese Organisationseinheiten von Bedeutung sind (vgl. Abb. 8.1).

Das „Makro-System“, dessen Grundzüge wir kurz skizzieren werden, ist die eigentliche Grundlage für unternehmensinterne Vergleiche und die daraus abgeleiteten Maßnahmen (vgl. Abb. 8.1).

Zielgröße unseres „Makro-Systems“ ist die Wirtschaftlichkeit des Gesamtunternehmens. Für den Faktor „Personal“ heißt dies, daß möglichst wenig Prämieneinnahmen durch Personalaufwand „verzehrt“ werden sollen.

Diese „oberste“ Kennzahl wird für das Gesamtunternehmen, sowie für jede organisatorische Einheit mit Prämieneinnahmen derzeit jährlich erstellt.

Verbesserung der Wirtschaftlichkeit bedeutet nun, daß die Prämien pro Mitarbeiter stärker steigen als der Personalaufwand pro Mitarbeiter.

Anders formuliert: Ein hoher Personalaufwand pro Mitarbeiter muß durch besonders hohe Prämieneinnahmen pro Mitarbeiter „wettgemacht“ werden, damit das Unternehmen wirtschaftlich arbeitet.

Die Größen „Prämieneinnahmen pro Mitarbeiter“ und „Personalaufwand pro Mitarbeiter“ sind abhängig von einer Vielzahl von Einflußfaktoren, die nicht vollständig durch Kennzahlen darstellbar sind.

Die durch Kennzahlen darstellbaren Einflußfaktoren haben wir in drei Hauptgruppen gegliedert: Produktivität, Mitarbeiterstruktur und Bestandsstruktur.

In der Regel gilt das Prinzip, daß hohe Produktivität zu hoher Wirtschaftlichkeit führt. Wir beobachten daher die verschiedenen „Produktivitäten“ des Gesamtunternehmens und der organisatorischen Teilbereiche, um Ansatzpunkte für Verbesserungsmaßnahmen zu finden.

Es geht uns um möglichst viele Policen, Verträge, Risiken, Arbeitsvorgänge, Neuanträge, Ersatz-/Nachversicherungsanträge usw., die auf einen Mitarbeiter entfallen.

Die Mitarbeiterstruktur hat ebenfalls Auswirkungen auf unsere „Oberkennzahlen“. Wir können die Zusammensetzung der Belegschaft so gestalten, daß ein Optimum an Leistung ermöglicht wird. Hier interessieren wir uns für die Größen „Anzahl Außendienst-Mitarbeiter pro Innendienst-Mitarbeiter“, „Anzahl Schreibkräfte pro Sachbearbeiter“, „Anzahl Hilfskräfte pro Sachbearbeiter“, „Anzahl Führungskräfte pro Mitarbeiter“ usw.

Eine weitere Einflußgröße ist die Bestandsstruktur. Der Versicherungsbestand an Policen, Verträgen und Risiken setzt sich zusammen aus einer Vielzahl von Teilbeständen (Haftpflicht, Unfall, Feuer usw.), deren Betreuung unterschiedliche Anforderungen an die Mitarbeiter stellt, unterschiedliche Bearbeitungszeiten für einzelne Geschäftsvorfälle erfordet usw.

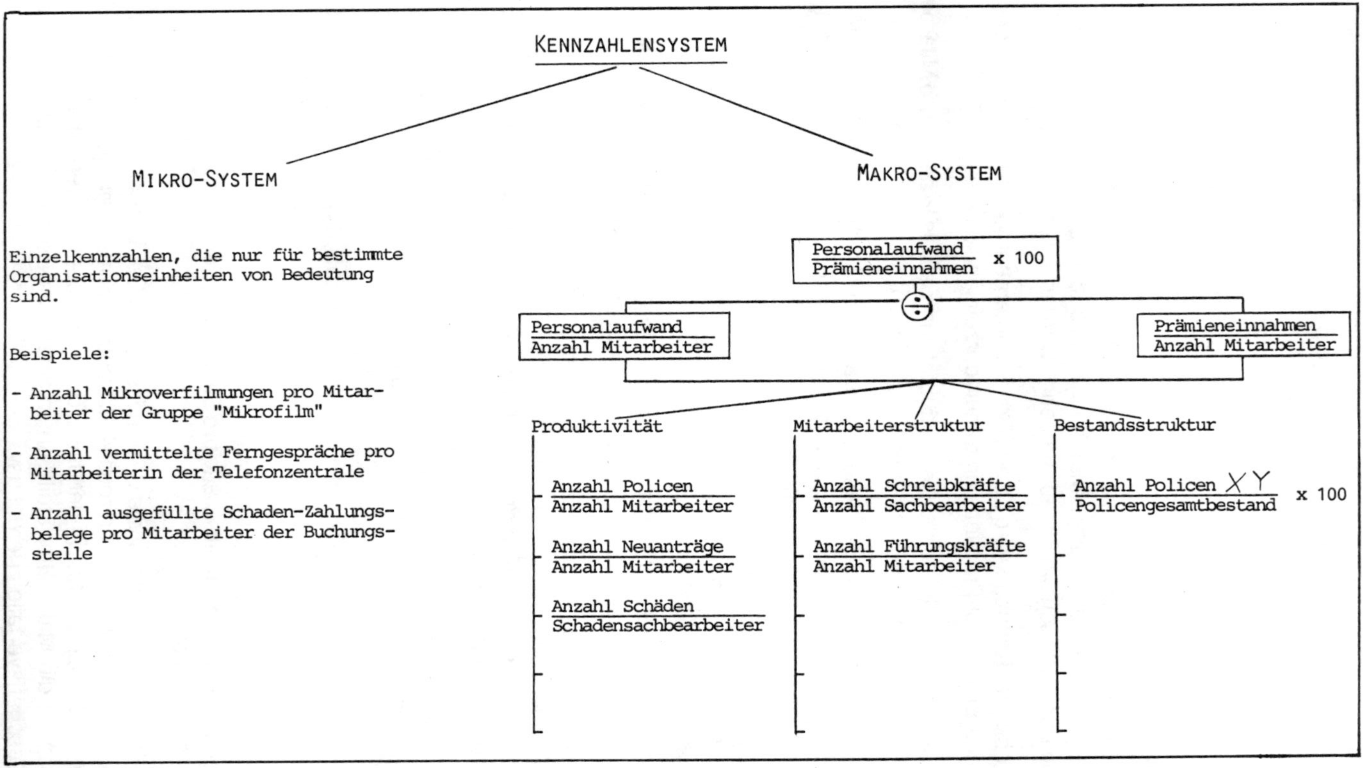

Abb. 8.1: Baustein Kennzahlensystem

Um die „Leistung“ von Geschäftsstellen zu vergleichen, muß man unterschiedliche Bestandsstrukturen berücksichtigen und bewerten. Die Bestandsstruktur haben wir durch folgende Kennzahlen transparent gemacht:

- Anteil Policen jeder Sparte am Gesamtbestand der Policen,
- Anteil Risiken jeder Sparte am Gesamtbestand der Risiken,
- Anteil Prämien jeder Sparte am Gesamtbestand der Prämien,
- Anteil Arbeitsvorgänge jeder Sparte an der Gesamtheit der Arbeitsvorgänge,
- Anteil Schäden jeder Sparte an der Gesamtheit der Schäden,
- Prämieneinnahmen pro Police (je Sparte),
- Anzahl Arbeitsvorgänge pro Police (je Sparte).

Die Definitionen der Kennzahlen, die Rechenschritte und die Quellen wurden in einem Kennzahlen-Handbuch niedergelegt. Wir haben mittlerweile die Kennzahlen für mehrere Jahre errechnet. Die Produktivitäts- und Wirtschaftlichkeitsentwicklung des Gesamtunternehmens, der Verwaltungsgeschäftsstellen und der sonstigen Organisationseinheiten ist transparent geworden. In den letzten Jahren eingeleitete Rationalisierungsmaßnahmen sind deutlich an den Kennzahlen abzulesen. Zukünftig geplante Maßnahmen werden hinsichtlich ihrer Auswirkungen auf die Kennzahlen analysiert. Wir haben damit begonnen, anhand der vorhandenen Kennzahlen Soll- oder Zielwerte zu erarbeiten und den Organisationseinheiten individuell vorzugeben.

8.4 Baustein „Stellenplan“

Eine in systematischer Form betriebene und kontrollierte Stellenplanung war bisher in unserem Hause nicht üblich. Bei plötzlichem Bedarf wurden Mitarbeiter eingestellt, ohne an die weiteren Implikationen einer Einstellung zu denken.

Der hier vorgestellte Stellenplan soll mit dieser Praxis Schluß machen. Jede Einstellung und Versetzung muß künftig durch einen genehmigten Stellenplan „gedeckt“ sein. Alle genehmigten Stellen einer Gruppe, Abteilung oder Geschäftsstelle bilden zusammen die Soll-Stellenzahl, welche durch unser Kennzahlensystem hinsichtlich Produktivität und Wirtschaftlichkeit überprüft ist. Die tatsächliche Stellenbesetzung wird dieser Soll-Stellenzahl als Stellen-Ist gegenübergestellt. Eine sich ergebende positive Abweichung gibt uns Aufschluß über den zur Wirtschaftlichkeit noch zurückzulegenden Weg. Die positiven Abweichungen sollen möglichst nicht mit Entlassungen „bereinigt“ werden. In erster Linie ist es wichtig, die Schwachstellen zu kennen und sie nicht aus Unwissenheit noch zu vergrößern.

Der Aufbau unseres Stellenplanes ergibt sich aus der Abbildung 8.2.

Der Stellenplan wird für jede Abteilung in der Direktion und für jede Geschäftsstelle erstellt, wobei einmal im Jahr die Sollwerte überprüft werden. Aus dem Stellenplan ist ersichtlich, wie sich die Ist-Arbeitsplätze auf Vollzeit- und Teilzeit-Mitarbeiter verteilen. In unserem konstruierten Beispiel haben wir z. B. 18,0 Ist-Arbeitsplätze, die von 16 Vollzeit-Mitarbeitern und 4 Teilzeit-Mitarbeitern besetzt werden.

Anlage

Innendienst-Stellenplan				Planjahr: I/1982	Abteilung/Geschäftsstelle: VGS XY			Seite: 1
Stellenbezeichnung	Soll	Ist	Abweichung	Stelleninhaber	Funktion/Titel	Vollzeit	Teilzeit	Bemerkungen
Büroleiter	1,0	1,0	0,0	Hinterhuber, Franz	BL	1,0		
Gruppenleiter H, U, RS-Betrieb	0,6	0,6	0,0	Mittner, Xaver	GL	0,6		K-Betrieb 0,4 VZ
Sachbearbeiter H, U, RS-Betrieb	2,3	2,5	+ 0,2	Dittrich, Helga	SB	1,0		
				Huber, Josef	SB	1,0		
				Maier, Karl	SB		0,5	
Σ H, U, RS-Betrieb	2,9	3,1	+ 0,2			2,6	0,5	
Gruppenleiter K-Betrieb	0,4	0,4	0,0	Mittner, Xaver	GL	0,4		H, U, RS-Betrieb 0,6 VZ
Sachbearbeiter K-Betrieb	4,0	4,3	+ 0,3	Bauer, Eugen	stv. GL	1,0		
				Brunner, Inge	SB		0,5	
				Lechner, Margit	SB	1,0		
				Müller, Heinrich	SB	1,0		
				Vogel, Heinz	SB	0,5		HUK-Schaden 0,5 VZ
				Weller, Jutta	SB		0,3	HUK-Schaden 0,2 TZ
Σ K-Betrieb	4,4	4,7	+ 0,3			3,9	0,8	
Gruppenleiter HUK-Schaden	1,0	1,0	0,0	Kugler, Paul	GL, Prokurist	1,0		
Sachbearbeiter HUK-Schaden	3,9	3,7	- 0,2	Heinemann, Gerhard	stv. GL	1,0		
				Ludwig, Peter	SB	1,0		
				Ustinov, Leo	SB	1,0		
				Vogel, Heinz	SB	0,5		K-Betrieb 0,5 VZ
				Weller, Jutta	SB		0,2	K-Betrieb 0,3 TZ
Schadenkontorist HUK-Schaden	1,3	1,5	+ 0,2	Neumaier, Ute	-	1,0		
				Turner, Frieda	-		0,5	
Registrator HUK-Schaden	1,0	1,0	0,0	Drechsler, Erwin	-	1,0		
Techniker HUK-Schaden	2,0	2,0	0,0	Weber, Ernst	-	1,0		
				Wunderlich, Otto	-	1,0		
Σ HUK-Schaden	9,2	9,2	0,0			8,5	0,7	
Σ VGS XY	17,5	18,0	+ 0,5			16,0	2,0	16 VZ-Mitarbeiter 4 TZ-Mitarbeiter

Abb. 8.2: Innendienst-Stellenplan

Der vorliegende Stellenplan mag für manchen Fachmann etwas fremdartig erscheinen, weil einige Mitarbeiter auf mehrere Arbeitsplätze verteilt sind. Dies hängt mit der Problematik vieler Geschäftsstellen zusammen, nicht genug Arbeitsvolumen für die einzelnen Versicherungszweige zu haben. Besonders in kleineren Geschäftsstellen ist eine starke Zersplitterung der Arbeit gegeben, was an die Flexibilität der Mitarbeiter und die Breite ihres Fachwissens besondere Anforderungen stellt. Der vorliegende Stellenplan ist in dieser Form entwickelt worden, um die „undurchsichtigen Verhältnisse“ vieler Geschäftsstellen der Messung der Produktivität zugänglich zu machen, und somit auch den Personalbedarf kontrollieren zu können.

8.5 Ausblick

Der Personalplanungsprozeß ist in Gang gekommen. Aufbauend auf einem Kennzahlensystem konnte eine Stellenplanung eingeführt werden. Die Planung läuft jedoch noch voll im „Handbetrieb“. Derzeit sind wir dabei, die Voraussetzungen für einen maschinell geführten Stellenplan zu schaffen. Dies ist möglich geworden, nachdem die einzelnen Planungsschritte den beteiligten Stellen in „Fleisch und Blut übergegangen sind“ und das bisher Erreichte nicht mehr rückgängig gemacht werden kann. Die Chancen für die nächste Stufe unserer Personalplanung, eine Personalkostenbudgetierung, stehen damit nicht schlecht. Wir hoffen, daß wir auf dem richtigen Weg zu einem geschlossenen Personalplanungssystem sind, bei dem „Handarbeit“ und „Computerarbeit“ im richtigen Verhältnis zueinander stehen.

Abkürzungen im Stellenplan

H = Haftpflicht
U = Unfall
RS = Rechtsschutz
K = Kraftfahrt
VGS = Verwaltungsgeschäftsstelle
BL = Büroleiter
GL = Gruppenleiter
SB = Sachbearbeiter
VZ = Vollzeit
TZ = Teilzeit

Jürgen Mataré

9. Anwendung von Personalkennzahlen bei der Personalbemessung und Personalbedarfsplanung

9.1 Begriffe, Arten, Aufgaben und Ziele von Personalkennzahlen

9.1.1 Definition des Begriffs Kennzahlen

Unter Kennzahlen sind alle Arten von betrieblichen Zahlen zu verstehen, die eine Aussage über betriebliche Zustände leisten und damit „Entscheidungen unter Information" ermöglichen.

Je komplexer die Kennzahlenmodelle und je mehr Grunddaten aggregiert werden müssen, um so wahrscheinlicher wird die Notwendigkeit eines EDV-Systems zur wirtschaftlichen Nutzung des Produktionsfaktors Information.

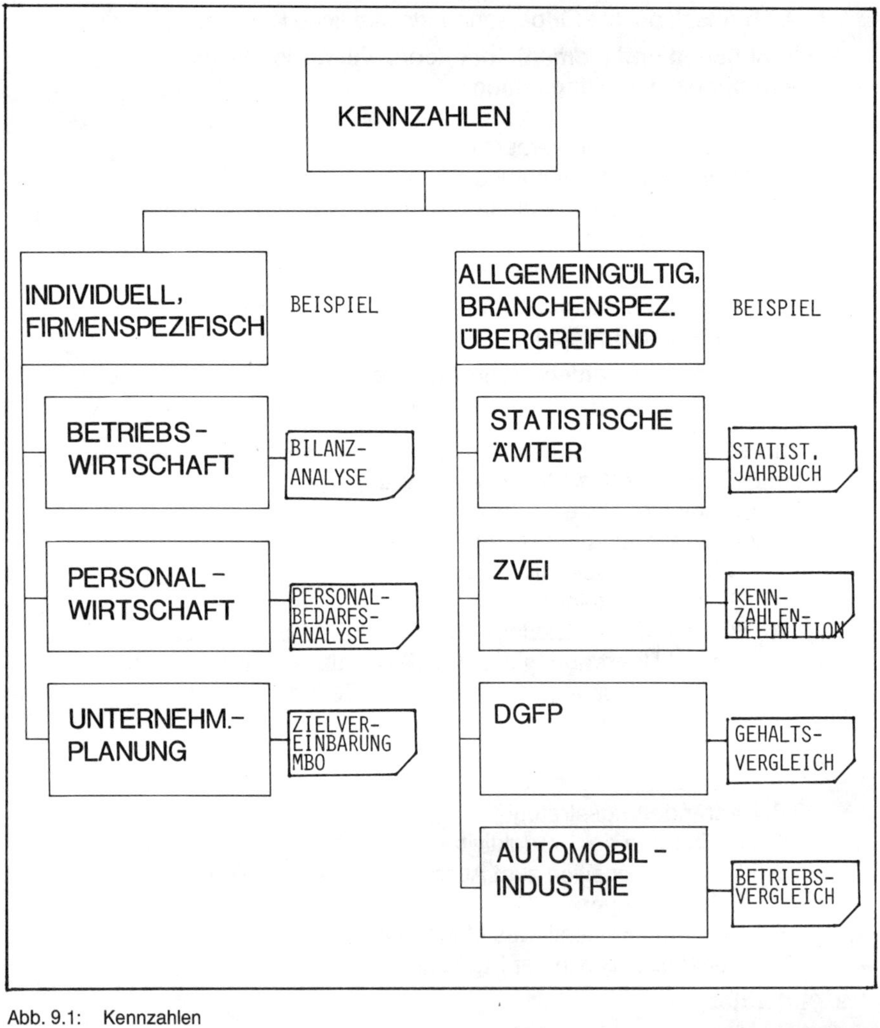

Abb. 9.1: Kennzahlen

9.1.2 Aufgabenbereiche für Kennzahlen

Kennzahlen

- dienen der Analyse der Unternehmung oder einer Organisationseinheit (Organisations-Instrument)
- helfen den Ablauf der Unternehmung zu steuern (Controlling-Instrument)
- machen das Betriebsgeschehen planbar (Planungs-Instrument)
- sind eine Meßlatte zwischen Planung und Realität (Kontroll-Instrument)

Sie können individuelle, firmenspezifische Aussagen vermitteln oder allgemeingültige, branchenspezifische und übergreifende Ergebnisse und Ereignisse beschreiben (vgl. Abb. 9.1)

9.1.3 Stand der Kennzahlendiskussion

Oberstes Ziel betrieblicher Kennzahlen ist die Entscheidung unter „vollkommener Information". Heutiger Praxisstand in den Betrieben ist meist das Datensammeln für eine Einzelentscheidung (allgemeine Managementinformation). EDV-gestützte Statistiken (z. B. Personalstatistik aus den Personalinformationssystemen) sind die nächste Stufe, auf der sich einige Betriebe sehr wohl bewegen, aber nur soweit sie betriebliche Sachverhalte „zählen, messen oder wiegen" können. Langfristig gültige einheitliche Kennzahlensysteme sind bereits die Ausnahme (und dann schon gar nicht EDV-gestützt). Die Einbeziehung aller Einflußfaktoren, um Entscheidungen unter „vollkommener Information" treffen zu können und gar den „kranken Einflußfaktor" aufzuspüren, überläßt das Management einer Stabsabteilung oder Unternehmensberatung. Gerade im Bereich der Unternehmensführung bietet sich die Nutzung von Kennzahlen an, wie z. B. bei Management by Objectives, bei der Festlegung und Kontrolle der Unternehmensziele (vgl. Abb. 9.2).

Die Situation in deutschen Unternehmen stellt sich wie folgt dar:

- Es existieren nur teilweise einheitliche Systeme für Personalkenngrößen trotz vieler Versuche (DGFP, ZVEI, BIFOA[1]); daher ist lediglich eine geringe Vergleichbarkeit möglich.
- Der Soll-Ist-Vergleich steht immer noch vorrangig vor dem Ist-Ist-Vergleich.
- Praktisch erprobte Entscheidungsmodelle (EDV-gestützt) auf Kennzahlenbasis fehlen.
- Mangelndes Bewußtsein im Management zu Personalkenngrößen (reines „Kopfzahlendenken") führte dazu, daß diese Kenngrößen bisher nur am Rande behandelt wurden.

---

[1] DGFP = Deutsche Gesellschaft für Personalführung, Düsseldorf; ZVEI = Zentralverband der Elektrotechnischen Industrie; BIFOA = Betriebswirtschaftliches Institut für Organisation und Automation, Köln

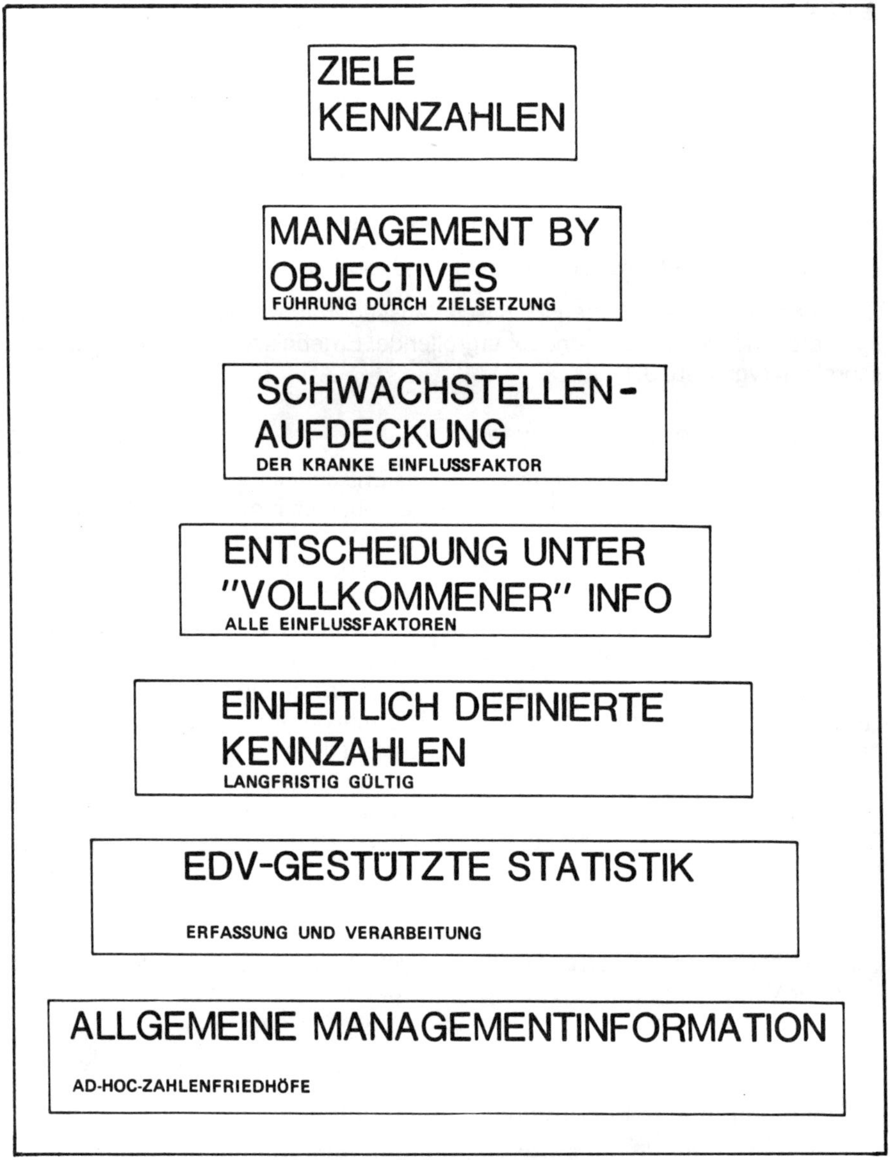

Abb. 9.2: Ausbaumöglichkeiten von Kennzahlensystemen

– Externe Kennzahlenvergleiche sind häufig Äpfel-Birnen-Vergleiche, d. h. selten wertfrei (manipuliert).

9.1.4 Personalkennzahlen zur Kapazitätsbemessung (Kapazitätsplanung)

Personalkennzahlen dienen der Entscheidung über die notwendige Personalkapazität im Betrieb. Dabei ist der quantitative Aspekt vorrangig, der qualitative Aspekt ist nicht rechenbar. Personalbemessung befaßt sich daher mit dem Ermitteln des Personaleinsatzbedarfes und des Personalreservebedarfes (vgl. Abb. 9.3). Organisationsabteilung und Personalabteilung/Unternehmensleitung wirken an der Personalbemessung mit, bedienen sich dabei aber unterschiedlicher Methoden. Die Organisationsabteilung führt die Arbeitseinsatzplanung mit Hilfe von Arbeitsplatzmethode, Kennzahlenmethode, statistischen Methoden durch, während die Personalabteilung den Personalreservebedarf mit Hilfe von Statistiken, Urlaubsplänen, Fluktuationsanalysen etc. ermittelt.

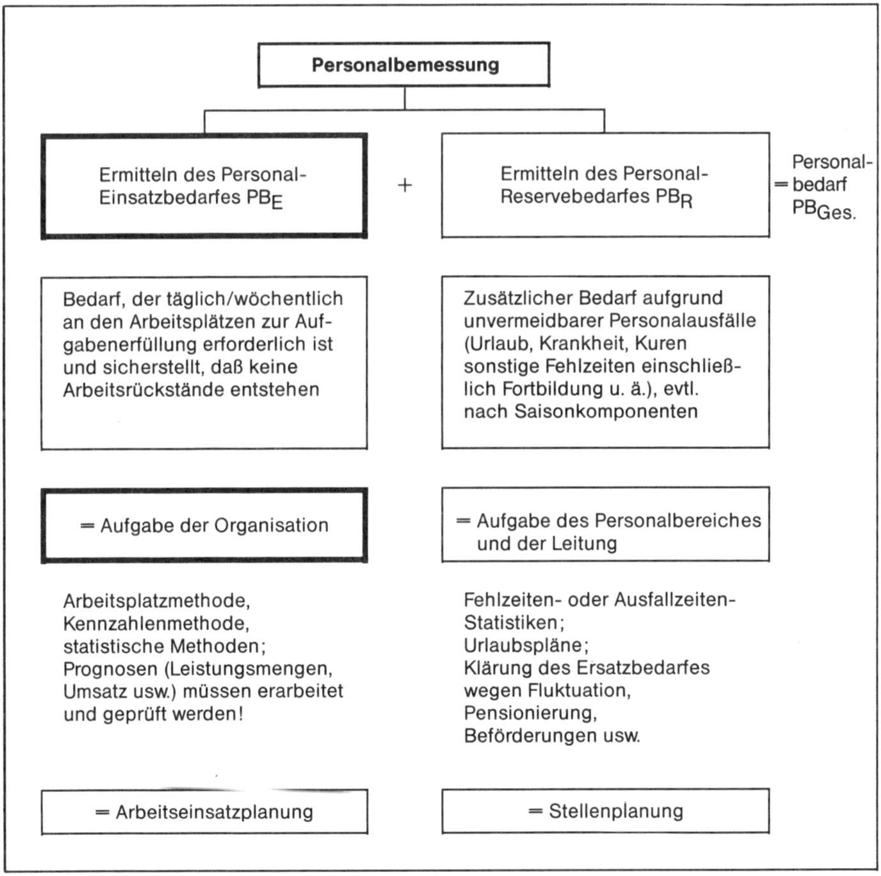

Abb. 9.3: Abgrenzung zwischen Personaleinsatz-, Reserve- und Gesamtbedarf

9.1.5 Ansatzpunkte für personalwirtschaftliche Kennzahlensysteme

Aus der bei MBB durchgeführten Situationsanalyse ergaben sich folgende Forderungen an ein Personalkennzahlensystem:

- Ist-Ist-Zeitreihen sind zu entwickeln und abzubilden.
- Es ist eine Grunddatenbasis mit Auswertungsmöglichkeiten (Computergestützt, aber nicht unbedingt on-line) zu schaffen.
- Die Reduktion auf ein „vernünftiges Maß" ist erforderlich, d. h. die Entwicklung komplexer Kennzahlensysteme wird als wenig sinnvoll angesehen.

9.2 Funktionen und Elemente der kennzahlenorientierten Personal-Kapazitätsplanung

9.2.1 Aufgabenstellung der Kapazitätsplanung

An eine kennzahlenorientierte Kapazitätsplanung (Personalbemessung) bei MBB werden folgende Aufgaben gestellt:

- Laufende Steuerung der Entwicklung von Arbeitsmengen und erforderlichen Personalkapazitäten durch Ist-Ist-Vergleiche.
- Anpassung der Planungsprämissen (Zielsetzung, Kenngrößen) bei organisatorischen Veränderungen in den untersuchten Bereichen.
- Permanente Planung und Steuerung des gesamten indirekten Bereichs (Dienstleistungen) einschließlich der Überwachung aller Personalveränderungen (laufender Soll-Ist-Vergleich).

9.2.2 Organisationsuntersuchung

Mit den Methoden der Arbeitswissenschaft (REFA-Methodenlehre, vgl. Abb. 9.4) wurden alle organisatorischen Arbeitsabläufe in Dienstleistungsabteilungen bei MBB untersucht. Bei der Untersuchung einer 10-Personen-Abteilung bzw. Arbeitsgruppe wird mit einem Arbeitsaufwand von ca. 3-Mann-Monaten für einen ausgebildeten REFA-Organisator gerechnet.

Abb. 9.5 stellt die Ergebnisse dieser Organisationsuntersuchung bei MBB (Ist-Zustand) mit den daraus abgeleiteten Konsequenzen im Hinblick auf die Verringerung der Personalkapazität (Soll-Zustand) gegenüber.

9.2.3 Kennzahlenbestimmung

Für das Kennzahlensystem wird die Ermittlung folgender Kennzahlen empfohlen:

1. Produktivität nach Zeit/Mengenrelationen (vgl. Abb. 9.6)
2. Produktivität nach Geld/Mengenrelationen
3. Kapazitätsnutzung (vgl. Abb. 9.7)

Das MBB-Werk Ottobrunn berechnet **Produktivitätskennzahlen.** Der Faktor

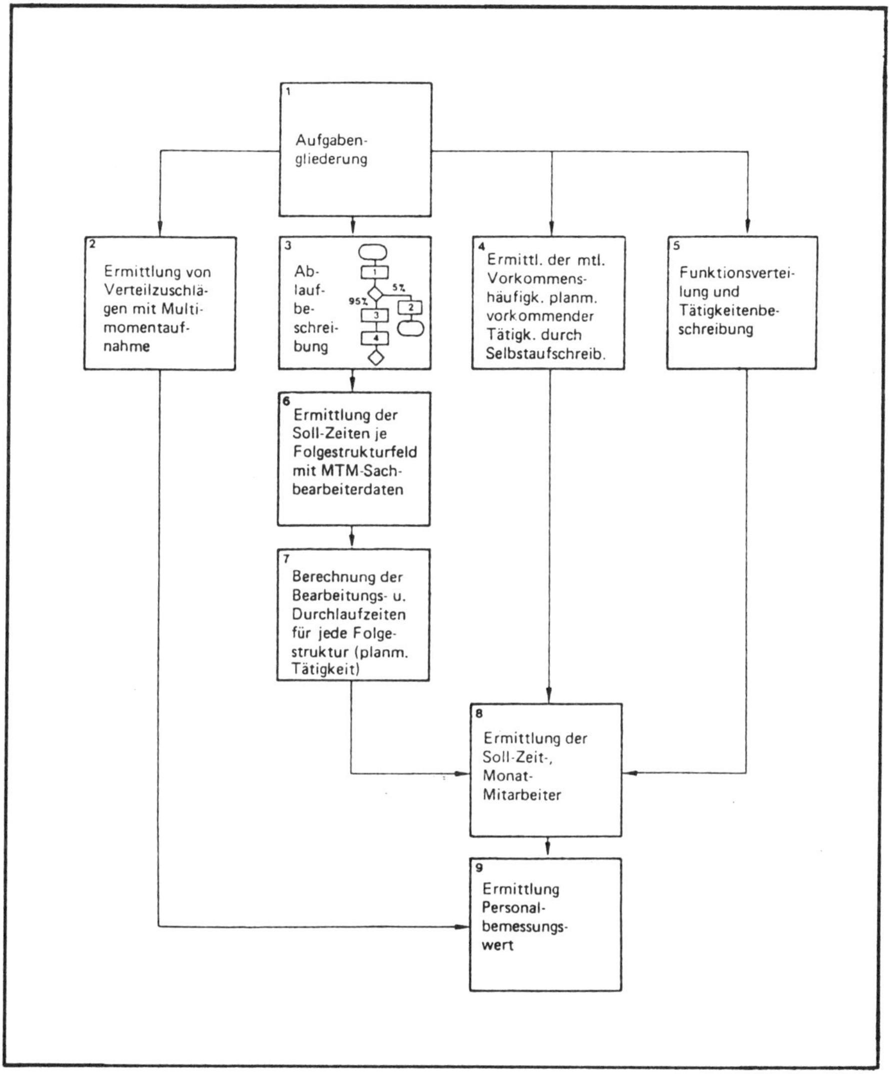

Abb. 9.4: Möglichkeiten zur Ermittlung von Personalbemessungswerten

Arbeit wird durch die verfügbaren Anwesenheitsstunden der Mitarbeiter bestimmt (Input). Das Ergebnis der Arbeit ist eine in der Regel meßbare Menge (Output). Beispiele für Arbeitsergebnisse (Mengen) sind: Ein-/Ausgangsrechnungen, Angebote, Aufträge, Kundenbesuche, Buchungen, Lagerdispositionen, Bestellungen, Arbeitsgänge, Kalkulationen, Zahlungen, Wareneingänge, Versendungen, Lines of Code etc.

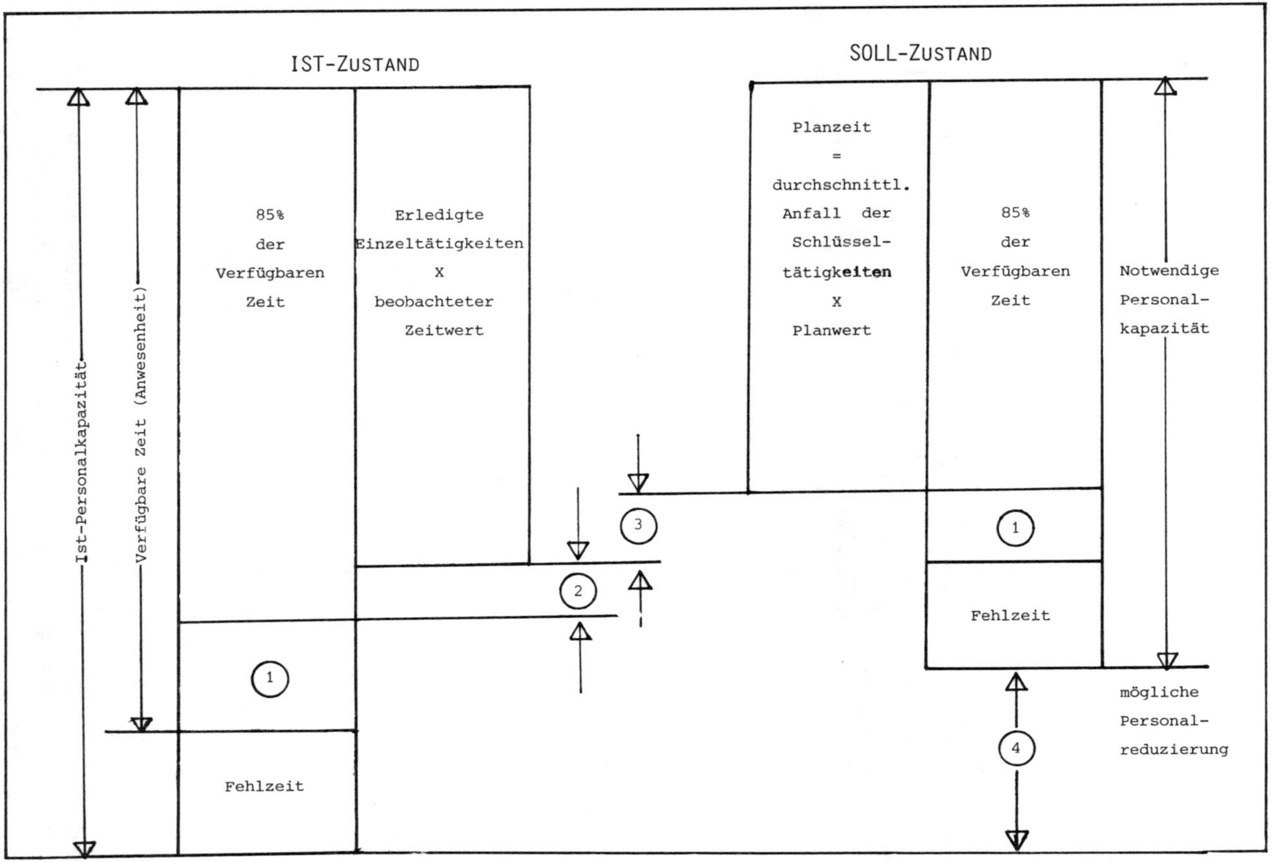

Abb. 9.5: Ermittlung und Verringerung der Personalkapazität

Die Input-/Output-Relation ergibt eine Produktivitätskennzahl (vgl. Abb. 9.6). Die Produktivität kann durch Variation der Tätigkeiten, des Prozesses, der Arbeitsweise oder durch Automatisierung verändert werden.

Die zweite Produktivitätskennzahl setzt Geldeinheiten (Löhne, Gehälter, Personalzusatzkosten etc.) zu meßbaren Outputmengen ins Verhältnis.

Das MBB-Werk Augsburg berechnet statt der Produktivitätskennzahlen die **Kapazitätsnutzung** (vgl. Abb. 9.7 sowie Abb. 9.5). Für die Planung der Personalkapazität haben diese unterschiedlichen Ansätze jedoch keine Konsequenzen, da die Ergebnisse letztlich identisch sind.

Erläuterungen zu Abb. 9.5[2)]

① Reserve (durchschnittl. 15 % der Anwesenheitszeit) für
- Abfangen kurzfristiger Arbeitsspitzen;
- Ausgleich von Schwankungen im Leistungsvermögen der Mitarbeiter;
- persönliche Bedürfnisse sowie Erholzeiten der Mitarbeiter.

② Verbesserung der Kapazitätsnutzung durch
- gezielte Arbeitsverteilung;
- intensiven Austausch von Mitarbeitern;
- straffere Führungsmöglichkeiten auf der Grundlage laufender Erfassung und Auswertung der erledigten Arbeit bzw. des Auslastungsgrades.

③ Reduzierung von Planzeit durch
- organisatorische Änderungen im Arbeitsablauf auf der Basis des analysierten Ist-Zustandes.

④ Personalreduzierung
- als Erfahrungswert für die MBB-Werke wurde eine Reduzierung von ca. 16 % ermittelt.

---

2) vgl. Kaufmann (1982)

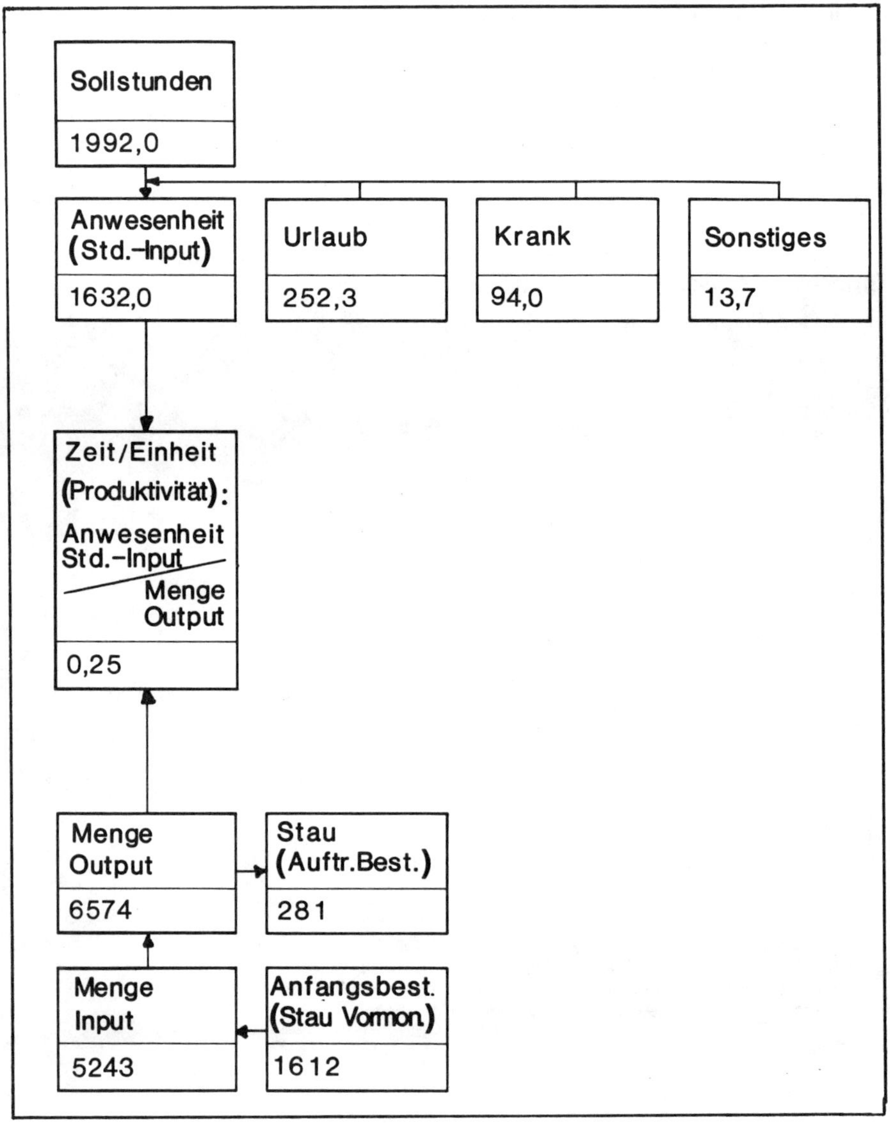

Abb. 9.6: Produktivitätskennzahl Zeit/Menge

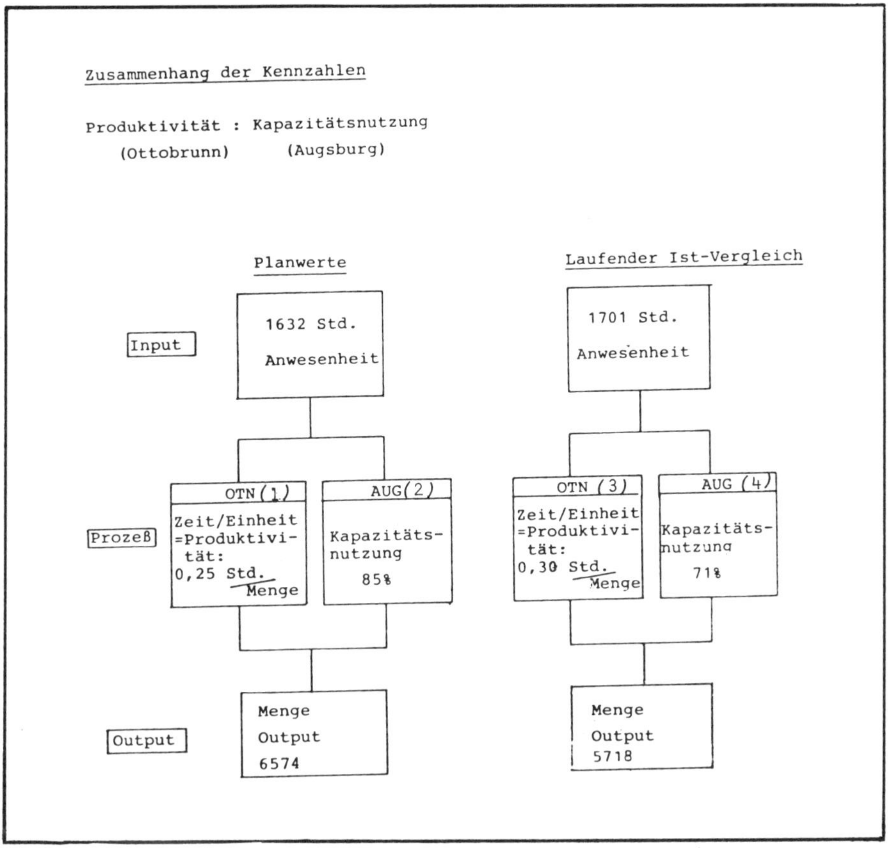

Abb. 9.7: Zusammenhang der Kennzahlen Produktivität (berechnet im MBB-Werk Ottobrunn) und Kapazitätsnutzung (berechnet im MBB-Werk Augsburg)*

* Rechenbeispiel:

$$(1)\ \text{Plan-Produktivität} = \frac{\text{Input Anwesenheit (Std.)}}{\text{Output Menge (Beleg)}} = \frac{1632}{6574} = 0{,}25\ \text{Std./Beleg}$$

(2) Plan-Kapazitätsnutzung = 85 % (festgesetzter Modellwert Augsburg)

$$(3)\ \text{Ist-Produktivität} = \frac{\text{Input Anwesenheit (Std.)}}{\text{Output Menge (Beleg)}} = \frac{1701}{5718} = 0{,}30\ \text{Std./Beleg}$$

(4) Ist-Kapazitätsnutzung =

$$\frac{\text{Ist-Output-Menge (Beleg)} \times \text{Plan-Kapaz. Nutzung (\%)} \times \text{Plan-Produktiv (Std./Beleg)}}{\text{Ist-Input Anwesenheit Std}}$$

$$= \frac{5718 \times 0{,}85 \times 0{,}25}{1701} \times 100$$

$$= 71\ (\%)$$

9.2.4 *Stellenbesetzungsplan*

Ein weiteres Instrument der Personalkapazitätsplanung ist der Stellenbesetzungsplan. Im Stellenbesetzungsplan (vgl. Abb. 9.8) sind einerseits die Stellen der einzelnen Kostenstellen innerhalb der bestehenden Organisationseinheiten aufgeführt sowie deren Besetzung bzw. Nichtbesetzung. Neben der Tätigkeit bzw. Funktion ist die jeweilige Gehalts- bzw. Lohnstruktur ersichtlich.

STELLENBESETZUNGSPLAN DEZEMBER 1982 SEITE 11
AKTIVE STAMMBELEGSCHAFT

ABTEILUNG B0121 SCHWACHSTROMANLAGEN

Nr	Ltg	Name, Vorname	Tätigkeit	Sollz	Alt
1	GRL	EWE, HARALD	ING. (NACHRICHTENTECHNIK)	1,0	
2		REUTHER, HERMANN	SACHBEARBEITER (AUFTRAG U. ANDERER)	1,0	
3		ELLER, HELMUT	LAGERVERWALTER, MAGAZINER	1,0	
4		RTOSCH, WOLFGANG	TECHN. (NACHRICHTENTECHNIK)	1,0	
5		MEIS, WERNER	TECHN. (NACHRICHTENTECHNIK)	1,0	
6		BRICHT, WERNER	TECHN. (NACHRICHTENTECHNIK)	1,0	

Anzahl MA	6
Anzahl MA, ber.	6.0
Geh. Summe/Monat	
Durchschn. Alter	41

Abbildung 9.8: Auszug aus dem Stellenbesetzungsplan

9.2.5 *Berichtswesen*

Die Führungsgrundsätze Management by Objectives bzw. Management bei Exception verlangen sowohl für die Abteilungsleiter als auch für das übergeordnete Management aussagefähige Steuerungsdaten. Kernstück der Leistungsberichterstattung sind die ermittelten Input/Output-Relationen, die als verbindliche Vorgaben und damit als Kapazitätssteuerungskennzahlen vereinbart werden. Die Kennzahlen sind immer gruppenbezogen — nie personenorientiert!

Der Ergebnis-/Leistungsbericht (vgl. Abb. 9.9) soll sich in einen statistischen und graphischen Teil gliedern, wobei der graphische Teil die übersichtliche Darstellung des Zahlenteils ist. Der Bericht ist so einfach zu halten, daß er monatlich mit geringem Aufwand durch die Fachabteilung bzw. die Organisationsabteilung erstellt werden kann. Ebenso sind die Werte aus vergangenen Jahren aufzuführen, die zugleich zur Prognose für die zukünftige Entwicklung verwendet werden können. Mit den Abteilungen wird für das jeweilige Jahr eine Zielkennzahl vereinbart, an der sich die gesamte Kapazitätsplanung im Personalbereich für diese Abteilung ausrichtet. Da nur eine Kennzahl selten aussagefähig ist, wird eine zweite Kennzahl (in

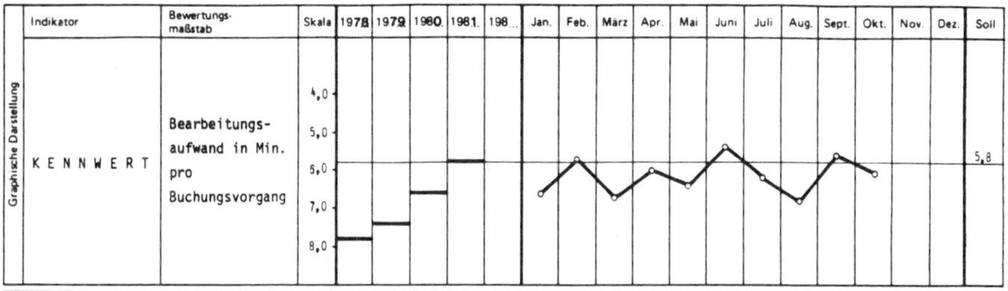

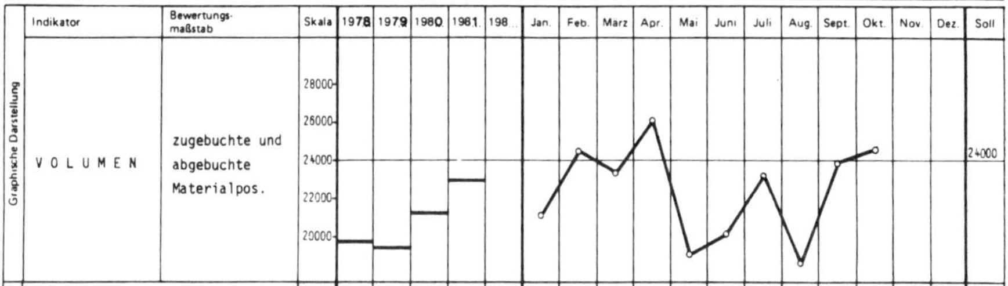

Kennzahlen

		1978	1979	1980	1981	198..	Jan.	Feb.	März	Apr.	Mai	Juni	Juli	Aug.	Sept.	Okt.	Nov.	Dez.	Soll
Arbeitstage pro Monat		20,0	20,0	20,1	20,1		19	19,5	23	20	18	18	22	22	22	21			
Mitarbeiter (Vollzeit/Teilzeit)	MA	19	18,5	17	17		17	17	17	17	17	17	17	17	17	17			
Tarifzeit	Std.	3135,0	3025,8	2922,6	2821,4		2664,1	2728,5	3225,7	2805,0	2524,5	2524,5	3085,5	3085,3	3085,5	2945,2			
Fehlzeit	%	18,1	17,5	20,2	21,4		14,2	14,1	19,5	5,9	17,3	28,4	21,9	31,9	27,5	15,4			
Überstunden / ÷ Aushilfe	Std.		-86,9	+80,1	-		+40,0	+8,2	+15,3	-37,2	-27,0	-	-	-	-	-			
Anwesenheitszeit	Std.	2566,1	2406,4	2332,8	2216,6		2326,3	2350,5	2612,0	2600,3	2060,3	1806,8	2409,0	2101,2	2237,3	2491,5			
bearbeitetes Volumen / Buchungen		19727	19473	21227	22921		21108	24573	23331	26135	19174	20187	23227	18615	23824	24567			
Kennwert	Min.	7,8	7,4	6,6	5,8		6,6	5,7	6,7	6,0	6,4	5,4	6,2	6,8	5,5	6,1			
Arbeitsvorrat Materialscheine		4500	4000	5300	7000		7900	5400	4100	-	2900	4700	3500	6900	5100	2600			

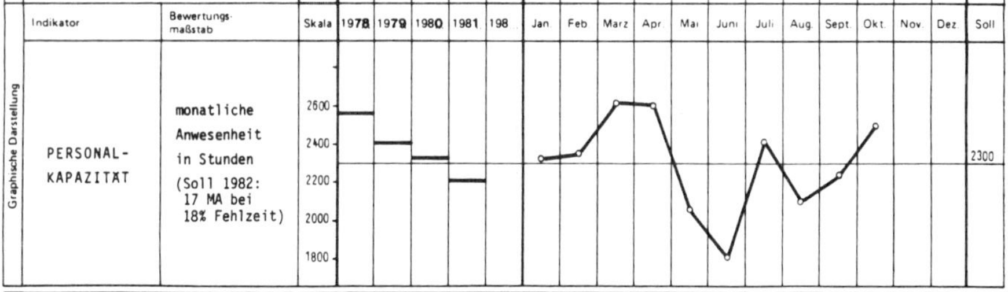

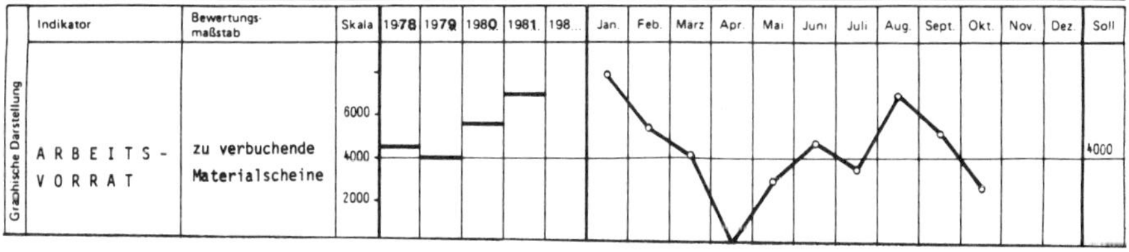

Abb. 9.9: Ergebnis-/Leistungsbericht: Materialdisposition und Buchhaltung

der z. B. Kosten und Preise zu den Leistungen ins Verhältnis gesetzt werden), erforderlich. Als Meßwert für jeglichen Produktivitätsfortschritt der Abteilung wird jedoch die Produktivitätskennzahl herangezogen, d. h. am Beispiel Material-Disposition und Buchhaltung (Abb. 9.9) der Kennwert „Bearbeitungsaufwand in Minuten pro Buchungsvorgang“. Nicht mehr die Kopfzahlentwicklungen sondern die Input/Output-Relationen sind Maßstab für Produktivität und Wirtschaftlichkeit.

9.2.6 Zielvereinbarung und Leistungsbewertung

Im jährlichen Managementzyklus wird die Produktivitätskennzahl in die Zielvereinbarung zwischen Abteilungsleiter und Vorgesetzten übernommen. Diese Zielkennzahl ist neben

- Einhaltung der Geschäftspläne
- Projekterfolg
- Führungserfolg (Klima, Fluktuation, Fortbildung)
- Kreativität (Innovationsfähigkeit)

Maß für die **Leistungsbewertung** von Führungskräften.

Die im MBB-Formblatt „Leistungsbewertung“ (vgl. Abb. 9.10) festgelegten Ziele werden jährlich im Ergebnis beurteilt. Sie helfen ein objektiveres Urteil zu finden für leistungsgerechte Bezahlung der nach analytischer Stellenbewertung (Hay) eingestuften Abteilungsleiter. Objektivität im Urteil wird durch das monatliche Kennzahlenblatt (Ergebnis-/Leistungsbericht) erreicht (vgl. Abb. 9.11 als weiteres Beispiel für einen Ergebnis-/Leistungsbericht).

MBB — **AT-Leistungsbeurteilung**

nach DA 02 30 50 Z 00

Aufgaben geplant am: 26.01.84

Ergebnisse beurteilt am:

Name, Vorname	Stamm-Nr.
Derday, Helga	203175/2
Stellenbezeichnung	**Org.-KzZ.**
Leiterin Sprachendienste	AD 917

Aufgabenplanung

Aufgabe	Gewichtung	A (19)	B (16)	C (10)	D (4)	E (1)
Aufgabe 1 Wirtschaftliches Ergebnis ausgeglichen (wird mit Controlling festgelegt)	40					
Aufgabe 2 Realisierung eines periodischen Leistungsberichtssystems - Kennzahlen 12 Berichtsblätter	10					
Aufgabe 3 Erfolgreiche Projektrealisierung: TN zum Konzept Investition von Büroautomation im Sprachendienst (vgl. CI-Maßnahmen)	30					
Aufgabe 4 (Investition der CAT (Computer Aided Translating))						
Aufgabe 5 (Nach Investition CAT: (Fremdleistung max.50%) Produktivitätssteigerung 25% (vgl. Berichtsblatt Übersetzten 1,6 Std/Seite 1,2 Std./Seite)						
Aufgabe 6						
Aufgabe 7						
Personalführung nur bei Vorgesetzten entsprechend AD 91-Führungssystem	20					
Zusammenarbeit nicht bei Vorgesetzten						

Beurteilung der Arbeitsergebnisse — Leistungsstufen A, B, C, D, E — Punktzahlen 19, 16, 10, 4, 1

	Name	Org.-KzZ.	Unterschriften Planung	Unterschriften Beurteilung
Disziplinarvorgesetzter	Mataré 26.01.84	AD 91	[signature]	
Nächsthöh. Vorgesetzter				
Mitarbeiter			[signature] 26.01.84	Kenntnis genommen

Zwischensummen						
Punktsumme						
Punktbandbreite	20	18	14	6	2	0
Leistungsstufe						

5101/1183

Abb. 9.10: MBB-Formblatt „Leistungsbewertung“

MBB | Entwicklung der Personalkennzahlen im indirekten Bereich
Sprachendienst

Org.-KzZ. AD 917 | Datum

1984

Kennwert	Bewertungsmaßstab	Skala	Monatsdurchschnitt 19	19	19	19	Soll	Jan.	Feb.	März	April	Mai	Juni	Juli	Aug.	Sept.	Okt.	Nov.	Dez.	Ist
Produktivit. Übersetzen (Produktivit. im Übersetzen steigt/sinkt !)	Bearbeitungsaufwand Std/Seite	1,5 1,6 1,7 1,8 1,9 2,0																		

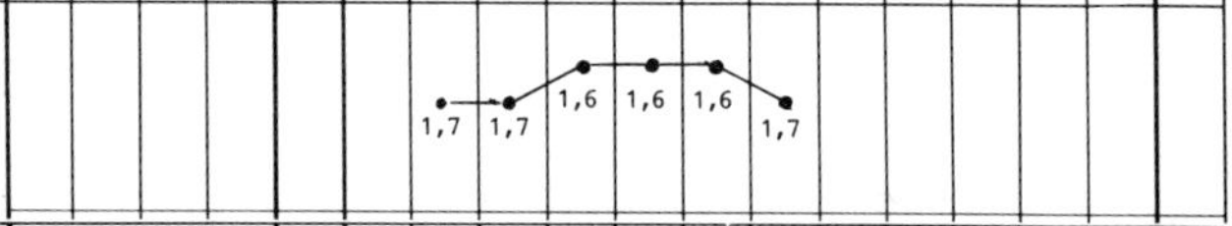

Graphische Darstellung

Kennwert	Bewertungsmaßstab	Skala	Monatsdurchschnitt 19	19	19	19	Soll	Jan.	Feb.	März	April	Mai	Juni	Juli	Aug.	Sept.	Okt.	Nov.	Dez.	Ist
Kapazität Dolmetschen (von unserer Kapazität wurde x % gedolmetscht!)	Anzahl Stunden in Prozent der verrechneten Stunden (%) Quelle	30 25 20 % 15 10																		

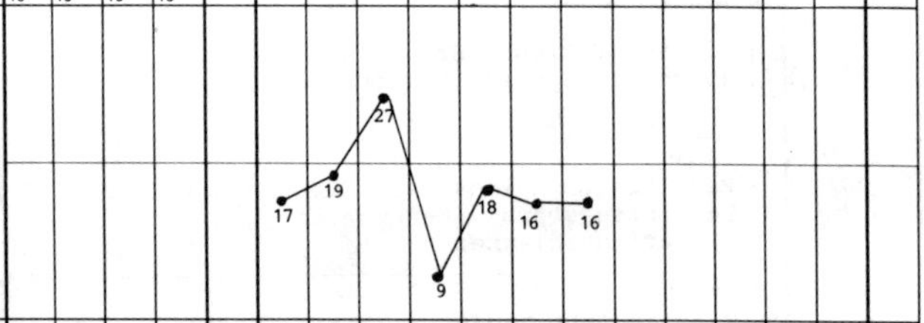

Kennzahlen:

Nr.	Kennzahl	Einheit	19	19	19	19	Soll	Jan.	Feb.	März	April	Mai	Juni	Juli	Aug.	Sept.	Okt.	Nov.	Dez.	Ist
1	Sollstd. MBB-Kalender	Std						158,5	174,5	182	150	174,5	141,5	183	182	166	191,5	157,5	123	1984
2	Mitarbeiter (Voll-/Teilzeit)	MA						8,5	8,5	8,5	7,5	7,5	7,5	7,5						
3	Sollstunden (GLAZ) (1+2) (BAB)	Std						1410	1553	1620	1185	1378	1118	1446						
4	Übersetzen	Std						786	861	745	849	952	763	670						
5	Dolmetschen	Std						166	204	278	79	210	141	127						
6	Bearbeitungszeit (4+5) (Verr.)	Std						952	1065	1023	928	1162	904	797						
7	Leitung+Verwaltung	Std						235	245	178	152	162	113	215						
8	Anwesenheit (6+7) (BAB) (GLAZ)	Std						1187	1310	1201	1080	1324	1017	1012						
9	Fehlzeit (GLAZ) (BAB)	Std						223	243	401	105	90	96	434						
10	Fremdleistung Dolmetschen	Tage						2	-	15	26	10	-	8						
11	Fremdleistung Übersetzen	Seiten						150	172	295	200	418	355	376						
12	Fremdleistung Dolm. (10 x8Std)	Std						16	-	120	208	80	-	64						
13	Fremdl. Übers. (11 x1,7 Std)	Std						255	292	501	340	711	603	639						
14	Fremdleist. gesamt (12+13)	Std						271	292	621	548	791	603	703						
15	Fremdl.-Grad (14 : 6 x 100)	%						28	27	61	59	68	67	88						
16	Übersetzen	Seiten						-	506	438	530	578	477	400						
17	Bearb. Aufwand Übers/Seite (4:16)	Std/Seite							1,7	1,7	1,6	1,6	1,6	1,7						

Graphische Darstellung

Kennwert	Bewertungsmaßstab	Skala	Monatsdurchschnitt 19	19	19	19	Soll	Jan.	Feb.	März	April	Mai	Juni	Juli	Aug.	Sept.	Okt.	Nov.	Dez.	Ist
Fremdleistungsgrad (zu unserer Kapazität haben wir X % dazugekauft!)	Fremdleistungsstunden (Eigenleistg.) : Bearbeitungszeit X 100 (%) [15=14:6x100] Quelle	80 70 60 50 40 30 20																		

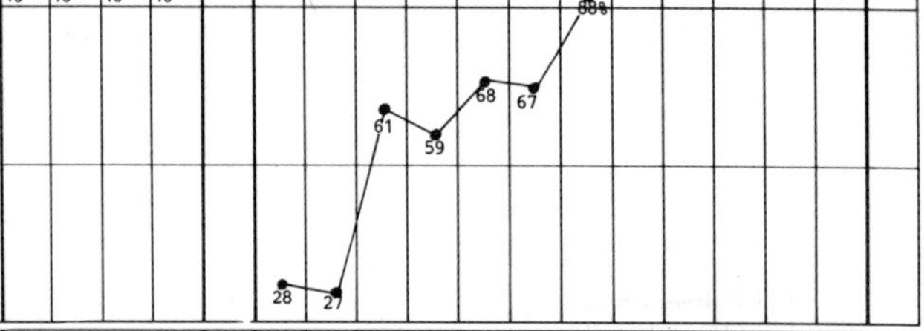

Graphische Darstellung

Kennwert	Bewertungsmaßstab	Skala	Monatsdurchschnitt 19	19	19	19	Soll	Jan.	Feb.	März	April	Mai	Juni	Juli	Aug.	Sept.	Okt.	Nov.	Dez.	Ist
Personalkapazität (unsere Kapazität war zu X % durch Urlaub, Krankheit reduziert!)	monatl. Abwesenheit in % (bei geplanter Fehlzeit [%] (9 : 3 x 100) davon Krankheit (%) -nur bei größer 5%- Quelle	30 28 26 24 22 20 18 16 14 12 10 08																		

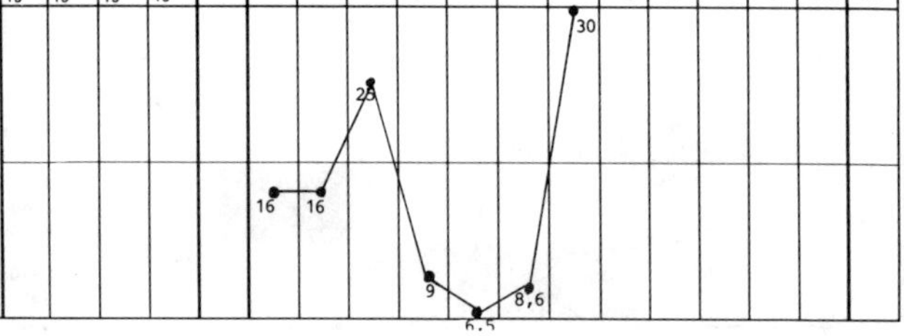

Abb. 9.11: Ergebnis-/Leistungsbericht „Sprachendienst“

9.3 Permanente Personal-Planung und -Steuerung des Dienstleistungsbereiches

Nach jeder Organisationsuntersuchung wird gemeinsam mit den betroffenen Mitarbeitern, Betriebsrat, Personalabteilung, Organisationsabteilung ein Aktionsplan ausgearbeitet.

Der Aktionsplan (vgl. Abb. 9.12) enthält das gewünschte Ergebnis, Maßnahmen und Überlegungen zur Erzielung dieses Ergebnisses, die Aktionen sowie den Verantwortlichen und einen Termin. Die Aktionsbesprechungen haben periodisch, mindestens halbjährlich, zu erfolgen. Bei Nichterreichung von Zielen sind die Probleme in einem Bericht darzustellen. Im Sinne der Organisationsentwicklung ist der Träger der Aktionsplanung in den ersten zwei Jahren nach Abschluß einer Organisationsuntersuchung der zuständige Organisator.

Möglichst frühzeitig sollte jedoch das Steuerungsinstrument zur Kapazitätsplanung in die Hände des Abteilungsleiters übergeben werden.

Bei der Festlegung einer Kapazitätskenngröße für einen Jahresdurchschnitt können die monatlichen und wöchentlichen Schwankungen im untersuchten Bereich nicht immer mitbetrachtet werden. Daher ist es Aufgabe der jeweiligen Organisationseinheit, monatlich mit den festgelegten Kennwerten (Planwerten) eine Monatsdisposition (vgl. Abb. 9.13) abzugeben. Die Monatsdisposition ist das Instrument zur Steuerung der unterschiedlichen Mengen bei saisonalen Schwankungen.

	Ergebnis	Maßnahmen	Aktionen	Wer	Mit wem	bis wann	an wen
1	31 % Bildschirm- eingabe manuell	Maschinen-lesefähige Belege OCR-Schrift auf Schreibmaschinen; Mengenzählung automatisch	Belegleser investieren	Kaiser	König Prinz Graf	01.01.85	Leiter Wirtschaft Dr. Papst
2	.....	.....	.....	.....	.....	.....	.....

Abb. 9.12: Aktionsplan, der im Anschluß an eine Organisationsuntersuchung erstellt wird

MONATSDISPOSITION NOVEMBER 1981

			PLAN	IST
Arbeitszeit verfügbar				
MA X Sollstd. X Faktor Krank				
13,5 X 166 X 0,92			2061,7	
Auftragsvolumen				
(Menge "Stau" + Menge "Input") X t_e				
(509 + 7136) X 0,25		./.	1911,3	
disponierter, genehmigter Urlaub				
Urlaubstage X Sollzeit/Tag				
20 X 8,2		./.	164,0	
Längerfristige Krankheit				
20 X 8,2		./.	164,0	
Kapazitätsunterdeckung		./.	177,6	
Massnahmen:				
Urlaubssperre	5 X 8,2	+	41,0	
Gleitzeitaufbau	12 X 3,0	+	36,0	
Überstunden	12 X 5,0	+	60,0	
Aushilfen	——	+	——	
Neueinstellung	——	+	——	
Stau akzeptiert	≤ ./. 100,0	≥ ./.	40,6	
≙ 1 Tag Rückstand				
≙ 400 Belege				

Abb. 9.13: Monatsdisposition

9.4 Träger der kennzahlenorientierten Personal-Kapazitätsplanung

Jeder Organisator, der bei der Kapazitätsplanung mitwirken soll, muß eine grundlegende Ausbildung haben (vgl. Abb. 9.14). Empfohlen wird die Grundausbildung für Organisatoren des REFA-Instituts. Im Europäischen Patentamt bildet MBB gemeinsam mit Siemens in Vierwochenkursen zweimal im Jahr Organisatoren zur Anwendung der arbeitswissenschaftlichen Methoden aus. Zielsetzung dieser Ausbildung ist eine generelle Einführung in die Kapazitätsplanung (Personal-, Stellen-, Kapazitätsplanung). Die **Kosten** für diese Ausbildung belaufen sich derzeit auf ca. 2.500 DM incl. Fahrtkosten, Taschengeld etc. pro Mitarbeiter.

9.5 Realisierung der Personal-Kapazitätsplanung

Im Fertigungswerk Augsburg von MBB wird das System der Kapazitätsplanung seit Anfang der 70er Jahre mit Erfolg praktiziert. Personelle Kapazitätsanpassungen in beide Richtungen sind das Ergebnis eines jährlich auch „zu besichtigenden" Produktivitätserfolges (Zeitreihe 1972 – 1984).

Im Dienstleistungswerk Ottobrunn von MBB wurde 1984 nach Pilotprojekten (1980 – 1983) mit dem Aufsetzen des standardisierten kennzahlenorientierten Berichtswesens (vgl. Abb. 9.9) begonnen. Personelle und investive Maßnahmen werden an Hand der „Fieberkurven" im Berichtsblatt beurteilt und auch gemessen. Die Glaubensdiskussion und das Durchsetzungsvermögen der „lauten Schreier" sind einem objektiveren System gewichen.

Ein Arbeitskreis des Unternehmens unter Leitung des Verfassers hat die kennzahlenorientierte Personalkapazitätsplanung allen Werken vorgestellt und Empfehlungen zur Realisierung gegeben.

Aus dem zuständigen Bereich des Verfassers (Kommunikation, Information, Organisation) kann festgestellt werden, daß das Unternehmensgeschehen auch in der kleinsten, aber ebenso wichtigen Organisationszelle transparent geworden ist. Die Führung ist einfacher, weil objektiver geworden. Wenn beide Seiten das System akzeptieren, wird viel Spannung aus den menschlichen Beziehungen abgebaut, jedoch Spannung in der Sache für eine innovative Zukunft aufgebaut.

Die Methode wird nach erfolgreicher Durchsetzung „computerisiert". Der graphikfähige Personal-Computer ist in der Vernetzung mit dem Großrechner das richtige Hilfsmittel.

9.6 Pilotstudie „Kennzahlorientierte Personalkapazitätsplanung am Beispiel der Kreditorenbuchhaltung"

Am Beispiel der Kreditorenbuchhaltung sollen Verlauf und praktische Konsequenzen der kennzahlenorientierten Personalkapazitätsplanung verdeutlicht werden. Ähnliche Ergebnisse lassen sich für die übrigen Gemeinkostenbereiche nachweisen.

Jahre		Tage	Ausbildungsstufe
1	Grundlagen der Arbeitswirtschaft	4	
	Arbeitswirtschaft in Verwaltung und Entwicklung	15	
2	Grundlagen des Managements	5	
	Rhetorik	3	
	Kosten- und Wirtschaftlichkeitsberechnungen	3	
3	Programmierte Textverarbeitung	2	
	EDV-Grundlagen Programmierkurs Weiterführende EDV-Schulung (wie HIPO)	20	Organisationsassistent
	Mikrofilmtechnik	1	
4	Kopierwesen	1	
	Kommunikation und Information (Telefon, Telex, Telefax, Teletex, Bildschirmtext)	2	Fachorganisator
	Tageslichtprojektion in Konferenz und Schulung	1	
5	Formblattwesen Drucktechniken und Repro	1	
	Visualisierungstechnik für Gruppenarbeit	2	
	Kooperationstraining	2	
6	Gruppendynamik	5	
	Gesprächstechniken für Führungskräfte	1	Bereichsorganisator
	Entscheidungsfindung bei mehreren konkurrierenden Zielkriterien (OR)	2	
7	Kreativitätstechniken	1	
	Organisationsentwicklung (Org.-Psychologie/-soziologie)	10	Organisationsprojektleiter

Abb. 9.14: Organisatorenausbildung bei MBB[4)]

4) vgl. Mataré (1979), S. 381 f.

9.6.1 Problemanalyse

In der Kreditorenbuchhaltung findet eine ständige Personalfluktuation statt (vgl. Abb. 9.15). Es wird über Arbeitsüberlastung geklagt. Dies führt zu ständigen Personalanforderungen. Zeitpersonal wird eingesetzt. Das Arbeitsergebnis verbessert sich nicht. Rechnungsstaus und dadurch ausgelöste Mahnungen führen zu ständiger Mehrarbeit (Überstunden etc.)

9.6.2 Untersuchung der Buchhaltung

Unter Einbeziehung aller Mitarbeiter leitet die Organisationsabteilung eine Organisationsuntersuchung ein. Als Methode werden arbeitswissenschaftliche Verfahren gewählt, mit dem Ziel, eine permanente kennzahlenorientierte Kapazitätsplanung einzurichten.

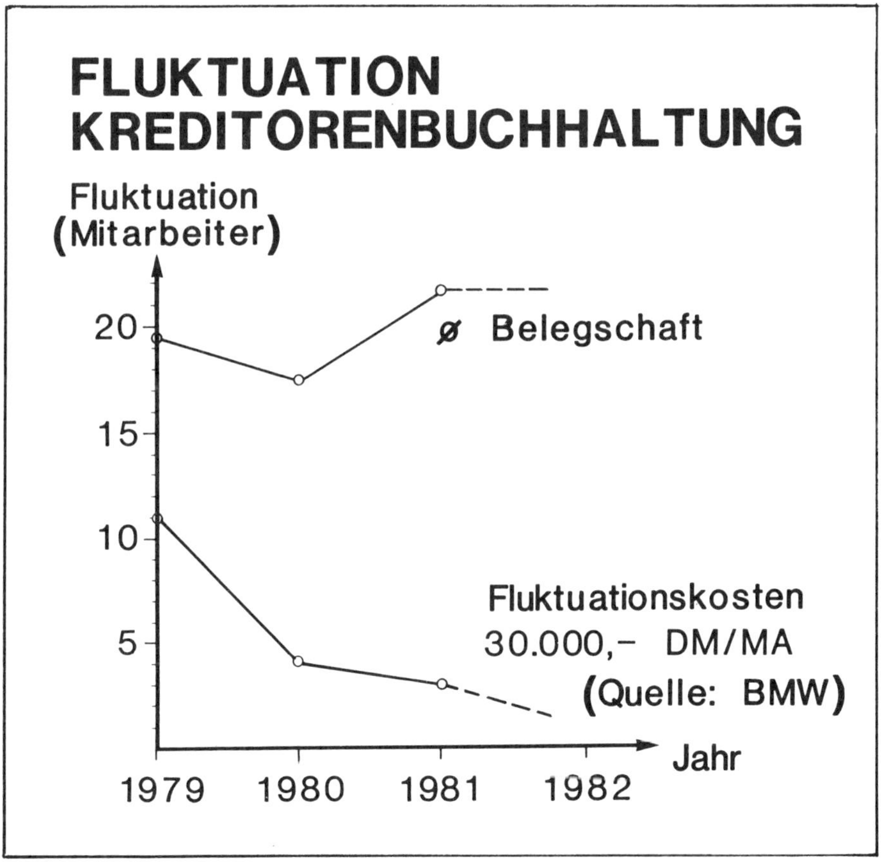

Abb. 9.15: Fluktuation in der Kreditorenbuchhaltung

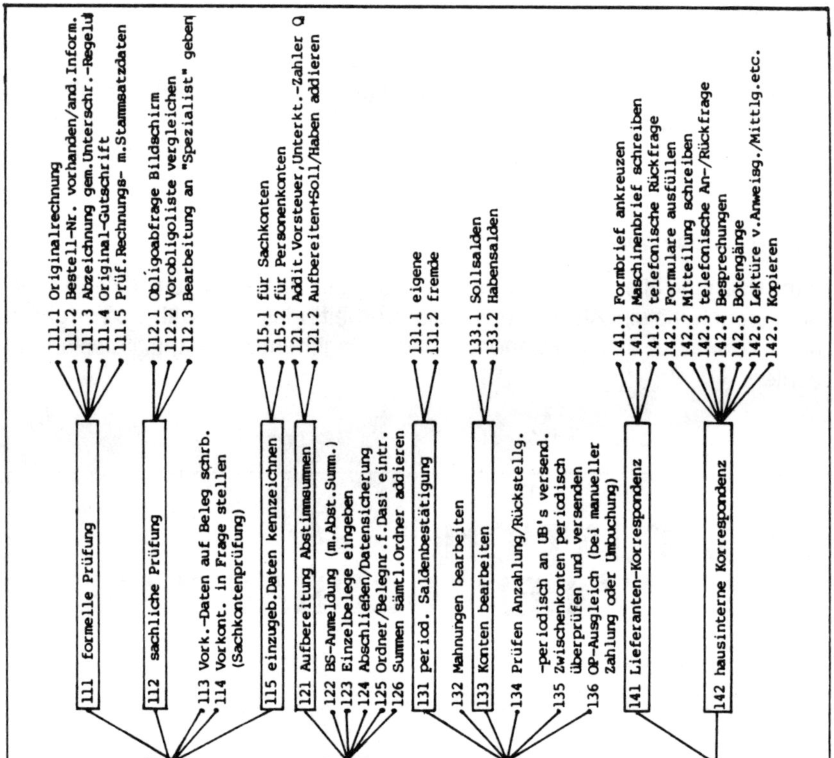

Abb. 9.16: Aufgabengliederung

9.6.2.1 Aufgabengliederung

Mit dem Abteilungsleiter zusammen wird eine Aufgabengliederung (vgl. Abb. 9.16) erstellt. Die Aufgabengliederung wird allen Mitarbeitern zur Ergänzung und Kritik vorgelegt.

9.6.2.2 Grobfolgestruktur

Eine Grobfolgestruktur (vgl. Abb. 9.17) oder graphische Beschreibung wird mit einigen Abteilungsmitgliedern angelegt. Dabei wird geprüft, ob Aufgabengliederung und Folgestruktur alle Tätigkeiten abdecken bzw. enthalten.

9.6.2.3 Tätigkeitskatalog für Multimomentaufnahme

Aus der sehr detaillierten Aufgabengliederung werden Tätigkeiten wieder zusammengefaßt. Die zusammengefaßten Tätigkeiten sollten einem Schätzwert von ca. 5 % der Arbeitszeit entsprechen und nicht mehr als ± 1,5 % Abweichung haben. Die zusammengefaßten Tätigkeiten sollen von Interesse für Veränderungsprozesse sein. (Was tue ich gern? Konten pflegen! Was ärgert mich? Belegeingabe am Bildschirm!) Bei den Tätigkeiten sind Pausen und persönlich bedingtes Unterbrechen nicht zu vergessen, denn auch das kostet Zeit (bezahlt und unbezahlt!) (vgl. Abb. 9.18).

9.6.2.4 Übertragung des Tätigkeitskatalogs auf Frequensor

Das bei MBB angewandte Frequensor-System ist in Abb. 9.19 näher erläutert. Die Frequensor-Erfassungskarte entspricht in ihren Markierungen dem Tätigkeitskatalog. Das Gerät und die Vorgehensweise werden den Mitarbeitern erklärt. Es werden fünf Geräte eingesetzt, die nach einem Plan wöchentlich von Arbeitsplatz zu Arbeitsplatz wechseln (Annahme der Gleichverteilung der Arbeit). Die Frequenz am Gerät wird auf 40 Ereignisse pro Tag eingestellt. Die Stichprobe soll mindestens einen Monatszyklus mit 20 Arbeitstagen umfassen (alle Tätigkeiten müssen vorkommen).

Damit werden

n = 5 Geräte x 40 Frequenzen x 20 Arbeitstage = 4000 Ereignisse erwartet. Das entspricht einer möglichen Abweichung bei einem p = 5 %-Tätigkeitsanteil von

$$f^{3)} = 1{,}96 \frac{p \times (100-p)}{n} = 1{,}96 \frac{5 \times (100-5)}{4000} = \pm 0{,}67\ \%$$

[3] f = relativer Fehler

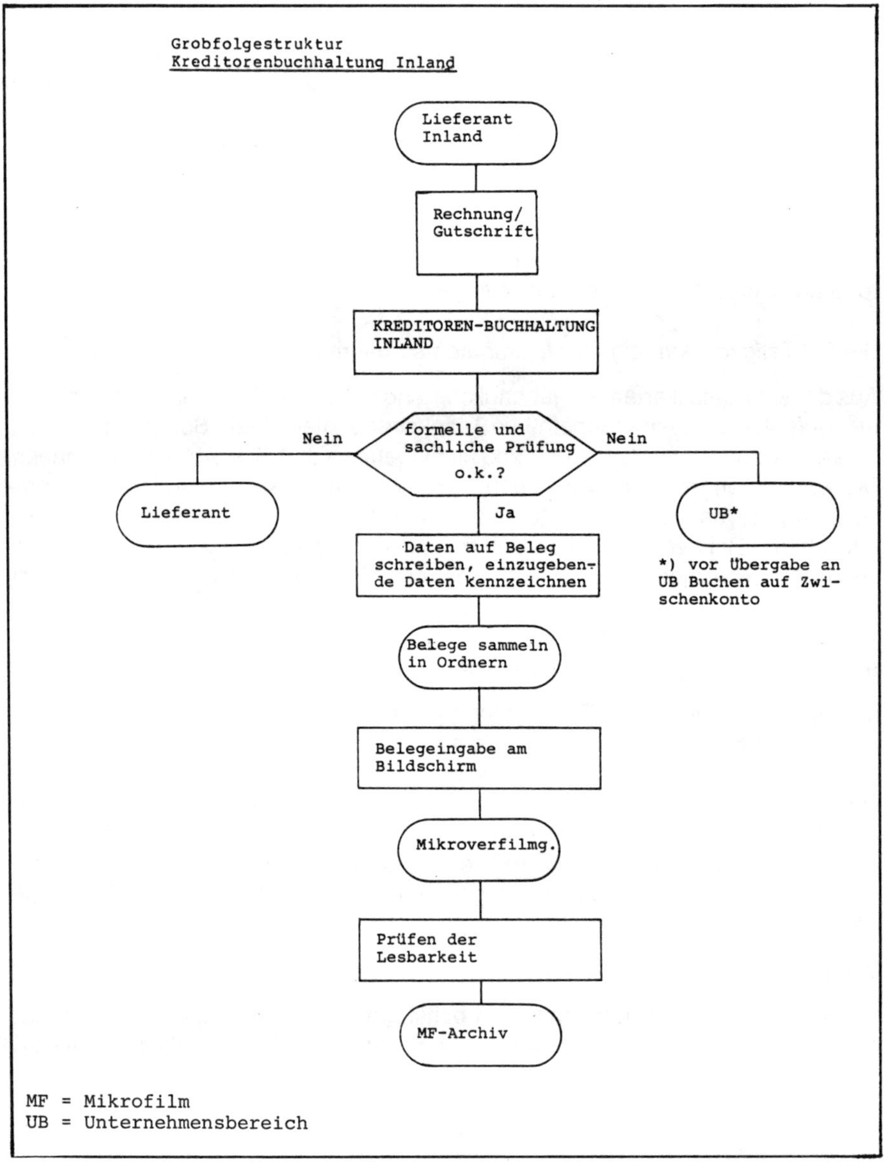

Abb. 9.17: Grobfolgestruktur Kreditorenbuchhaltung Inland

1.12 TÄTIGKEITSKATALOG FREQUENSOR KREDITORENBUCHHALTUNG INLAND

A Welche Tätigkeit übten Sie gerade aus?

BELEG KONTIEREN

1 formelle Prüfung
2 sachliche Prüfung
3 Daten auf Beleg schreiben und kennzeichnen

BELEGEINGABE BILDSCHIRM

4 Addition Vorsteuer, Unterkontenzähler und Q
5 Aufbereiten und Soll/Haben addieren
6 BS-Anmeldung, Einzelbelege eingeben und gebucht stempeln, bis Ordner abschließen

KONTEN PFLEGEN

7 Mahnbearbeitung, period. Saldenbestätigung
8 Sonstige (z.B. Sollsaldo bearbeiten, Prüfen Anzahlungen u. Rückstellungen, Zwischenkonten, OP-Ausgleich, Verrechnungskonten)

BUCHUNGSVOR- und **NACHBEREITUNG**

9 Sortieren nach BuKr, paginieren Ordner und Belegnummer für DASi eintragen, Summen sämtlicher Ordner addieren, Mikrofilmlesbarkeit prüfen

KOMMUNIKATION/INFORMATION

10 Schreiben von Korrespondenz/Kopieren/Textverarbeitun
11 Telefonieren (Anfragen/Rückfragen)
12 Besprechungen/Gespräche
1)1+3 Beschaffung von Unterlagen durch Botengeänge / Post holen, versenden
1+4 Lektüre von Mitteilungen/Anweisungen
1+5 Sonstiges (zum Beispiel: Azubi-Betreuung)

PERSONELL BEDINGTES UNTERBRECHEN

1+6 Mittagspause, Getränke, Brotzeit, Kaffeepause, Toilette, Make-up etc.
11+12 Löschen einer fehlerhaften Angabe; in neue Spalte richtige Information lochen

1) nur 12 Löcher möglich; durch 1 + 3 werden mehr Alternativen ermöglicht

Abb. 9.18: Tätigkeitskatalog Kreditorenbuchhaltung Inland

① Das Handbuch

enthält alle Regeln über die Handhabung von FREQUENSOR, so daß, bis auf die Auswertung, nach einer Einführung der Anwender ohne fremde Unterstützung ein Projekt selbst durchführen kann.

② Die Geräte

Durch ein elektronisches Gerät werden zu nicht vorhersehbaren Zeitpunkten optische und akustische Signale erzeugt (variabel, 10 bis 40 pro Arbeitstag). Jeder Teilnehmer hat ein Gerät.

③ Code und Lochkarte

Der Teilnehmer stanzt, codiert, die gerade ausgeübte Tätigkeit (und andere Merkmale der Arbeitssituation) in eine dem Gerät zugehörige Lochkarte.

④ Die EDV-Auswertung

geschieht unter Anwendung des FREQUENSOR-Programmsystems. Die Programme werden ständig weiterentwickelt und auf die unterschiedlichen Problemstellungen zugeschnitten.

⑤ Die Auswertungsergebnisse

werden im FREQUENSOR-Report so angelegt, daß aus ihnen bereits weitgehende Schlüsse für die Problemlösungen, d. h. für Maßnahmen und Projekte gezogen werden können.

⑥ Maßnahmen und Projekte

werden auf der Grundlage der Auswertungsergebnisse diskutiert, entschieden und geplant.

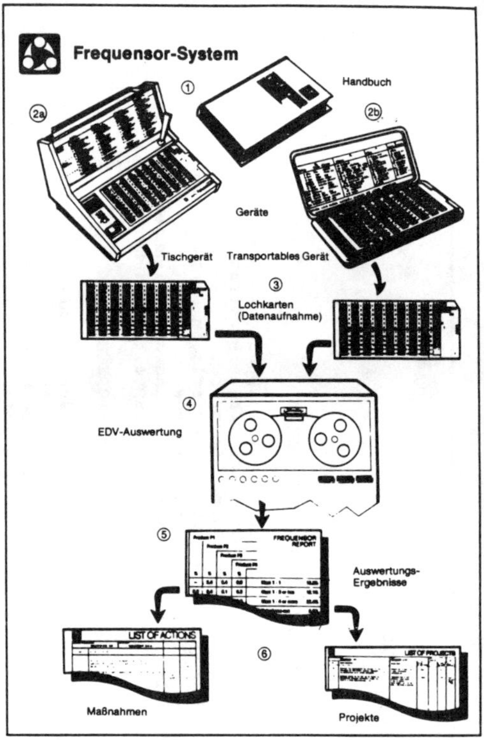

Die besonderen Merkmale des FREQUENSOR-SYSTEMS:

- **Geringere Kosten** und **mehr Informationen** als beim Einsatz von Beobachtern.
- **Leichte Handhabbarkeit** und kurzfristige Durchführung von Untersuchungen.
- **Zusätzliche Informationen** über subjektive Arbeitsfaktoren.
- Detaillierte, kurzfristig verfügbare Ergebnisse über ein zugehöriges **EDV-Programmsystem.**
- **Hohe Motivation** der Teilnehmer an Untersuchungen.
- Besondere Eignung auch für **Führungstätigkeiten.**

FREQUENSOR-SYSTEM

In der Bundesrepublik:
FREQUENSOR-System GmbH
von-Groote Straße 37
5000 Köln 51, Tel.: 0221/386355

In der Schweiz:
FREQUENSOR-System AG
Badener Straße 414
8004 Zürich, Tel.: 01/529842

Abb. 9.19: Frequensor-System

Die Multimoment-Studie beginnt nach einem nochmaligen Treffen aller Mitarbeiter. Es erfolgt ein dreitägiger Vorlauf, der nicht in die Auswertung einfließt. Der Organisator holt täglich die ausgefüllten Karten bei jedem Mitarbeiter ab und kann in den ersten Tagen manuell auswerten.

Um die Zuverlässigkeit (keine Manipulation) zu sichern, wird am Anfang täglich manuell ausgewertet. Wichtigstes Indiz für die Zuverlässigkeit ist die Beobachtung des Wertes „Persönlich bedingtes Unterbrechen incl. Mittagspause", da diese „Tätigkeit" jeden Tag zwingend mit ähnlichem Anteil vorkommt. In unserem Beispiel mußte der Wert von über 8 % liegen (45 Minuten Mittag) und sich erfahrungsgemäß am schnellsten kumulativ stabilisieren (vgl. Abb. 9.20).

9.6.2.5 Erfassung von Mengen und Zeiten

Die Menge der Buchungen (= Rechnungen, Belege etc.) wird durch Selbstaufschreibung notiert. Moderne Buchungssysteme haben dafür bereits heute Zähleinrichtungen.

Die Anwesenheitszeiten werden über das Gleitzeitsystem erfaßt (Gesamt-Anwesenheitszeit der Arbeitsgruppe).

9.6.3 Ergebnis der Studie

9.6.3.1 Frequensorergebnis

Die Multimomentaufnahme mit dem Frequensor-Zufallsgenerator ist wissenschaftlich abgesichert (Toleranz der Auswertung ± 1 % bei 95 % Wahrscheinlichkeit).

Die intensive Beteiligung der Mitarbeiter und die Überprüfung über Tagesauszählung, wobei Pausen und Verteilzeiten mit stetig 12 % gemessen wurden, zeigt, daß mit hoher Wahrscheinlichkeit nicht manipuliert wurde.

Die Frequensorauszählung ergab eine sehr frühzeitige Stabilität der Arbeitswerte.

Nach drei Vorlauftagen und 22 Studientagen wurden bei 4500 Ereignissen die Tätigkeiten abgefragt und bei einem relativen Fehler von ± 1,2 % für den höchsten Tätigkeitsanteil (21 %) die Tätigkeitsverteilung als wahrscheinlich (95 %) der Realität entsprechend akzeptiert. Abb. 9.21 zeigt das Frequensorergebnis im Detail.

9.6.3.2 Ermittlung von Kennzahlen

Die gewonnenen Kennzahlen werden in einem einfachen Kennzahlensystem dargestellt. Input/Output-Relation ergeben eine Produktivitätskennzahl, die durch Veränderung der Tätigkeiten (Arbeitsweise, Automatisierung) verändert werden kann. Bei unverändertem Prozeß (Tätigkeiten) kann trotz sinkender Arbeitszeiten (zum Beispiel 35 Stunden-Woche) oder steigendem Belegaufkommen der

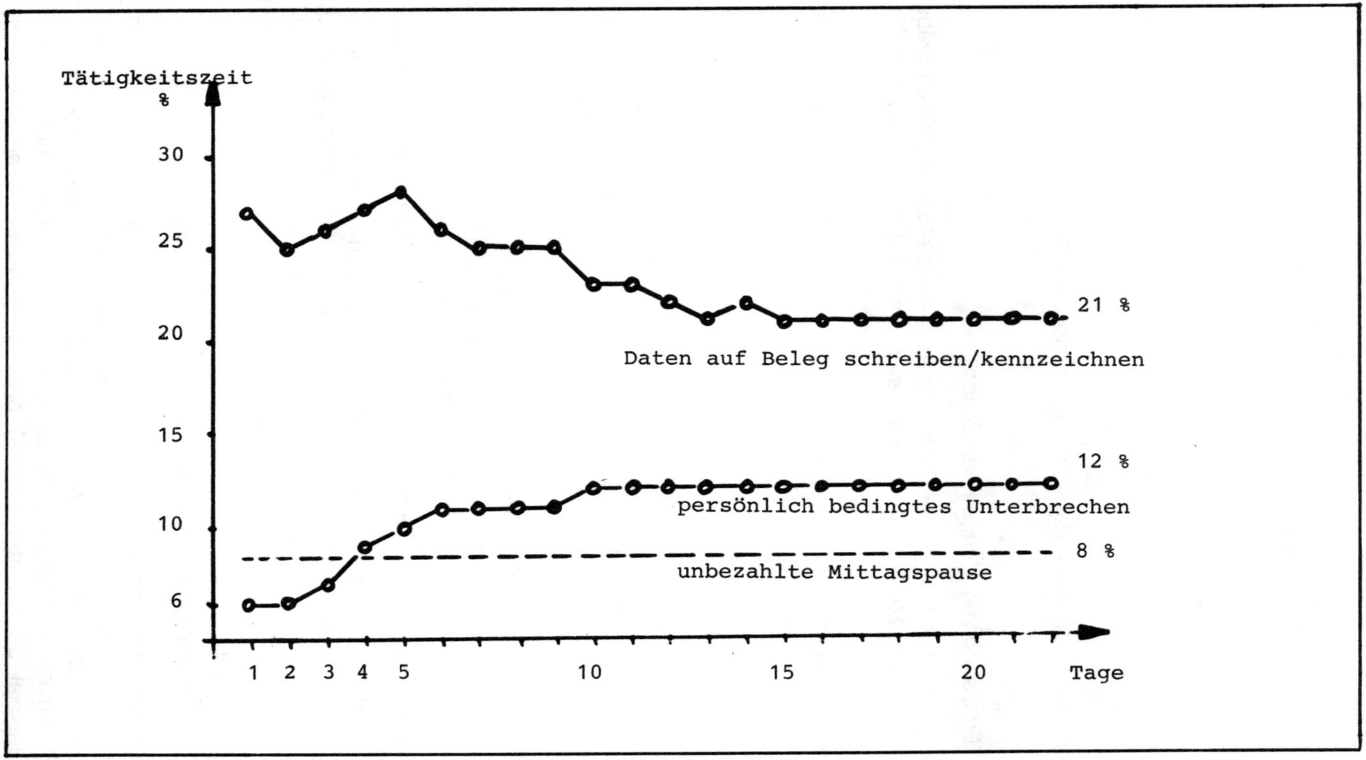

Abb. 9.20: Zuverlässigkeit von Multimomentaufnahmen (n = 4534)

Summenzusammenfassung Testbogen vom 30.10.81 - Nr. 22 - Endergebnis

A	-3	-2	-1	1	2	3	4	5	6	7	8	9	10	11	12	13	14	15	16	17	18	19	20	21	22	Ergebn.	%
01	3	4	3	3	4	4	4	4	4	4	4	3	3	3	3	3	3	3	3	3	3	3	3	3	4	3,55	3,6
02	5	6	5	1	2	2	3	3	3	3	3	3	4	4	4	4	4	4	4	4	5	5	5	5	3	4,41	4,4
03	22	16	17	27	25	26	27	28	26	25	25	25	23	23	22	21	22	21	21	21	21	21	21	21	21	20,60	20,6
04	2	1	1	9	6	6	4	3	4	3	3	3	3	3	3	3	3	3	3	3	3	3	3	3	2	2,40	2,4
05	1	1	2	4	6	5	4	4	5	5	4	4	4	3	3	3	3	3	3	3	3	3	3	3	3	3,00	3,0
06	12	17	17	30	26	27	20	16	13	13	17	18	18	17	17	18	18	18	18	18	18	18	18	18	18	17,87	17,9
07	6	8	7	--	2	1	5	6	7	7	6	6	6	7	7	6	6	6	6	6	6	5	5	5	5	4,87	4,8
08	1	4	4	1	1	1	2	3	2	2	2	2	3	3	4	3	4	4	4	4	4	4	4	4	4	4,05	4,0
09	5	4	4	6	5	5	4	4	5	5	4	4	4	4	4	4	4	4	4	4	4	4	4	4	4	4,37	4,4
10	9	5	5	1	3	2	4	4	5	4	4	4	3	4	4	4	3	3	3	3	3	3	3	3	3	3,11	3,1
11	3	5	5	4	3	4	4	4	4	5	4	4	4	4	4	4	4	5	5	5	5	5	5	5	5	5,01	5,0
12	10	9	9	3	4	4	5	4	4	5	4	5	5	6	6	6	6	6	6	6	5	5	5	5	5	5,43	5,4
1+3	8	7	8	5	5	5	4	5	5	6	6	6	6	6	6	6	6	6	6	6	6	6	6	6	6	5,78	5,8
1+4	--	--	--	--	--	--	--	--	--	--	--	--	--	--	--	--	--	--	--	--	--	--	--	--	--	0,18	0,2
1+5	--	2	1	--	1	1	1	2	2	2	2	2	2	2	1	2	2	2	2	2	2	2	2	3	4	3,77	3,8
1+6	13	12	11	6	6	7	9	10	11	11	11	11	12	12	12	12	12	12	12	12	12	12	12	12	12	11,60	11,6
Σ	100	101	99	100	99	100	100	100	100	100	99	100	100	101	100	99	100	100	100	100	100	99	99	100	99	100,00	100,0
A1-3	30	26	25	31	31	32	34	35	33	32	32	31	30	30	29	28	29	28	28	28	29	29	29	29	28	28,56	28,5
A4-6	15	19	20	43	38	38	28	23	22	21	24	25	25	23	23	24	24	24	24	24	24	24	24	24	23	23,27	23,3
A7-8	7	12	11	1	3	2	7	9	9	9	8	8	9	10	11	9	10	10	10	10	10	9	9	9	9	8,92	8,9
A9	5	4	4	6	5	5	4	4	5	5	4	4	4	4	4	4	4	4	4	4	4	4	4	4	4	4,37	4,4
A10-15	30	28	28	13	16	16	18	19	20	22	20	21	20	22	21	22	21	22	22	22	21	21	21	22	23	23,28	23,3
A 16	13	12	11	6	6	7	9	10	11	11	11	11	12	12	12	12	12	12	12	12	12	12	12	12	12	11,60	11,6
				100	99	100	100	100	100	100	99	100	100	101	100	99	100	100	100	100	100	99	99	100	99	100,00	100,0
Ereignisse	153	206	176	203	211	189	237	193	231	196	232	216	229	237	198	214	215	178	216	170	215	192	212	202	184		
Σ	153	358	535	203	414	603	840	1033	1264	1460	1692	1908	2137	2374	2572	2786	3001	3179	3395	3565	3780	3972	4184	4350	4534	~ 4 500	
f'max				6,3	4,23	3,54	3,0	2,74	2,42	2,22	2,06	1,94	1,78	1,69	1,60	1,51	1,48	1,42	1,37	1,34	1,30	1,27	1,23	1,21	1,19	± 1,2	

$$f = 1{,}96 \sqrt{\frac{P_{max} \times (100 - P_{max})}{n}}$$

Abb. 9.21: Frequenzergebnis der Pilotstudie „Kreditorenbuchhaltung Inland“

„wahrscheinliche" Personalbedarf errechnet werden. Für die Kennzahlenberechnung gelten

als **Input:** in der Regel die Arbeits-(Anwesenheits)Stunden;

als **Output:** nach Möglichkeit Mengen (M = 85000 Belege statt M = 1 Bilanz).

Die Tätigkeitsverteilung auf der Basis der Multimomentaufnahme ergab folgendes Bild (vgl. Abb. 9.22):

Das Kontieren der Belege mit 31 % ist auffallend hoch, zumal alle Kontierungsdaten bereits bei der Bestellung in EDV-Systemen erfaßt wurden, jedoch von EDV-Listen und Bildschirmen „abgeschrieben" und dann wieder mit 25 % Zeitanteil in Bildschirme eingegeben werden. Das persönlich bedingte Unterbrechen mit 4,1 % ist auffallend niedrig.

Während der Stichprobe wurden 7 817 Belege (= Inputmenge) an 22 Arbeitstagen bearbeitet. Auf 241 Sollarbeitstage pro Jahr hochgerechnet ergibt dies eine

Jahresmenge von $M = \frac{7817}{22} \times 241 = 85632$ erwarteten Belegen.

Die Tagesmengenstatistik soll durch den Abteilungsleiter ständig geführt werden, um saisonale Schwankungen für die jeweiligen Monate planbar zu machen und damit den Personalbedarf zu steuern.

Die Kennzahl Zeit/Einheit enthält alle Tätigkeiten wie im Aufgabengliederungsplan beschrieben. Die Zuverlässigkeit dieser Berechnung beruht auf der großen Zahl von Vorgängen (7 817 Belege während der beobachteten 22 Arbeitstage) und Einsatzzeiten (116 942 Minuten als Gesamt-Anwesenheitszeit während der Pilotstudie). Können Tätigkeiten reduziert werden, so kann angenommen werden, daß die Zeit pro Beleg im Durchschnitt aller Fälle im gleichen Verhältnis zurückgeht.

Errechnung der Produktivitätskennzahl nach Zeit/Mengenrelation:

Zeit/Einheit $t_e = \frac{116\,942 \text{ Minuten}}{7\,817 \text{ Einheiten}} = 14{,}96 \frac{\text{Minuten}}{\text{Einheit}}$

Der Zeitgesamtbedarf errechnet sich aus den zu erwartenden Jahres-(Monats-) Mengen (86 000) und der Zeit pro Einheit (15 Min.).

Zeitbedarf = 86 000 x 15 Minuten = 1 290 000 Minuten
= 21 500 Stunden.

Die durchschnittliche Anwesenheit der Mitarbeiter errechnet sich aus dem gültigen Betriebskalender und dem typischen Zeitverhalten im Betrieb (vgl. Abb. 9.23).

Als durchschnittliche Anwesenheitszeit pro MA kann mit 1 632 Stunden = 97 920 Minuten oder rund 100 000 Min. gerechnet werden.

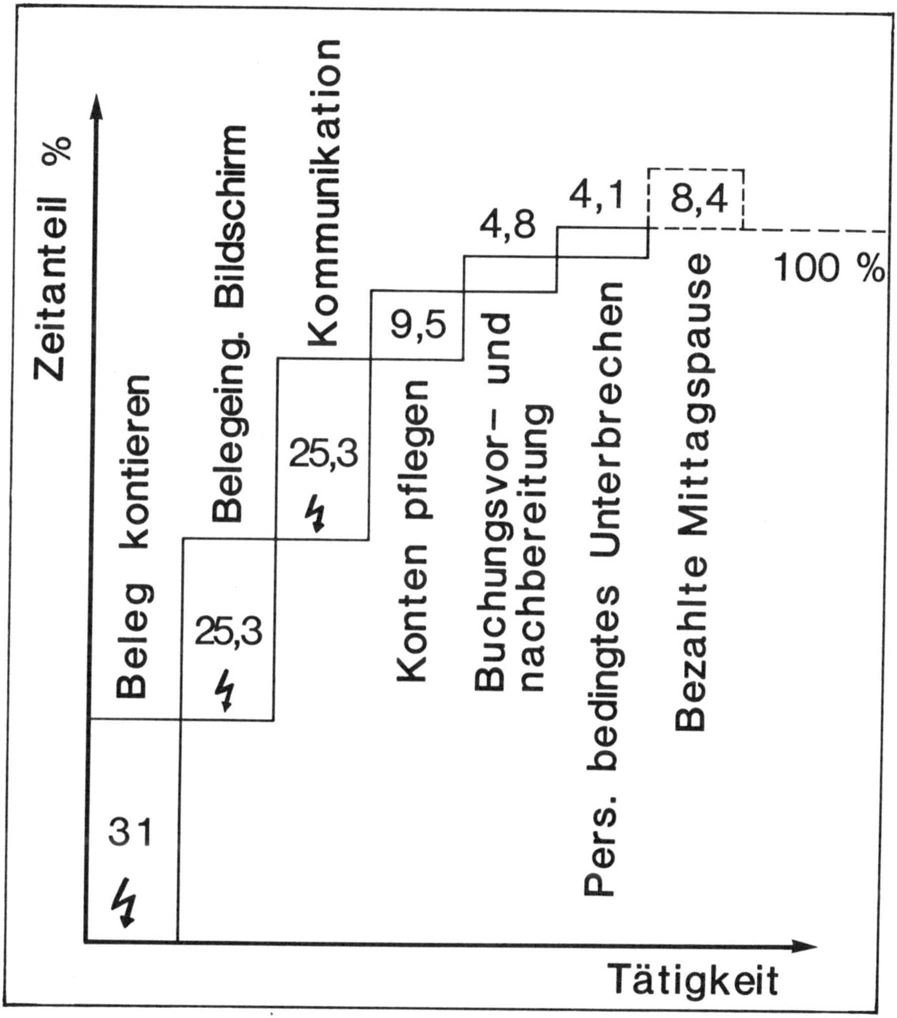

Abb. 9.22: Tätigkeitsverteilung Kreditorenbuchhaltung

Der **Jahrespersonalbedarf** (incl. Fehlzeiten) errechnet sich demnach wie folgt:

$$P_B = \frac{\text{Jahresmenge M x Zeit pro Einheit } t_e}{\text{durchschnittliche Jahresarbeitszeit in Minuten}}$$

$$P_B = \frac{86\,000 \times 15}{100\,000} = 12{,}9 \text{ MA} \triangleq 13{,}0 \text{ MA}$$

	KENNZAHLEN MBB 1982		
12,667 %	Urlaub	252,3	Std.
4,720 %	Krank	94,0	Std.
0,690 %	Sonstige Abwesenheit	13,7	Std.
81,923 %	Anwesenheit	1632,0	Std.
100.000 %	SOLL-Std. nach B-Kalender[1)]	1992,0	Std.

Abb. 9.23: Personalkennzahlen für MBB (1982)

9.6.4 Veränderungsstrategie

In einer Abteilungssitzung werden die Ergebnisse präsentiert und in Gruppenzielsetzung als Aktions- und Maßnahmenplan festgelegt (vgl. Abb. 9.24).

Im einzelnen werden folgende Maßnahmen vereinbart:

1. Verbesserung der Arbeitszeit pro Einheit durch Reduzierung der Tätigkeiten mit Hilfe von
   – Beleglesereinsatz

---

1) Betriebskalender

– integrierten EDV-Programmen (Materialwirtschaft, Finanzbuchhaltung und Kostenrechnung)

2. Verbesserung der Mitarbeiter-Qualifikation (Professionalisierung)
3. Senkung der Fluktuation
4. Schaffung von Leistungsanreizen (Gehalt, Prämie)
5. Minimierung der Fehlzeiten
6. Einführung einer Monatsdisposition (Kapazitätsrechnung) mit statistischer Fortschreibung
7. Kennzahlenorientiertes MBO (Führung durch Zielsetzung) und Akzeptanz der Zahlen durch Controlling, Personalwesen, Betriebsrat, Fachabteilung und Kunden
8. Einführung einer Gruppenzielsetzung mit periodischer Rückkoppelung der Zielerreichung (monatlich)

Aktionsplan Kreditorenbuchhaltung Inland

Ergebnis	Maßnahmen/ Überlegungen	Aktionen	Verantw. Termin
1. formelle Prüfung 2. sachliche Prüfung 3. Daten auf Beleg schreiben = Beleg kontieren 31 %	Kontieren gilt als Hauptaufgabe der Buchhaltung, die Haben-Kontierung ist Aufgabe der Buchhaltung – hingegen ist die Sollkontierung oft falsch, da Aufgabe der Betriebsabrechnung (Control), aber nicht immer dort vollzogen; Lieferanten können die 5 Bereiche (Buchungskreise) nicht durchschauen („Lieferanten drehen durch“), Buchhaltung ist schon mit richtiger Bestellnr. zufrieden, andere Daten werden mühsam zusammengesucht, zuviele „Köche“ kontieren falsch, insbes. bei Fremdleistungen und Material	Vorkontierung der Bedarfsanforderung (RM)	Hr. Völkl/ BS 4 01.01.83
		Gespräch mit Hrn. Weeber BB 05 Hertrich BW 32 Kath UD Altmann UR Ferstl UA zur Reduzierung der – Kontierungsfehler im alten System	Hr. Mayr/ BW 21 01.06.82 Hr. Völkl/ BS 4
		neues Materialwirtschaftssystem (SAP – mind. 10 %)	01.01.83 Hr. Kaiser/ BS 4
		neues Fibu-System (SAP-RF) mind. 10 %	01.01.84

Abb. 9.24: Aktionsplan Kreditorenbuchhaltung Inland (Auszug)

9.6.5 *Steigerung der Produktivität*

Durch Reduzierung der Tätigkeiten bei Einsatz neuer Techniken wird eine 20 %-Produktivitätssteigerung geplant.

Reduzierungen werden erwartet im Umfang von
10 % durch Beleglesereinsatz, sowie im Umfang weiterer
10 % durch Übernahme der Materialwirtschaft in ein integriertes EDV-System mit automatischem Buchen im Dialog.

Die Zeit pro Bearbeitungseinheit t_e soll von 15 Minuten auf 12 Minuten sinken, so daß der neue Personalbedarf ceteris paribus exakt bei

$$P_B = \frac{85\,632 \text{ Belege x 12 Min./Einheit}}{97\,447 \text{ Minuten p. a. von Mitarbeitern}} = 10{,}5 \text{ Mitarbeiter}$$

festgeschrieben wird. Das entspricht einem Kapazitätsgewinn zum Ist von 3 Mitarbeitern.

Die Arbeitszeitreduzierung auf 38,5 Stunden pro Woche wird 1985 in der Buchhaltung einen Arbeitsplatz schaffen, wenn nicht eine weitere Produktivitätssteigerung um 12,5 % auf 10,5 Minuten pro Einheit möglich wird.

9.6.6 *Monatsdisposition zum Ausgleich von saisonalen Schwankungen*

Alle Personalkapazitätsrechnungen für Stammpersonal haben den Nachteil, die saisonalen Schwankungen im Arbeitsanfall der Dienstleistungsbereiche nicht mit einzubeziehen.

Da das Belegvolumen saisonal unterschiedlich ist und auch die Personalbesetzung durch Urlaubsdispositionen schwankt, bedarf es einer Monatsdisposition, die jeden Monat vom Leiter der Kreditorenbuchhaltung der vorgesetzten Stelle sowie in Kopie Organisation, Controlling und Personalabteilung vorzulegen ist. Durch Vergleich von Monatsdisposition und Ergebnis über die Zeit erhält die Leitung der Buchhaltung ein langfristig gültiges Kapazitätsplanungsinstrument zur Bestimmung des „Personalbedarfs" (vgl. Abb. 9.13).

9.6.7 *Kennzahlenorientiertes Management by Objectives*

Als Konsequenz der Pilotstudie wurde ein kennzahlenorientiertes Management by Objectives eingeführt (vgl. Abb. 9.25), wobei mehrere Bereiche Wirkungszusammenhänge ihrer Leistungskennzahlen verantwortlich beeinflussen müssen. Nur durch gemeinsame Aktion und Anerkenntnis der Kennzahlen des anderen Bereiches sind Leistungsverbesserungen möglich, die durch Leistungsanreizsysteme unterstützt werden müssen.

Die Kennzahlen sind durch statistisch einfache Fortschreibung regelmäßig graphisch im Ergebnis-/Leistungsbericht darzustellen. Sie müssen neutral nachprüfbar sein und von jeder Entscheidungsstelle als „Beweis" anerkannt sein.

KENNZAHLENORIENTIERTES MANAGEMENT DURCH ZIELVEREINBARUNG

1. Kreditoren Inland

   Zeit pro Einheit (Beleg) ≤ 15 Min.

2. Personalwesen

   Anwesenheitsfaktor $a \leq 0{,}82$ *

   Fluktuation $f \leq 9\%$

3. Unternehmensbereiche

   Einheit (Belege) pro Jahr $M \leq 86.000$

4. Controlling

$$P_B = \frac{M \times t_e}{100.000} = 12{,}9 \qquad P_B \leq 12{,}9$$

* siehe Kennzahlen MBB!

Abb. 9.25: Kennzahlenorientiertes MbO im Kreditorenbereich

Kernstück des kennzahlenorientierten Management by Objectives ist die fortlaufende Ermittlung der Input-Output-Relationen. Wichtiges Hilfsmittel hierfür ist das in Abb. 9.9 abgebildete Formular „Ergebnis-/Leistungsbericht".

9.6.8 Konsequenzen in der Fachabteilung

Die Organisationsvorschläge zur Zeiten- und Mengenreduzierung bedürfen einer Analyse und Entscheidung durch die Fachabteilung in der Gruppendiskussion.

Eine einseitig ausgesprochene Norm darf nicht erfolgen, da dann das Gruppenergebnis zur Flucht in Krankheit, Urlaub und sonstige Fehlzeiten durch zu hohe Belastungen führt.

Die durchzuführenden Maßnahmen sind als langfristiges Organisationsentwicklungsprojekt zu realisieren und von Organisation, Controlling und Personalreferent zu begleiten. Verantwortlich kann und darf jedoch nur der Leiter der Kreditorenbuchhaltung sein.

In einer Gruppensitzung wurden die Ergebnisse rückgekoppelt, in einer Konsequenzbesprechung werden die Aktionen beschlossen und in monatlichen Gruppenbesprechungen ist durch den Gruppenleiter den Mitarbeitern die Monatsdisposition, die Monatsergebnisse und die Input-Output-Bilanz mitzuteilen.

9.7 Literatur

Biel, A.: Planung und Steuerung des Personalbestandes – Eine Aufgabe und Herausforderung unserer Zeit. In: Controller-Magazin 3/82, S. 117

Kaufmann: Anwendung des Personalplanungs- und Steuerungsverfahren (PPSA-Verfahren) im indirekten Bereich -Werk Augsburg, interner Bericht FA 212 vom 11. 7. 1980

Kaufmann: Permanente Personalplanung und Steuerung im indirekten Bereich; Methodik am Beispiel eines Fertigungsleitstandes. Unveröffentlichtes Referat November 1982

Mataré, J.: Konzeption einer Karriereplanung im Organisationsbereich. In: Zeitschrift für Organisation 7/79, S. 381 ff.

Mumme, K.; Bachmann, G.: Die Technik der Personalbedarfsrechnung und Personaleinsatzsteuerung. In: Bürotechnik 5/80, S. 489 ff.

Pilz, H. E.: Wie entwickelt man Stellenplanungsformeln für Verwaltung und Dienstleistung? In: REFA-Nachrichten 31/80, Heft 2, S. 151 ff.

Rodat, S.: Produktivitätssteigerung durch gezielte Personalvorgaben. In: REFA-AKIE – Arbeitskreis Industrial Engineering-Bericht 11/1980

Schmidt, G. (Hrsg.): Praktische Verfahren zur Bestimmung des quantitativen Personalbedarfs, Personalbemessung. Gießen 1980

Joachim Weinmann

10. Computergestützte Stellenplanung

10.1 Personalbedarfsplanung

Zusammen mit den Rückstellungen für eine betriebliche Altersversorgung erreichen die Personalkosten einen beträchtlichen Anteil des gesamten Betriebsaufwandes. Flexible Anpassungen des quantitativen und qualitativen Personalbestandes an wechselnde Bedarfsstrukturen sind wegen der gesetzlichen und tarifvertraglichen Rahmenbedingungen i. d. R. nur sehr begrenzt möglich. Vor allem in personalintensiven Unternehmen mit eher heterogener Mitarbeiterstruktur nimmt die Komplexität personeller Entscheidungsgrundlagen Dimensionen an, die ein computergestütztes Personal- und Stellendatensystem zu einem bedeutsamen Instrumentarium erfolgreicher Personalführung, -planung und -verwaltung machen. Die immer stärker differenzierenden Tarifverträge und Betriebsvereinbarungen für z. B. bereichsspezifische Arbeitszeitverkürzungen, arbeitsfreie Tage bei erschwerten Arbeitsbedingungen mit dem Erfordernis der regelmäßigen Überprüfung der Anspruchsberechtigten, gleitender Übergang in den Ruhestand oder auch der Vorruhestand, die Beachtung des Gleichbehandlungsgebots und die sinnvolle Durchführung von Betriebsverfassungs- bzw. Personalvertretungsgesetz etc. führen zu komplexeren und gleichzeitig schnelleren und rationelleren Informationsverarbeitungszwängen.

Grundlage jeder kurz-, mittel- und langfristigen Personalplanung ist eine möglichst präzise Vorstellung über den Personalbedarf in quantitativer, qualitativer, zeitlicher und örtlicher Ausprägung. Anhand der Altersstruktur der Belegschaft und der Kenntnis über den wahrscheinlichen Ausnutzungsgrad der flexiblen Altersgrenze können „natürliche" Austritte rechtzeitig eingeplant werden. Kennzahlensysteme führen zu weiteren Planungsgrundlagen zukünftigen Personalbedarfs. Ob zusätzliche Aufgaben von der vorhandenen Belegschaft übernommen werden können, ist schon schwieriger zu beantworten. Aufgabenverlagerungen und Nachfolgeplanungen stellen hier eine zunehmende Herausforderung für eine effiziente Positions- oder Stellenplanung dar, zumal auch die oft überraschenden Fluktuationsprobleme möglichst rasch gelöst werden sollen. Hier erweist sich eine genaue und aktuelle Kenntnis der wesentlichen Anforderungen einer Stelle als besonders wichtig. Sofern aussagekräftige Stellenbeschreibungen vorhanden sind, kann bei jeder freiwerdenden Stelle neu über die Bedarfsdeckung entschieden werden. Dabei ist bei bekanntem Austrittsdatum ohne weiteres möglich, den Personalbedarf bereits einige Jahre früher zu überprüfen und ggf. eine Nachfolgelösung zu erarbeiten oder eine Entscheidung über die Aufgabenverteilung und evtl. Wegfall der Stelle zu treffen (Bewirtschaftungsvermerk). Ein Beispiel einer derartigen „Wiederbesetzungsplanung" ist in Abb. 10.1 gegeben.

Derartige Informationsgrundlagen sind wichtig für die im folgenden dargestellte computergestützte Stellenplanung. Klarzustellen bleibt, daß sog. Profilvergleiche zwischen Arbeitsplatzanforderungen und Mitarbeiterfähigkeiten vor allem wegen der methodischen Schwierigkeiten und der Voraussetzung eines operationellen und ständig aktuellen Bewertungssystems für Anforderungen **und** Fähigkeiten nicht zur Zielsetzung einer computergestützten Stellenplanung gehören.

HA Personal, Personalplanung — Datum

Über:

Über:

An / Von:

Wiederbesetzung einer Planstelle

Hinweis: Vor der Wiederbesetzung einer Planstelle ist eine Überprüfung durch die HA Personal und die Revision erforderlich. Um eine zügige Bearbeitung zu gewährleisten, wird um hinreichende Beantwortung der folgenden Fragen (soweit zutreffend) gebeten.

Stellen-Nr.	Kostenstellenbezeichnung	Tätigkeitsbezeichnung	Verg.Gr. SOLL

Die bisher durch Herrn / Frau besetzte Stelle steht durch

☐ Austritt, ☐ Versetzung nach bzw. ☐ Pensionierung ab zur Disposition.

1. Bitte prüfen Sie, ob es z. B. durch organisatorische Maßnahmen möglich ist, die Stelle einzusparen. In diesem Fall genügt eine kurze Mitteilung, daß die Stelle bis auf weiteres nicht besetzt werden soll.

   Wenn Sie der Auffassung sind, daß die Stelle langfristig zur Erfüllung der anstehenden Aufgaben zwingend benötigt wird, bitten wir Sie, diese Notwendigkeit auf einem gesonderten Schreiben zu begründen. Dabei können Sie auch die Konsequenzen schildern, die sich bei einer Ablehnung der Wiederbesetzung ergeben würden.

2. Die Geschäftsleitunggeht zunächst davon aus, daß
   - jede Stelle mit einer/einem Schwerbehinderten (§ 1 SchwbG) oder einer/einem Gleichgestellten (§ 2 SchwbG) besetzt werden kann,
   - für die Besetzung einer Stelle Männer und Frauen gleichermaßen geeignet sind.

   Sollte dies im Einzelfall nicht möglich sein, bitten wir um hinreichende Darlegung der Gründe (gesondertes Schreiben).

3. Sofern Sie die Wiederbesetzung für erforderlich halten, bitten wir Sie weiter um Beantwortung folgender Fragen, welche die HA Personal u. a. auch mit dem Betriebsrat zu erörtern hat (evtl. gesondertes Schreiben):

   a) Kommt für die Besetzung der Stelle auch ein (eine) bisherige(r) „freie(r) Mitarbeiter(in)" in Betracht? Bitte ggf. mit der Honorarabteilung prüfen.

   ☐ **Ja** (bitte Angabe des(r) Namen)

   ☐ **Nein** (bitte hinreichend begründen)

   b) Alle zur Wiederbesetzung anstehenden Stellen sollen grundsätzlich intern ausgeschrieben werden. Soll von diesem Grundsatz bei der jetzigen Wiederbesetzung abgewichen werden?

   ☐ **Ja** (bitte hinreichend begründen)

   ☐ **Nein**

Abb. 10.1: Wiederbesetzungsplanung

4. Diesem Fragebogen ist die bisherige Stellenbeschreibung beigefügt.

Hat diese Beschreibung in allen Teilen weiterhin Bestand?

☐ **Ja**

☐ **Nein** (Worin bestehen die Änderungen? Ggf. ist eine neue Stellenbeschreibung anzufertigen.)

Hinweis: Die Übertragung höherwertiger Tätigkeiten bedarf der vorherigen Zustimmung der Geschäftsleitung (Etatverfahren)

5. Sofern Sie die Wiederbesetzung für geboten halten, bitten wir Sie im folgenden um den Entwurf eines Ausschreibungstextes:

Aufgaben: (evtl. können Sie auf die wesentlichen Tätigkeiten in der Stellenbeschreibung zurückgreifen.)

Voraussetzungen:

Probezeit:

Anlagen (die Anlagen bitte zusammen mit diesem Schreiben zurückreichen)

☐ Stellenbeschreibung

☐ Früherer Ausschreibungstext

☐

☐

Datum/Unterschrift des Antragstellers

Abb. 10.1: Wiederbesetzungsplanung (Forts.)

HA Personal, Personalplanung Datum

U M L A U F

Wiederbesetzung einer Planstelle

Beurteilung

Stellen-Nr.	Kostenstellenbezeichnung	Tätigkeitsbezeichnung	Verg.Gr. SOLL

Die bisher durch Herrn / Frau besetzte Stelle steht durch
☐ Austritt, ☐ Versetzung nach bzw. ☐ Pensionierung ab zur Disposition.

1. **Hinweise HA Personal,** Personalbeschaffung:

Datum/Unterschrift

2. **Beurteilung Revision:**

☐ Es sind keine Gründe bekannt, die gegen eine Wiederbesetzung der Stelle sprechen.

☐ Die Wiederbesetzung der Stelle erscheint zweifelhaft bzw. nicht erforderlich zu sein.

Begründung:

Datum/Unterschrift

3a **Beurteilung HA Personal,** Personalplanung:

Antragsbegründung:

☐ Die Wiederbesetzung der Stelle ist begründet und wird für erforderlich gehalten.

☐ Die Wiederbesetzung der Stelle erscheint zweifelhaft bzw. nicht erforderlich zu sein.

Begründung:

Form. 59 242

Abb. 10.1: Wiederbesetzungsplanung (Forts.)

3b **Stellensituation**

☐ Vollbeschäftigung ☐ Teilbeschäftigung ....%

☐ Gleiche Stellenbeschreibung / Bestätigung der Verg.Gr. ☐ Vormerkung zum Etat ____

☐ Korrigierte Stellenbeschreibung / Bestätigung der Verg.Gr. ☐ Bewirtschaftungsvermerk

☐ Neue Stellenbeschreibung / **Tendenz:** ☐ Höhere Gruppe ☐ Zulagen

☐ Niedrigere Gruppe ☐ Sonstiges

☐ Gleiche Gruppe

3c **Anforderungen gemäß Bewertung**

Bei der Besetzung der Stelle ist darauf zu achten, daß der/die künftige Stelleninhaber(in) die Anforderungen entsprechend der Stellenbeschreibung und Stellenbewertung erfüllt. Andernfalls ist eine Eingruppierung gemäß Ziffer I/5 des Überleitungstarifsvertrages vom 3. März 1980 erforderlich. (Die für die Stelle zutreffenden Anforderungen sind angekreuzt; + / – Tendenz)

WISSEN

[A] GRUNDKENNTNISSE: Einfache Aufgaben, deren Ausführung in Stunden/Tagen/Wochen geplant bzw. durch einfache Anweisungen übertragen werden kann. (UNGELERNT)

[B] FACHLICHE GRUNDKENNTNISSE: Ein Anlernvorgang ist erforderlich. Die Fähigkeiten umfassen oft die geschulte Bedienung einfacher technischer Einrichtungen wie Schreib-, Rechen-, Buchungs- oder Werkzeugmaschinen. (ANGELERNT)

[C] FACHKENNTNISSE: Erforderlich sind Berufsfachkenntnisse, die normalerweise durch Lehre, Beruf- und Handelsschule, Kurse etc. übermittelbar sind. Hierzu gehören Facharbeiter-Tätigkeiten ebenso wie geschulte Büro-Tätigkeiten. (GELERNT)

[D] FORTGESCHRITTENE FACHKENNTNISSE: Komplexere Tätigkeiten, die eine Spezialisierung im Beruf, zusätzliche Ausbildung und Erfahrung voraussetzen (Buchhaltung, erfahrener Sachbearbeiter, erfahrener Techniker) oder das Beherrschen mehrerer Fachrichtungen. In diese Gruppe fallen auch Vorarbeiter-/Meistertätigkeiten, die neben der Beherrschung einer oder mehrerer Fachgebiete ein Abdecken mit der Tätigkeit verbundener administrativer Arbeiten (Arbeitsorganisation, Abrechnung etc.) voraussetzt. (AUSGELERNT)

[E] GRUNDLEGENDE SPEZIELLE ODER WISSENTSCHAFTLICHE KENNTNISSE: Die Stelle setzt ein Verständnis des theoretischen Hintergrunds, die Kenntnisse von Verfahren, Techniken, Denkmethoden voraus. Positionen dieser Art können normalerweise mit Absolventen höherer Fachschulen und Hochschulen besetzt werden (Erfahrung in der Praxis ist dann gering), oder mit Personen, die sich im Verlauf langer Tätigkeit den notwendigen Hintergrund durch zusätzliche Ausbildung oder Selbststudium erworben haben.

[F] AUSGEREIFTE SPEZIELLE ODER WISSENSCHAFTLICHE KENNTNISSE:

a) Eine Spezialisierung in einem Fachbereich, bei der durch jahrelange intensive Beschäftigung mit der Materie eine spezialisierte Wissenstiefe errreicht wurde, die weit über den Rahmen allgemeiner Hochschulbildung hinausgeht.

b) Vertiefte Kenntnisse auf mehreren Sachgebieten, deren volle Integration erst die Handhabung eines komplexen Arbeitsgebietes ermöglicht. (z. B. Kombination von Naturwissenschaft – Technik – Wirtschaft).
Generell: umfangreiche Erfahrung in der Praxis

[G] BEHERRSCHUNG VON SPEZIALGEBIETEN:

a) Vollständige Beherrschung eines Wissensgebietes. Die Position stellt die Autorität für ein Wissensgebiet in einer Organisation dar, die Führungsrolle auf diesem Gebiet geht über die Organisation hinaus (Fachverbände, Hochschulen, wissenschaftliche Veröffentlichungen).

b) Vollständige Beherrschung aller Aspekte eines sehr komplexen Arbeitsgebietes, das mehrere Fachrichtungen und/oder unterschiedliche Funktionen umfaßt. E- oder F-Fachwissen auf mehreren Gebieten ist erforderlich

____
Datum/Unterschrift

4. **Votum HA Personal,** Leitung:

☐ Die Wiederbesetzung ist nicht erforderlich. Die Planstelle soll einen Sperrvermerk erhalten.

☐ Die Planstelle kann nach Gruppe______ wiederbesetzt werden. Zulage ☐ Ja ☐ Nein

☐ Schreiben an HA/Abteilung zwecks Wiederbesetzung/Mitarbeiterauswahl versandt.

____
Datum/Unterschrift

5. **HA Personal,** Personalbeschaffung: Für Stellenausschreibung und Auswahl

6. **HA Personal,** Personalplanung: ☐ Stellenakte

☐ Weitere Bearbeitung

Abb. 10.1: Wiederbesetzungsplanung (Forts.)

10.2 Personal- und Stellendatenbank

Eine effiziente Personalplanung benötigt Basisinformationen, die in einer sog. Personaldatenbank gespeichert werden können. Da sich alle Lohn- und Gehaltsabrechnungssysteme unabhängig von ihrem Aufbau als Datei oder als Datenbank grundsätzlich nur auf den Mitarbeiter beziehen, orientiert sich eine flexible, jederzeit erweiterbare Personaldatenbank meist an solchen Abrechnungssystemen. Für weitergehende Zwecke der Stellenplanung und der Personalverwaltung ist eine mit der Personaldatenbank korrespondierende Stellendatenbank aufzubauen. Mit dem Terminus „Stelle“ wird ein Arbeitsplatz mit einer bestimmten Wertigkeit (Vergütungsspannbreite), einer bestimmten Tätigkeit an einem bestimmten

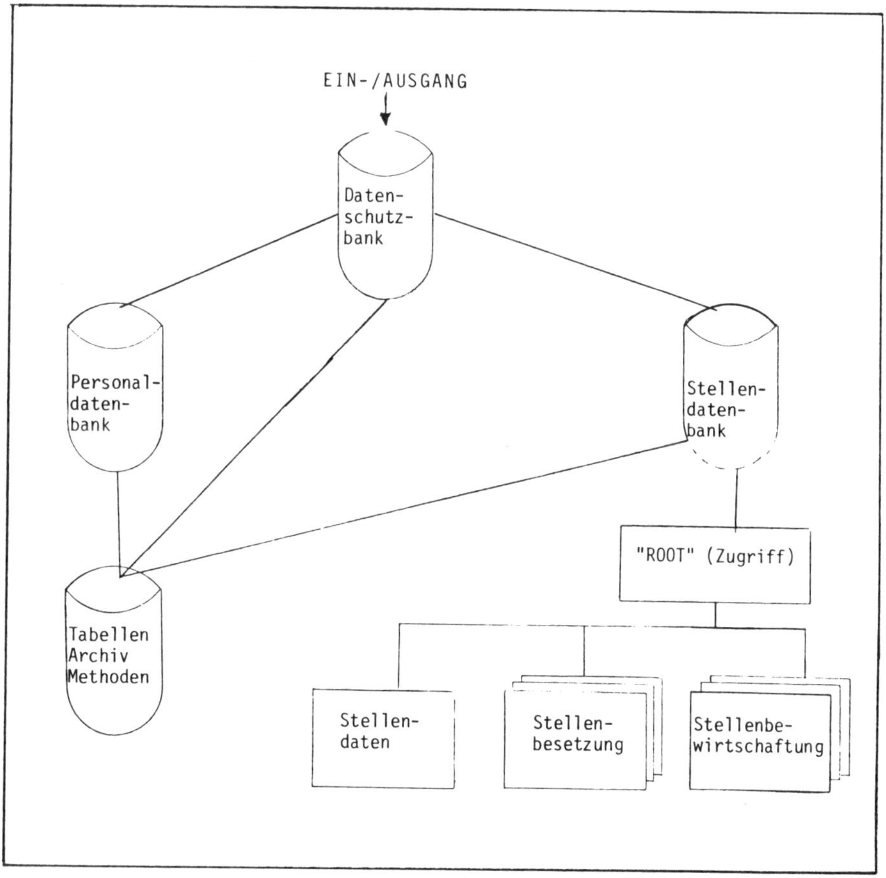

Abb. 10.2: Personal- und Stellendatenbank

Einsatzort für die Dauer einer definierbaren Zeit umschrieben (SOLL-Größe). Da die Stellen in der Regel mit Mitarbeitern besetzt sind (IST-Größe), lassen sich Planvorgaben mit der Wirklichkeit vergleichen und projizieren.

Zusammen mit einer Datenschutzbank und einer getrennten Tabellenunterstützung entsteht ein modernes Personaldatensystem. Die Datenbanklösung ist in Abbildung 10.2 dargestellt. Auf eine Darstellung der denkbaren Segmente einer Personaldatenbank ist an dieser Stelle verzichtet worden.

10.3 Aufbau einer computergestützten Stellenplanung

Im folgenden wird eine Lösung dargestellt, die seit 2 Jahren erfolgreich on-line mittels Bildschirmmasken und mehreren batch-Auswertungsprogrammen realisiert ist. Die Anwendungen sind differenziert in sog. „Eingabe-Verantwortungen" (Eingeben, Änderung und Löschen von Daten) und in „Informationsmöglichkeiten" (Lesen von Daten). Die Inhalte und die Gestaltung der Bildschirmmasken basieren auf einer genauen IST-Analyse der entsprechenden Personalarbeit mit dem Erfordernis der Übersichtlichkeit und Klarheit.

Ein genau definierter Personenkreis innerhalb des Personal- und Sozialwesens ist verantwortlich für die Pflege der Stellendaten, d. h. für das Errichten, Umsetzen, Löschen und Bewirtschaften einer Stelle.

Jede Stelle ist in dem hier beschriebenen System mit einer 7-stelligen Nummer

z. B.

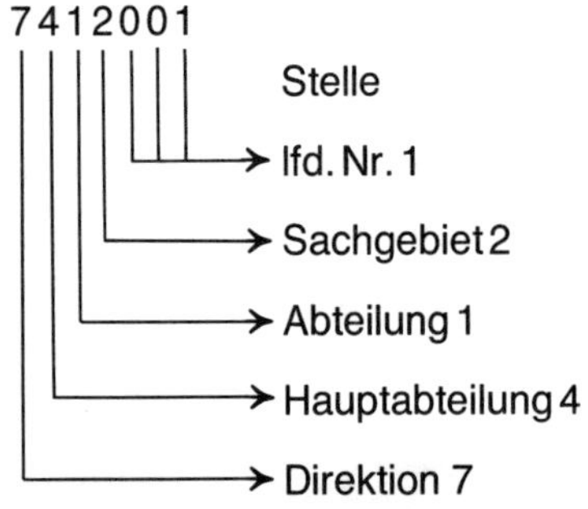

sowie einer 3-stelligen Organisationsnummer definiert. Letzteres wurde vor allem wegen eines korrespondierenden Kostenstellensystems erforderlich, das eine langfristig gewachsene Organisationsdifferenzierung repräsentiert. Mit Hilfe der Organisationsnummer können z. B. bereichsspezifische (Direktionsbereich xy etc.) Auswertungen ermöglicht werden. Des weiteren ist eine Stellenbezeichnung (z. B. Werkstattleiter), ein Stellenstatus (z. B. Errichtung vorgesehen ab 1. Januar 1987), eine Vergütungsspannbreite oder Vergütungsgruppe, seit wann die Stelle dem Bereich zur Verfügung steht, eine SOLL-Probezeit für diese Stelle, Vollmacht-Kriterien, Arbeitszeit, Datenschutzverpflichtung etc. vorgesehen.

Ein anderer definierter Personenkreis innerhalb des Personal- und Sozialwesens ist verantwortlich für die Stellenbesetzungsdaten (z. B. Stelle frei ab 1. März 1986; Ausschreibungs-Nr. und Datum, Besetzungsbemerkungen etc.). Die Pflege der Besetzungsdaten beinhaltet auch die Eingabe der Eintrittsdaten des jeweiligen Stelleninhabers einschließlich der Möglichkeit einer Dienstleistung zu einem bestimmten Prozentsatz für eine andere Kostenstelle, die Veränderungsfunktionen bei Versetzungen auf eine andere Stelle (z. B. Beförderung) und die Eingabe von Austrittsdaten.

10.3.1 „Eingabe-Anwendungen" für die Stellenplanung

Im folgenden werden 7 „Eingabe-Anwendungen" für die Stellenplanung beschrieben, wobei 3 Anwendungen Personaldaten betreffen, die einen Eintritt, eine Versetzung und einen Austritt widerspiegeln.

Die „Bildschirmmasken" für Eingaben sind grundsätzlich in einen dreizeiligen Kopf und einen dreispaltigen Eingabeteil untergliedert. Der Kopfteil enthält eine Definition der Anwendung und Identifizierungsmerkmale der Person bzw. Stelle. Im Eingabeteil werden auf der linken Seite die anwendungsrelevanten Datenfelder aufgelistet. Rechts werden ggf. schon gespeicherte Daten aufgeführt. Die mittlere Spalte ist für die Eingabe/Änderung/Löschung von Daten vorgesehen.

10.3.1.1 Allgemeine Stellendaten

```
PE 90                  EINGABE/AEND./LOESCHEN VON STELLENDATEN
STELLENNUMMER: 7404002          STELLENBEZ.: HAUPTSACHBEARBEITER
KOSTENSTELLE:   PERSONALPLANUNG
PSR STELLENNUMMER                                  7404002
PSR ORG NR                  220                    220
PSR STELLENBEZ              356                    356
PSR STATUS                  1                      1
PSR STATUS VON                                     01.01.79
PSR STATUS BIS
PSR TARIFGRUPPE ALT         10                     10
PSR STELLENPLAN BEM                                zukünft. Personalref.
PSR STELLENGRUEND AM                               01.01.79
PSR STELLENGRUEND NR 2                             2
PSR PROBEZEIT DAUER                                12
PSR VOLLMACHT
PSR DIENSTZEIT NR                                  1
PSR DATENSCHUTZ NR                                 1

DSTMO190 GEBEN SIE DIE NEUEN DATEN EIN
```

Abbildung 10.3 — Allgemeine Stellendaten —

Mit der **P**ersonal-**E**ingabe-Anwendung (= PE)-90 werden die derzeit relevanten Stellendaten für die zuvor definierte Stelle (hier 7404-002) eingegeben (Zukunftseingabe siehe 10.3.1.4). Bei dem vorstehenden Beispiel sind schon Daten zu dieser Stelle gespeichert, so daß in der mittleren Spalte die Inhalte aller als Mußfelder deklarierten Datenfelder voreingestellt werden. Stellenbezeichnung (Nr. 356) und Kostenstelle (7404) werden automatisch mit dem Klartext im Kopfteil ausgewiesen (Hauptsachbearbeiter in der Personalplanung).

Erläuterungen zu einzelnen Datenfeldern der PE90:

PSR STELLENNUMMER
Die ersten 4 Ziffern geben Auskunft über die angesprochene Kostenstelle. Sämtliche Kostenstellen sind in einer Tabelle gespeichert, so daß in Informationsanwendungen jederzeit der Klartext ausgegeben werden kann.

PSR ORGANISATIONSNUMMER
Die eindeutige Zuordnung einer Kostenstelle zu einer übergeordneten Organisationseinheit wird dadurch ermöglicht.

PSR STELLENBEZEICHNUNG
Kennziffer, der in einer Tabelle auch der offizielle Berufsschlüssel der Bundesanstalt für Arbeit zugeordnet ist.

PSR STATUS (VON, BIS)
Wiedergabe des Stellenstatus (z. B existent, gelöscht, geplant).

PSR TARIFGRUPPE ALT
Derzeitige Tarifgruppe oder auch AT-Kennziffer.

PSR STELLENPLANBEMERKUNG
Eingabemöglichkeit für eine nicht standardisierte, personalwirtschaftlich relevante Information.

PSR STELLENGRÜNDUNG AM (-NR)
Hinweis auf Entstehungsgrund und -zeitpunkt.

PSR PROBEZEITDAUER
Stellenbezogene Probezeit (relevant für die Personalbeschaffung).

PSR VOLLMACHT
Kompetenzen (intern, extern) mit denen die **Stelle** versehen ist.

PSR DIENSTZEIT NR.
Modalitäten der Dienstzeit (z. B. betriebsübliche Arbeitszeit versus Schichtarbeit).

PSR DATENSCHUTZ NR.
Hinweis, daß der Stelleninhaber ggf. zum Datenschutz zu verpflichten ist.

10.3.1.2 Stellenbesetzungsdaten

```
PE 91        EINGABE/AEND./LOESCHEN VON STELLENBESETZUNGSDATEN
STELLENNUMMER: 7404002         STELLENBEZ.: HAUPTSACHBEARBEITER
KOSTENSTELLE:   PERSONALPLANUNG
PSR STELLE FREI AB                               01.01.86
PSR BESETZ FREI AB                               01.07.86
PSR BESETZ FREI BIS                              31.07.87
PSR AUSSCHREIBUNG NR                             116
PSR BESETZ BEM                                   nur Zeitvertrag
PSR GEEIGNET FUER 1
PSR GEEIGNET FUER 2
PSR RUECKKEHR BIS                                01.08.87


DSTMO190 GEBEN SIE DIE NEUEN DATEN EIN
```

Abbildung 10.4 — Stellenbesetzungsdaten —

Mit Hilfe der PE91 werden dem Personaldatensystem Informationen zugeführt, die für die Personalbeschaffung bei Stellenbesetzungen von Bedeutung sind.

Erläuterungen zu einzelnen Datenfeldern:

PSR STELLE FREI AB
Die Stelle ist ab dem einzugebenden Zeitpunkt nicht mehr besetzt.

PSR BESETZUNG FREI AB
Zu dem angegebenen Datum ist die Stelle objektiv zur Besetzung freigegeben. Dieses Datum muß nicht mit dem Datum des vorherigen Feldes übereinstimmen (z. B. bei Besetzungssperren).

PSR BESETZUNG FREI BIS
Sofern die Stelle nur befristet besetzt werden soll, ist die Eingabe eines Datums erforderlich.

PSR AUSSCHREIBUNG NR.
Anhand der Ausschreibungsnummer (intern, extern) können alle mit der Stelle zusammenhängenden Ausschreibungsaktivitäten erschlossen werden.

PSR BESETZUNGSBEMERKUNG
Klartexteingabe zur Stellennutzung

PSR GEEIGNET FÜR 1, 2
Eingabemöglichkeit für qualifizierte Stellenanwärter im Rahmen der Nachfolgeplanung.

PSR RÜCKKEHR BIS
Die Verwendungsmöglichkeit der Stelle kann durch ein vereinbartes Rückkehrrecht (z. B. mit einem ins Ausland abgeordneten Mitarbeiter) eingeschränkt werden.

10.3.1.3 Stellenbewirtschaftung

```
PE 92          EINGABE/AEND./LOESCHEN VON STELLENBEWIRTSCHAFTUNGEN
STELLENNUMMER: 7404002       STELLENBEZ.: HAUPTSACHBEARBEITER
KOSTENSTELLE:   PERSONALPLANUNG
PSW BEWIRTSCH NR                           20
PSW BEWIRTSCH VON                          01.01.87
PSW BEWIRTSCH BIS
PSW BEWIRTSCH BEM                          NUR STELLE, NICHT INHABER

DSTMO190 GEBEN SIE DIE NEUEN DATEN EIN
```

Abbildung 10.5 — Stellenbewirtschaftung —

Die PE92 wird für die Eingabe/Änderung/Löschung von Stellenbewirtschaftungsdaten genutzt. Die diversen Stellenbewirtschaftungsmerkmale (z. B. vorgesehene Stellenhebung, anderweitige Nutzung, Teilnutzung) sind in einer Tabelle gespeichert und können durch die Eingabe einer entsprechenden Kennziffer in das Feld PSW BEWIRTSCHAFTUNGS NR. dem Datenbanksystem zugeführt werden. Eine zeitliche Abgrenzung der Stellenbewirtschaftung kann in den Feldern PSW BEWIRTSCHAFTUNG VON, BIS vorgenommen werden.

10.3.1.4 Daten zur Stellenplanung

```
PE 93          EINGABE/AEND./LOESCHEN VON DATEN ZUR STELLENPLANUNG
STELLENNUMMER: 7404002       STELLENBEZ.: HAUPTSACHBEARBEITER
KOSTENSTELLE:   PERSONALPLANUNG
PSR AEND WIRKSAM AB
PSR TARIFGRUPPE NEU                        11
PSR ETAT BEM 1                             VORGESEHEN; ZUM ETAT 1986
PSR ETAT BEM 2                             BEANTRAGT; VORLAGE EA

DSTMO190 GEBEN SIE DIE NEUEN DATEN EIN
```

Abbildung 10.6 — Daten zur Stellenplanung —

Die Anwendung PE93 ist für die Eingabe/Änderung/Löschung von zukünftigen Daten zur Stellenplanung vorgesehen. Die Felder PSR ÄNDERUNG WIRKSAM AB und TARIFGRUPPE NEU enthalten Zeitpunkt und Vergütungsgruppe bei vorgesehenen Stellenhebungen bzw. -senkungen. Die Felder PSR ETAT-BEMERKUNG 1, 2 können mit Hinweisen für die jährlichen Etatgespräche versehen werden.

10.3.1.5 Eintrittsdaten Stelleninhaber

```
PE 13        EINGABE VON EINTRITTSDATEN FUER PLANSTELLENINHABER
STAMMNR.: 038056
NAME:        MUSTERMANN, WILHELMINE
PPQ EINTRITT              15.04.83                    15.04.83
PPQ EINTRITT TARIF        15.04.83                    15.04.83
PPQ EINTRITT P25 1        15.04.83                    15.04.83
PPQ EINTRITT P25 2        15.04.83                    15.04.83
PPQ EINTRITT P5           15.04.83                    15.04.83
PPQ EINTRITT VERSORG      15.04.83                    15.04.83
PPW PROBEZEIT BIS                                     01.10.83
PPO ST INHABER VON                                    01.01.84
PPO INHABER BIS
PPO STELLEN NR                                        7404002
PPO KOSTENST VH SATZ
PPO DL KOSTENST
PPO DL KOSTENST VH

DSTMO190 GEBEN SIE DIE NEUEN DATEN EIN
```

Abbildung 10.7 – Eintrittsdaten Stelleninhaber –

Nachdem die Vergabe einer Stamm-Nummer und die Eingabe der persönlichen Daten (z. B. Familienname, Vorname, Geburtsdatum, Geschlecht, Familienstand) bei neueingetretenen Mitarbeitern erfolgt ist, können mit Hilfe der o. a. Abbildung die erforderlichen Eintritts- und die Stellenbesetzungsdaten eingegeben werden.

Erläuterungen zu einzelnen Datenfeldern der PE13:

PPQ EINTRITT bis PPQ EINTRITT VERSORG
Eintrittsdaten für diverse Personalsachbearbeitungen (z. B. Auslösung der Gehaltszahlung, betriebliche Altersversorgung).

PPW PROBEZEIT BIS
Mitarbeiterbezogene Probezeit.

PPO STELLENNUMMER und STELLENINHABER VON/BIS
Stelle, die dem Mitarbeiter zugeordnet wird und Zeitpunkt/Zeitraum der Zuordnung. Durch eine Eingabe dieser 3 Daten wird gleichzeitig eine Verbindung zwischen der Personal- und Stellendatenbank hergestellt. Eine gesonderte Pflege der Stellendatenbank mit Personaldaten erübrigt sich dadurch.

PPO KOSTENSTELLE VH SATZ
Sofern ein Stelleninhabor auch für andere Kostenstellen tätig wird, kann die originäre Kostenstelle mit einem Prozentsatz belastet werden.

PPO DL KOSTENSTELLE und DL KOSTENSTELLE VH
Eingabemöglichkeit für eine Dienstleistungskostenstelle und dem dazugehörigen Prozentsatz.

10.3.1.6 Versetzung auf eine andere Stelle

```
PE 15              EINGABE/AENDERN/LOESCHEN BEI VERSETZUNGEN/STELLE
STAMMNUMMER: 038056
NAME:              MUSTERMANN, WILHELMINE
PPO  STELLEN NR                                 7404002
PPO  ST INHABER VON                             01.01.84
PPO  INHABER BIS
PPR  GEH BUCHHALTER                             00
PPO  KOSTENST VH SATZ
PPO  DL KOSTENST
PPO  DL KOSTENST VH

DSTMO190 GEBEN SIE DIE NEUEN DATEN EIN
```

Abbildung 10.8 — Versetzung auf eine andere Stelle —

Bei der Versetzung eines Mitarbeiters kann die erforderliche Korrektur der Personal- und der Stellendatenbank mit der oben abgebildeten Anwendung vorgenommen werden. Nachdem in das Feld STELLENINHABER BIS ein Datum eingestellt worden ist, kann die neue Stellen-Nummer und ein VON DATUM eingegeben werden. Abweichend von der in Punkt 10.3.1.5 dargestellten PE13 enthält die PE15 noch das Datenfeld PPR GEHALTSBUCHHALTER, da häufig bei Versetzungen ein neuer Gehaltsbuchhalter/Kontenführer für den Mitarbeiter zuständig wird.

10.3.1.7 Austrittsdaten

```
PE 19              EINGABE VON AUSTRITTSDATEN
STAMMNUMMER: 038056
NAME:              MUSTERMANN, WILHELMINE
PPQ  KUENDIGUNGSDATUM
PPQ  AUSTRITT
PPQ  AUSTRITT ABRECHNUNG
PPQ  AUSTRITTSGRUND
PPQ  AUSTRITTSART
PPO  ST INHABER VON         01.01.84             01.01.84
PPO  INHABER BIS
PPO  STELLEN NR             7404002              7404002

DSTMO190 GEBEN SIE DIE NEUEN DATEN EIN
```

Abbildung 10.9 — Austrittsdaten —

Beim Ausscheiden eines Mitarbeiters aus dem Unternehmen können mit der PE19 zum einen die Austrittsdaten, die zum Auslösen eines Gehaltsstops und für statistische Auswertungen benötigt werden, und zum anderen Besetzungsdaten eingegeben werden. Die Stelle, die der Mitarbeiter bis zu seinem Ausscheiden innehatte, wird durch die Eingabe eines Datums in das Feld STELLENINHABER BIS wieder disponierbar.

Erläuterungen zu einzelnen Datenfeldern:

PPQ AUSTRITT und PPQ AUSTRITT ABRECHNUNG
Je nach Konzeption des Datensystems kann es ratsam sein, eine Unterscheidung zwischen dem tatsächlichen Austritt (Statistik) und dem Austritt für Abrechnungszwecke vorzunehmen.

PPQ AUSTRITTSGRUND und PPQ AUSTRITTSART
Die verschlüsselt einzugebenden Austrittsgründe (z. B. bessere Aufstiegsgründe, Wohnungswechsel, flexible Altersgrenze) und Austrittsarten (z. B. in gegenseitigem Einvernehmen, fristlose Kündigung) können für Fluktuationsstatistik herangezogen werden.

10.3.2 Informationsmöglichkeiten für die Stellenplanung

Neben verschiedenen batch-Auswertungsprogrammen stehen einige on-line Informationsmöglichkeiten für besonders häufige Fragestellungen bei der Personal- und Stellenplanung zur Verfügung. Neben dem auf den Stelleninhaber bezogenen Werdegang im Unternehmen können durch direkte Verknüpfung mit Informationsanwendungen aus der Stellenplanung alle mit der Stelle verbundenen Informationen direkt abgefragt werden.

10.3.2.1 Werdegang Stelleninhaber im Unternehmen

```
PI 55                            WERDEGANG                           09.05.85
STAMMNUMMER:     038056
NAME:            MUSTERMANN, WILHELMINE                GEB.:      03.02.54
DIENSTBEZ.:      HAUPTSACHBEARBEITER                   EINTRITT:  15.04.83
BESCHAEFT. ART:  MTV – UNBEFRISTET                     AUSTRITT:

STELLENINHABER     STELLEN-KOSTENSTELLEN-BEZ. DL-KOSTENSTELLE
VON       BIS      NUMMER                     NR.  BEZEICHNUNG
------------------------------------------------------------------------------
01.01.84           7404/002 PERSONALPLANUNG        KEINE KOSTENSTELLE
15.04.83  31.12.83 0000/001 KEINE KOSTENSTELLE 7404 PERSONALPLANUNG
```

Abbildung 10.10 — Werdegang im Unternehmen —

Anhand der Personal-Informations-Anwendung (PI)-55 kann der Werdegang eines Mitarbeiters im Unternehmen nachvollzogen werden. Besetzungsdaten, die zu einem früheren Zeitpunkt mittels der PE13 (beim Eintritt) der PE15 (bei einer Versetzung) oder PE19 (beim Austritt) eingegeben worden sind, werden hier chronologisch aufgeführt. In vorstehendem Beispiel wird die Mitarbeiterin seit 1. Januar

1984 als Hauptsachbearbeiterin auf der Stelle 002 in der Kostenstelle 7404 = Personalplanung geführt. Dem Benutzer dieser Anwendung wird darüber hinaus aus dem Hinweis 0000/001 = keine Kostenstelle und Dienstleistung 7404 Personalplanung ersichtlich, daß die Mitarbeiterin schon vorher in der Personalplanung tätig war, ohne jedoch auf einer Stelle geführt zu werden.

10.3.2.2 Informationen für die Stellenplanung

```
PI 95                          STELLENDATEN FUER DIE PLANUNG
STELLENNUMMER: 7404-002          STELLENBEZ.: 356 HAUPTSACHBEARBEITER
KOSTENSTELLE:   PERSONALPLANUNG
STELLENSTATUS:  EXISTENT                  ST. UMGESETZT AM:  01.01.79
AB:             01.01.79                  TARIFGRUPPE:       10
BIS:                                      PROBEZEIT DAUER:   12 MONATE
ST. PLAN. BEM:                            STELLE VOLLMACHT:  KEINE

ETAT BEM. 1:    vorgesehen! z. Etat '87   NEUE TARIFGRUPPE: 11
ETAT BEM. 2:    beantragen; Vorlage EA    AEND. WIRKSAM AB:

ST-NR  FAMILIENNNAME, VORNAME        GEB.DATUM  INH.VON  INH.BIS  DL-KST
------------------------------------------------------------------------
038056 MUSTERMANN, WILHELMINE        03.02.54   01.01.84
```

Abbildung 10.11 – Informationen für die Stellenplanung –

10.3.2.3 Informationen für die Stellenbesetzung

```
PI 96                       STELLENDATEN FUER DIE BESETZUNG
STELLENNUMMER: 7404-002      STELLENBEZ.: 356      HAUPTSACHBEARBEITER
KOSTENSTELLE:   PERSONALPLANUNG
STELLENSTATUS:  EXISTENT                 TARIFGRUPPE:          10
AB:             01.01.79                 PROBEZEIT DAUER:      12 MONATE
BIS:                                     VOLLMACHT:            KEINE
ST. PLAN. BEM:  zukünftig Pers. referent DIENSTZEIT:           08.15–16.45

BES. BEM.:      nur Zeitvertrag          STELLE FREI AB:       01.01.86
AUSSCHR. NR:    116                      BESETZ. FREI AB:      01.07.86
GEEIGNET F. 1:                           BESETZ. FREI BIS:     31.07.87
GEEIGNET F. 2:                           RUECKKEHRRECHT BIS:   01.08.87

ST-NR  FAMILIENNAME, VORNAME         GEB. DATUM  INH. VON  INH. BIS  DL-KST
---------------------------------------------------------------------------
038056 MUSTERMANN, WILHELMINE        03.02.54    01.01.84
001113 SCHMIDT, KARL                 07.10.52    01.06.82  31.08.83
029311 MUELLER, HEINZ                02.05.51    01.04.79  31.12.81
```

Abbildung 10.12 – Informationen für die Stellenbesetzung –

Aus dem oberen Teil der Anwendung PI95 kann der Sachbearbeiter alle Informationen, die vorher über die PE90 (aktuelle Stellendaten) und PE93 (Zukunftsdaten) eingegeben worden sind, entnehmen. Darüber hinaus wird dem Benutzer angezeigt, welcher Mitarbeiter derzeit auf dieser Stelle geführt wird und seit wann er diese Stelle innehat. Eine Anzeige aller bisherigen Stelleninhaber ist bei Bedarf ebenfalls möglich. In diesem Fall müßte eine voreingestellte Einschränkung auf das Feld STELLENINHABER BIS aufgehoben werden (siehe Abbildung 10.12).

Die PI96 weist im Aufbau eine große Ähnlichkeit mit der PI95 auf. Da sie aber insbesondere für die Personalbeschaffung konzipiert wurde, enthält sie zusätzlich beschaffungsrelevante Datenfelder, die über die PE91 eingegeben werden können.

Bei der Konzipierung dieses Beispiels ist die unter 10.3.2.2 angedeutete Einschränkung auf das Feld STELLENINHABER BIS nicht vorgenommen worden, so daß alle bisherigen Stelleninhaber dem Anwender angezeigt werden.

10.3.2.4 Stellenbewirtschaftung

PI 100 AUSKUNFT UEBER DATEN ZUR STELLENBEWIRTSCHAFTUNG

STELLENNUMMER: 7404-002 STELLENBEZ.: HAUPTSACHBEARBEITER
KOSTENSTELLE: PERSONALPLANUNG

NR.	BEZEICHNUNG	VON	BIS	BEMERKUNG
50	SIEHE VERMERK	12.07.83		
90	DS-VERPFLICHTEN	01.01.84		
66	STELLENHEBUNG	01.01.87		NUR STELLE, NICHT INHABER

Abbildung 10.13 — Auskunft Stellenbewirtschaftung —

In der PI100 werden alle Stellenbewirtschaftungsmerkmale, die zuvor über die PE92 dem Datensystem zugeführt worden sind, aufgezeigt. Die Informationen können dabei für die verschiedensten Funktionsbereiche von Bedeutung sein. So wird eine vorgesehene Stellenhebung insbesondere für die Personalplanung (Berücksichtigung bei der Aufstellung des Personaletats) und eine Datenschutzverpflichtung für die Personalverwaltung relevant sein.

10.3.2.5 Flexible Abfrageprozeduren

Für verschiedene Fragestellungen der Stellenplanung können on-line mittels Informationsmasken weitere Entscheidungsgrundlagen gegeben werden. Eine Anzeige aller zur Besetzung freien Stellen ermöglicht z. B. die nachstehend abgebildete Anwendung 10.14, wobei eine Selektion der freien Stellen nach den Kriterien Vergütungsgruppe, Bezeichnung, Organisationseinheit und Zeitpunkt erfolgen kann. Das Ergebnis einer selektiven Abfrage nach dem Kriterium Bezeichnung (356 = Sekretärin) ist in Abbildung 10.15 dargestellt.

10.3.2.5 Flexible Abfrageprozeduren

```
                                   QUALIFIKATIONSBILDSCHIRM
PI 98                              ZUR BESETZUNG FREIE STELLEN

PSR IND STELLENNR
PSR BESETZ FREI AB                 >= 010184
PSR STELLENBEZ                      = 356
PSR KOSTENSTELLEN NR
PSR ORG NR
PSR TARIFGRUPPE ALT
PSR STATUS


DSTMO167 GEBEN SIE DIE WERTE FUER DIE SUCHBEGRIFFE EIN
```

Abbildung 10.14 — Abfragebeispiel —

```
PI 98           ZUR BESETZUNG FREIE STELLEN               AB 01.01.84

BES. FREI AB    STELLE-NR.   STELLEN-BEZEICHNUNG   KOSTENSTELLE     VG
01.10.84        0210-018     SEKRETAERIN           EDV              05
01.01.85        3210-005     SEKRETAERIN           HA PERSONAL      05
01.10.85        4500-002     SEKRETAERIN           EINKAUF          06
01.01.85        7370-002     SEKRETAERIN           HAUSVERWALTUNG05
```

Abbildung 10.15 — zur Besetzung freie Stellen —

10.3.3 Stellenplan

Aus der Zusammenfassung jeder Stelle mittels der 7-stelligen Stellennummer entsteht ein Stellenplan einschließlich Stelleninhaber — sofern die Stelle besetzt ist —, der z. B. monatlich aktualisiert wird. Dieser Stellenplan ist für die Geschäftsführung eine bedeutsame Entscheidungsgrundlage sowohl für die kurzfristige als auch für die langfristige Personalplanung/Stellenplanung. In der Zusammenfassung kann er z. B. den Aufsichtsgremien zur Verfügung gestellt werden. Die folgenden Abbildungen verdeutlichen den Inhalt eines Stellenplans.

10.3.4 Berichtssystem

Für Quartalsberichte und -analysen können ohne nennenswerten Aufwand SOLL- und IST-Summenlisten aus den Stelleninformationen erstellt werden. Der Besetzungsgrad kann untersucht und die Vergütungen bzw. auch Personalkosten mit den realen Daten der Stelleninhaber in die Zukunft projiziert werden. Doppelbesetzungen für die rechtzeitige Einarbeitung eines Nachfolgers können Teilzeitbeset-

Stellenplan für das Haushaltsjahr 1985

Seite	Gruppe	Jahresbetrag (Grundvergütung) Ansatz 1985	Zahl der Planstellen im Stellenplan für 1984	Zahl der Planstellen im Stellenplan für 1985	Veränderungen gegenüber 1984
3	DIREKTION I	1.653.528,00	24	24	-
4 - 6	DIREKTION II	4.225.879,00	82	83	+ 1
7 - 12	DIREKTION III	32.120.013,00	512	514	+ 2
14-20	DIREKTION IV	26.899.658,00	483	488	+ 5
22-23	DIREKTION V	3.927.837,00	75	76	+ 1
24	DIREKTION VI	7.005.957,00	174	173	- 1
26-29	DIREKTION VII	32.451.961,00	608	627	+ 19
		108.284.833,00	1.958	1.985	+ 27

Abb. 10.16: Globaler Stellenplan

Erläuterungen zum Stellenplan 1985

1-12 Gehaltstarif-Stellen
ST Sondertarif-Stellen
AT außertarifl. Stellen

Betriebsbereich		1	2	3	4	5	6	7	8	9	10	11	12	ST	AT	Planstellen insgesamt	im Vergleich zum Vorjahr + / -	Der Mehr-/Minderbedarf ergibt sich aus den nachstehenden Änderungen				
																		Neue Stellen	Gelöschte Stellen	Stellen-umsetzung	Stellen-hebungen	Stellen-senkungen
Direktion I	1985	-	-	-	3	3	1	4	2	-	3	3	4	-	1	24	-	-	-	-	-	-
	1984	-	-	-	3	3	1	4	2	-	3	3	4	-	1	24						
Direktion II	1985	1	-	-	1	26	5	19	6	3	7	6	5	-	4	83	+ 1	-	-	+ 1	3	1
	1984	-	-	-	1	25	6	21	4	3	7	7	4	-	4	82						
Direktion III	1985	-	-	11	59	37	42	22	9	21	47	57	29	162	18	514	+ 2	2	-	-	8	4
	1984	-	-	13	59	37	41	26	4	21	47	57	29	158	20	512						
Direktion IV	1985	-	1	4	9	85	98	52	63	51	45	55	17	-	8	488	+ 5	5	-	-	7	4
	1984	-	1	4	10	86	96	50	62	48	47	55	17	-	7	483						
Direktion VI	1985	-	-	4	17	11	2	10	7	7	10	3	3	-	2	76	+ 1	1	-	-	-	-
	1984	-	-	4	17	11	2	10	7	7	10	2	3	-	2	75						
Direktion VII	1985	3	27	34	47	22	6	18	4	3	6	-	2	-	1	173	- 1	-	-	- 1	2	-
	1984	4	27	34	48	21	6	19	3	3	6	-	2	-	1	174						
Direktion VIII	1985	-	-	8	20	77	61	173	138	65	56	12	13	-	4	627	+ 19	19	-	-	16	2
	1984	-	-	9	21	80	59	164	132	62	52	12	13	-	4	608						
INSGESAMT	1985	4	28	61	156	261	215	298	229	150	174	136	73	162	38	1.985	+ 27	27	-	-	36	11
	1984	4	28	64	159	263	211	294	214	144	172	136	72	158	39	1.958						

Abb. 10.17: Erläuterungen zum Stellenplan

S T E L L E N P L A N   FUER DAS HAUSHALTSJAHR 1985

SEITE VON-BIS	K-ST	BETRIEBSBEREICH	JAHR	1	2	3	4	5	6	7	8	9	10	11	12	AT	P-ST.	JAHRESSUMME GEH.-BRUTTO
196	8100	HA FINANZVERWALTUNG	1985						1							1	2	768,00
			1984						1							1	2	
197	8101	HAUSHALTS-U.BERICHTSW.	1985								1		1				2	082,00
			1984								1		1				2	
198	8120	RECHNUNGSWESEN	1985					1					1		1		3	775,00
			1984					1					1		1		3	
199	8121	BUCHHALTUNG	1985				3	1		2	1		1				8	456,00
			1984				3	1		2	1		1				8	
200	8122	BETRIEBSABR.U.STATISTIK	1985				1	3			2		1				7	973,00
			1984				1	3			2		1				7	
201	8123	RECHNUNGSPRUEFUNG U.VERS	1985				1	2			1						4	030,00
			1984				1	2			1						4	
202	8126	UEBERWEISUNGSSTELLE	1985				2				1						3	521,00
			1984				2				1						3	
203	8160	DATENVERARBEITUNG	1985					1							1		2	312,00
			1984					1							1		2	
204	8161	EDV-ORGANISATION	1985										3	1			4	460,00
			1984										3	1			4	
205	8162	EDV-PROGRAMMIERUNG	1985									5	2	1			8	880,00
			1984									5	2				7	
206-207	8163	EDV-RECHENZENTRUM	1985			4	2			3				1			10	347,00
			1984			4	2			3				1			10	
			1985			4	9	8	1	5	6	5	9	3	2	1	53	604,00
			1984			4	9	8	1	5	6	5	9	2	2	1	52	

Abb. 10.18: Stellenplan für einzelne Betriebsbereiche

S T E L L E N P L A N   STAND: JANUAR 1985   (SOLL / IST)   BLATT-NR. 210

ORG.-NR: 521 / 5211   BETRIEBSVERWALTUNG   EINKAUF   GEHALTSBUCHHALTER:

LFD-NR.	STAMM-NR.	N A M E DIENSTBEZEICHNUNG	GEBURTS-DATUM	EINTR.-DATUM	EH-KZ MM/JJ	TARIF GR/ST	GRUND-VERG.	- Z U L A G E N - ART	DM	ART	DM	GESAMT VERG.	BEMERKUNGEN
001	046120 =239=	AUGUST EINKAEUFER I	31.12.24	08.04.47 ( )	10-82	09-10 (09)	.407	058	250			657 *	
002	019173 =242=	DIETER EINKAEUFER II	18.09.49	01.10.84 (01.10.84)	10-86	07-06 (07)	.510					.510*	
003	036150 =242=	FRANZ EINKAEUFER II	12.04.29	01.07.62 ( )	10-80	07-10 (07)	.159					.159*	N.ST.
004	043020 =242=	EDITH EINKAEUFER II	23.06.31	01.06.52 ( )	10-80	07-10 (07)	.159					.159*	
007	017152 =242=	STEPHAN EINKAEUFER II	12.08.59	01.01.84 (01.01.84)	04-86	07-02 (07)	.858					.858*	
005	040114 =443=	SABINE KONTORISTIN	26.08.64	13.08.80 (16.06.82)	04-86	03-02 (03)	.139					.139*	
006	065890 =443=	MARION KONTORISTIN	31.08.28	01.04.71 ( )	04-81	03-10 (03)	.972					,972*	TB 50%

TARIF-GRUPPE	1	2	3	4	5	6	7	8	9	10	11	12	OT 1	2	3	4	AT	SUMME
SOLL			2				4		1									7
IST			2				4		1									7

N.ST. = Neue Stelle
TB = Teilbeschäftigung

Abb. 10.19: Unterste Detaillierungsebene des Stellenplans

zungen gegenübergestellt werden, um einen gegenseitigen Deckungsgrad der aufgabenbezogen erforderlichen Stellen zu ermitteln. Auch die ggf. regelmäßig auftretende Fragestellung, welche Stellen/Positionen mit welcher Wertigkeit müssen wann zur Verfügung stehen, um z. B. aus dem Ausland zurückkehrenden Mitarbeitern zur Verfügung zu stehen, läßt sich beantworten.

Eine effizientere Planung vermeidet so unnötige „Zwischenlösungen", die sich aufgabenbezogen kaum rechtfertigen lassen und zudem unnötige Personalkosten verursachen.

Neuartige Probleme aus gesetzlichen und tariflichen Regelungen wie z. B. Vorruhestand und Arbeitszeitverkürzungen für erschwerte Dienste lassen sich mit Hilfe der Stellenbewirtschaftung und entsprechender Auswertungen leichter lösen, wenn genaue Informationen über die Auswirkungen möglich sind.

Personalkostensimulationen bilden ebenso wie Stellenplansimulationen unter Berücksichtigung von Wahrscheinlichkeitsrechnungen und Hypothesen kein Problem mehr.

10.4 Kosten-Nutzen-Überlegungen

Da die Ergebnisse der Arbeit mit einer computergestützten Stellenplanung in keinem unmittelbaren Zusammenhang mit den Einnahmen und Erträgen eines Unternehmens stehen und die Dienstleistungen des Personalwesens einer rationalen Bewertung kaum zugänglich sind, ist der Nutzen eines derartigen Datensystems kaum operationalisierbar. Dies darf jedoch nicht als Freibrief für einen Verzicht auf Nutzen-Überlegungen mißbraucht werden. Im Gegenteil ist eine Nutzenabschätzung im Vergleich zu den meist erheblichen Kosten unverzichtbar, wenn Fehlinvestitionen von z. B. ca 100 TDM bis 400 TDM für Fremdsoftware und betriebsinternen Anpassungs-, Einführungs- und Pflegeaufwand von bis zum 7-fachen des Kaufpreises vermieden werden sollen. Die Kosten für die EDV-Anlage sind dabei noch nicht einmal berücksichtigt.

Der Nutzen läßt sich unterteilen in

a) qualitativen Nutzen und
b) quantitativen Nutzen (z. B. weniger Personal, Materialeinsparungen, weniger Bürofläche).

Ob eine Nutzwertanalyse durch Vergabe mehrerer Ausprägungsgrade und Gewichtung der einzelnen Nutzengrößen weiterhilft, muß in jedem Einzelfall überprüft werden.

Beispiele einiger Nutzenaspekte sind in der Abbildung 10.20 aufgeführt.

10.5 Probleme bei der Entwicklung und Anwendung der Stellenplanung

Die Stellenplanung erhält ihren eigentlichen Wert erst in der Kombination mit der Personalplanung im engeren Sinne (Mitarbeiter-/Besetzungsdaten). Ein erstes

Nutzen	Ausprägung/Gewichtung
1. Personaleinsparung bzw. kein Personalmehrbedarf 2. Einsparung von Büroraum 3. Einsparung von Material, Aktenraum 4. Optimaler Datenschutz 5. Erhöhte Sicherheit von Personaldaten 6. Rasche, richtige, redundanzfreie und rechtzeitige Informationen 7. Bessere Transparenz der Personalplanung 8. Größere Effizienz des Personalreferenten 9. Bessere Entscheidungsgrundlagen 10. Wegfall unterschiedlicher Kartei- und Kontenführung mit z. T. identischem Inhalt 11. Wegfall von Doppelarbeit 12. Erhöhte Sicherheit durch Plausibilitätsprüfungen des Systems 13. Reduziertes Formularwesen, weniger Papier 14. Unmittelbare Auskunftsbereitschaft im on-line System 15. Beschleunigte Arbeitsabläufe 16. Dateneingabe nur einmal, Nutzung beliebig oft durch alle Berechtigte 17. Mehr Zeit für originäre Personalarbeit 18. Änderungs- und Erweiterungsfreundlichkeit der Programme 19. Leichte Befristung der gespeicherten Daten 20. Bessere Personalplanung	

Abbildung 10.20: Nutzenkategorien

Problem liegt deshalb in der genauen IST-Analyse der gesamten Personalarbeit (welche Information wird wie häufig von wem benötigt, woher kommt sie, was wird damit gemacht und wohin geht sie weiter).

Ein weiteres Problem liegt in der Information und Beteiligung der Mitarbeiter und der Arbeitnehmervertretung, der Freistellung qualifizierter Mitarbeiter im Personal- und Sozialwesen und der EDV sowie in der teilweisen Fluktuation dieser Mitarbeiter während der Entwicklungs- und Betriebsphase.

Die Struktur der Datenbank, die Restriktionen der Software, die eindeutige Definition der Datenfelder (keine Redundanz!) und z. B. die grundsätzliche Entscheidung, eine möglichst vollständige Datenbank aufzubauen und die einzelnen Segmente/Anwendungen schrittweise zu realisieren, können natürlich zu weiteren Schwierigkeiten führen.

Unbefriedigende Anwortzeiten und die generelle Verfügbarkeit des Systems können die Akzeptanz beeinflussen. Durch aktuelle Listen läßt sich das Abhängigkeitsgefühl vom Bildschirm allenfalls reduzieren.

Die schrittweise Einführung der PDS-Anwendungen kann ebenfalls zu Problemen führen. Alle nicht beteiligten bzw. noch nicht beteiligten Personalsachbearbeiter müssen durch Aufrechterhaltung des bestehenden Berichtswesens bzw. auch durch neuerstellte Berichte über die für sie wichtigen Daten informiert werden (doppelter Pflegeaufwand).

Nicht zuletzt ist die erforderliche Kopplung mit der Lohn- und Gehaltsabrechnung, um wirklich redundanzfreie Daten zu erhalten, problembehaftet. Alle wesentlichen Personaldaten werden bereits für die Lohn- und Gehaltsabrechnung benötigt und sollten nicht nochmals getrennt für die Personalplanung bzw. auch Stellenplanung eingegeben und gepflegt werden.

Wilhelm Mülder / Siegfried Waldschütz

11. Checklisten zur Personalplanung

11.1 Zielsetzung und Beschreibung

Im folgenden werden Kriterien in Form von Checklisten skizziert, die dem Praktiker der Personalplanung die Entscheidung erleichtern sollen,

- ob für die Personalplanung eine Methodenunterstützung überhaupt sinnvoll erscheint.
- welche Methode unter den jeweiligen betrieblichen Rahmenbedingungen am geeignetsten ist.
- ob und in welcher Form eine Computerunterstützung für die Personalplanung zweckmäßig ist.

Die Kriterien wurden erarbeitet bei der genauen Analyse verfügbarer **Methoden der Personalbedarfsplanung,** wie z. B.[1)]

- Schätzverfahren
- Stellenplan-/Arbeitsplatzmethode
- Kennzahlen-Methode
- arbeitswissenschaftliche Verfahren
- heuristisch-mathematische Verfahren.

Die Kriterien sind allerdings auch anwendbar für die Auswahl unterstützender Methoden anderer Personalplanungsfunktionen, wie z. B.

- Personalbeschaffungsplanung
- Personalentwicklungsplanung
- Personalfreistellungsplanung.

Die vorliegende Kriteriensammlung ist als eine **„offene" Entscheidungshilfe** anzusehen. Der Idealfall, daß alle Kriterien erfüllt sind, wird in der betrieblichen Praxis wohl kaum eintreten. Bezogen auf den individuellen Anwendungsfall können sich einzelne Kriterien als irrelevant erweisen und fortfallen. Die Checklisten sind auch insofern offen, als sie durch weitere, hier nicht enthaltene Kriterien ergänzt werden können.

Der Einsatz der Checklisten ist hauptsächlich gedacht für die erstmalige Auswahl bzw. Anwendung einer Pesonalplanungs-Methode und darauf aufbauend einer Computerunterstützung. Denkbar ist allerdings auch die Überprüfung der Qualität bereits eingesetzter Methoden und Verfahren.

---

1) vgl. Beitrag 3

Die Checklisten zur Personalplanung gliedern sich in 4 Teile:

	I. Methoden	II. Computer
A Generell	Kriterien zur Methodenauswahl, die in **jedem** Unternehmen erfüllt sein **müssen** = CHECKLISTE IA	Kriterien zur Computerunterstützung, die in **jedem** Unternehmen erfüllt sein **müssen** = CHECKLISTE IIA
B Individuell	Kriterien zur Methodenauswahl die **unternehmensspezifisch** ausgewählt und gewichtet werden müssen = CHECKLISTE IB	Kriterien zur Computerunterstützung, die **unternehmensspezifisch** ausgewählt und gewichtet werden müssen = CHECKLISTE IIB

Checkliste IA enthält **grundsätzliche** Anforderungen an Personalplanungs-Methoden. Die Beantwortung dieser Fragen soll dem Personalplaner Aufschluß darüber geben, ob die Anwendung einer bestimmten Planungsmethode überhaupt zweckmäßig ist oder nicht. Checkliste IA sollte nach unserer Einschätzung in **jedem** Unternehmen geprüft werden. Soweit einzelne Kriterien nicht erfüllt werden, ist zu überlegen, durch welche Maßnahmen Abhilfe geschaffen werden kann. Lassen sich die Kriterien von IA nicht erfüllen, so ist von der Anwendung der entsprechenden Methode abzuraten.

Checkliste IB enthält weitere Kriterien zur Auswahl von Personalplanungs-Methoden. Ihre Bedeutung schwankt allerdings von Unternehmen zu Unternehmen. Eine generelle Empfehlung zur Prüfung aller Kriterien von IB kann daher nicht gegeben werden.

Für den Anwender stellt Checkliste IB eine Zusammenstellung möglicher Anforderungen an Personalplanungs-Methoden dar, wobei in jedem Einzelfall die Bedeutung der einzelnen Kriterien zu prüfen und zu gewichten ist.

Die Checklisten II können eingesetzt werden, wenn für den Bereich der Personalplanung eine Computerunterstützung vorgesehen ist. Grundsätzlich ist eine methodische Personalplanung ohne Computerunterstützung möglich. Unter bestimmten Voraussetzungen, auf die in den Checklisten II näher eingegangenen wird, erscheint die Computerunterstützung der Personalplanung sinnvoll. Gleichzeitig können neue Probleme auftreten. Die Checklisten II sind als Entscheidungshilfe gedacht, die den Personalplaner bei der Wahl einer geeigneten Form des Computereinsatzes unterstützt.

Wiederum erschien die Unterteilung in **generell** bedeutsame Kriterien (Checkliste IIA) und für den **Einzel-Fall** wichtige Kriterien (Checkliste IIB) sinnvoll.

Die Checklisten sind eine Mischung aus bekannten theoretischen Kriterien sowie solchen, die aus der betrieblichen Erfahrung der Arbeitskreismitglieder eine entscheidende Rolle spielen.

Die einzelnen Kriterien sind fortlaufend numeriert in der linken Spalte aufgeführt. In der mittleren Spalte werden diese Kriterien operationalisiert in Form von Fragen und Erläuterungen. Die rechte Spalte enthält Hinweise auf die Beantwortung dieser Fragen. Im einfachsten Fall wird der Anwender als Antwort „Ja“ oder „Nein“ niederschreiben. Bei Bedarf kann eine genauere Skalierung gewählt werden (z. B. zwischen „1“ und „5“). Als weitere Form der Beantwortung sind in der rechten Spalte inhaltliche Angaben z. B. über zu ergreifende organisatorische Maßnahmen, über Termine und Kosten vorgesehen.

Die Anordnung der Kriterien bedeutet nicht, daß eine zwingende Abarbeitung in dieser Reihenfolge notwendig ist. Auch wird mit der fortlaufenden Numerierung keine Rangordnung nach Wichtigkeit fest vorgegeben. Grundsätzlich gilt allerdings

- Kriterien zur Methodenauswahl sollten **vor** den Kriterien zur Computerunterstützung geprüft werden.
- Generelle Kriterien sollten **vor** den individuellen Kriterien geprüft werden.

11.2 Hinweise zur Arbeit mit den Checklisten

Benutzung der Checklisten IA + IB

1. Der Anwender bestimmt diejenigen Personalplanungsmethoden, die er näher untersuchen will. Soweit bereits eine methodische Personalplanung praktiziert wird, können diese Methoden nachträglich auf ihre Güte geprüft werden.
2. Checkliste IA enthält allgemein gültige Kriterien, auf deren Prüfung nicht verzichtet werden sollte. Aus Checkliste IB bestimmt der Anwender die für sein Unternehmen bedeutsamen Kriterien.
3. Jede einzelne Personalplanungsmethode wird mit Hilfe der Kriterien untersucht.
4. Fallen die Antworten auf einzelne Fragen unbefriedigend aus, muß geprüft werden, ob und durch welche Maßnahmen Abhilfe geschaffen werden kann.
5. Lassen sich bei einer Personalplaungsmethode die „generellen Kriterien“ auch in Zukunft nicht erfüllen, wird diese Methode nicht mehr berücksichtigt.
6. Alle übrigen Kriterien/Einzelfragen werden in eine Rangordnung gebracht und gewichtet, z. B.

   Wichtungsfaktor

   10 = sehr wichtig, unverzichtbar
   5 = wichtig
   3 = weniger wichtig, verzichtbar
   1 = unbedeutend

Im Anschluß kann die Methode, die die wichtigsten Kriterien erfüllt, häufig bereits bestimmt werden.

7. Bei Bedarf können die „Ja/Nein"-Aussagen der Checkliste verfeinert werden, z. B. mit Hilfe einer Punkteskala

   Punkte

   5 = Kriterium vollständig erfüllt
   3 = Kriterium teilweise erfüllt
   1 = Kriterium nicht erfüllt

   Mit Hilfe der Multiplikation „Wichtungsfaktor x Punkte" ist eine genaue Bewertung jeder einzelnen Fragestellung möglich. Die Addition der auf diese Weise ermittelten Wertungspunkte ergibt für die im Detail untersuchte Personalplanungsmethode eine Gesamtwertung.

8. Die Gesamtbewertung kann für alle in Betracht kommenden Personalplanungsmethoden vorgenommen werden. Durch den Vergleich der Gesamtbewertungen kann die „beste" Methode bestimmt werden. Da jede Planungsmethode in der betrieblichen Anwendungssituation Stärken und Schwächen aufweist, wird sich in den meisten Fällen ein **Methodenverbund,** d. h. die Anwendung mehrerer Methoden für die verschiedenen Teilaufgaben der Personalbedarfsermittlung anbieten.

Benutzung der Checklisten IIA + IIB

1. Mit Hilfe der Checklisten II soll nicht die zweckmäßigste Form der Computerunterstüzung im Bereich Personalplanung bestimmt werden. Im Mittelpunkt steht das Ziel, dem Funktionsbereich „Personalwesen" die Definition von Anforderungen an eine Computerunterstützung zu erleichtern.
2. Die in Checkliste IIA aufgeführten Kriterien sollten in jedem Fall geprüft werden, während die übrigen Kriterien individuell festgelegt werden können.
3. Durch die Beantwortung der Checklisten II soll sich der Personalplaner weitgehend Klarheit über die von ihm angestrebte Computerunterstützung verschaffen.
4. Die Kriterien konzentrieren sich auf Anforderungen der Benutzer. Für DV-Spezialisten mag ein Teil dieser Kriterien selbstverständlich sein. Der Benutzer, der im Regelfall Personalfachmann und nicht EDV-Spezialist ist, muß sich aber auf jeden Fall hiermit auseinandersetzen. Zur Beantwortung DV-spezifischer Aspekte empfiehlt sich die Zusammenarbeit des Personalplaners mit einem Datenverarbeitungsspezialisten.

Kriterien – Übersicht

	I. Methoden	II. Computer
A Generell	1. Einheitliche Ermittlung 2. Verfügbarkeit 3. Detaillierungsebene 4. Meßniveau 5. Rechtliche Zulässigkeit der Methode 6. Akzeptanz der Methode = CHECKLISTE IA	18. Algorithmisierbarkeit 19. Akzeptanz der Computerunterstützung 20. Rechtliche Zulässigkeit der Computerunterstützung = CHECKLISTE IIA
B Individuell	7. Eindeutigkeit 8. Praxiserprobung 9. Anpassung an betriebliche Besonderheiten 10. Objektivität 11. Prognosegenauigkeit 12. Organisatorische Erfordernisse 13. Personalpolitische Grundsätze 14. Korrekte Datenerhebung 15. Zeitliche Stabilität 16. Vergleichbarkeit 17. Wirtschaftlichkeit = CHECKLISTE IB	21. Personelle und organisatorische Voraussetzungen 22. Praxiserprobung 23. Datenvolumen 24. Änderungshäufigkeit 25. Zugriffshäufigkeit 26. Flexibilität 27. Dateneingabe 28. Art der Verarbeitung 29. Ausgabe der Verarbeitungsergebnisse 30. Hardware 31. Software 32. Datensicherheit 33. Wirtschaftlichkeit = CHECKLISTE IIB

Checkliste IA
Generelle Anforderungen an die Methoden

Kriterium	Frage/Meßvorschrift	mögliches Ergebnis/ mögliche Aussage
1. Einheitliche Ermittlung	● Werden Bestands- bzw. Bewegungsdaten sowie Kennzahlen des Personalbereichs nach einheitlichen Kriterien ermittelt?	Ja/Nein Definition von Köpfen, Mengen, Werten
2. Verfügbarkeit	● Sind die benötigten Daten für die Personalplanung überhaupt verfügbar?	
	● Stehen die erforderlichen **internen** Daten zur Verfügung? z. B.	
	– Daten zur Unternehmensplanung	Ja/Nein
	– Personalbeurteilungen	Ja/Nein
	– Personalentwicklungsdaten	Ja/Nein
	– Stellenpläne	Ja/Nein
	– Stellenbeschreibungen	Ja/Nein
	– Stellenbesetzungspläne	Ja/Nein
	– Betriebliches Rechnungswesen (insbesondere Personalkosten)	Ja/Nein
	– Daten aus Fertigung und Arbeitsvorbereitung	Ja/Nein
	● Stehen die erforderlichen **externen** Daten zur Verfügung? z. B.	
	– Amtliche Statistiken	Ja/Nein
	– Daten von Wirtschaftsverbänden, Forschungseinrichtungen, Industrie- und Handelskammern	Ja/Nein
	– Gesetze, Tarifverträge, Arbeitszeitordnung	Ja/Nein
	● Wie oft und zu welchen Zeitpunkten werden aktuelle Planungsergebnisse benötigt?	Festlegung der Zeitpunkte (Periodisch, Nicht-Periodisch)
	● Stehen die erforderlichen Input-Daten **termingerecht** zur Verfügung?	Ja/Nein

Kriterium	Frage/Meßvorschrift	mögliches Ergebnis/ mögliche Aussage
	● Ist der fristgerechte Zugang zu **externen** Daten möglich?	Ja/Nein
	● Hängt der Zugriff auf **interne** Daten von bestimmten Fristen/ Stichtagen ab?	Ja/Nein Festlegung des Zeitpunktes der Ablieferung
3. Detaillierungsebene	● Liegen die Daten in der erforderlichen Detaillierung vor? (Einzeldaten/zusammengefaßte Daten)	Ja/Nein
4. Meßniveau	● Welches Meßniveau der Daten erfordert die Methode? Hierbei sind zu unterscheiden: **Nominalskala,** d. h. Messung von Gleichheit bzw. Verschiedenheit (z. B. Ja/Nein, Geschlecht) **Ordinalskala,** d. h. Anordnung in einer Rangreihe (z. B. Schulnoten) **Intervallskala,** d. h. zwischen den einzelnen Werten bzw. Daten sind gleich große Abstände (z. B. Leistungsbeurteilung nach einem Punkteverfahren) **Verhältnisskala** vereinigt alle bisherigen Merkmale. Hinzu kommt, daß der Anfangswert („Nullpunkt") sinnvoll interpretiert werden kann (z. B. Alter, Einkommen)	Bestimmung des Meßniveaus
	● Liegen die Daten im erforderlichen Meßniveau vor?	Ja/Nein
5. Rechtliche Zulässigkeit der Methode	● Bestehen rechtliche Bedenken gegen Anwendung der Methode? z. B. – Betriebsverfassungsgesetz – Tarifvereinbarungen – Betriebsvereinbarungen	Ja/Nein Liste der Einschränkungen
	● Existieren rechtliche Bedenken (Gesetze, Verträge) gegen die Erhebung bzw. Verwendung spezifischer Daten für die Personalplanung?	Ja/Nein

Kriterium	Frage/Meßvorschrift	mögliches Ergebnis/ mögliche Aussage
	● Kann die Methodenanwendung zu Konflikten mit dem Betriebsrat führen?	Ja/Nein
	● Gibt es Einwände seitens des Datenschutzbeauftragten?	Ja/Nein
6. Akzeptanz der Methode	● Entstehen durch den Methodeneinsatz personelle Veränderungen? z. B. – veränderte Zuständigkeits- und Verantwortungsbereiche – Personalfreistellungen – Neueinstellungen (Experten für Personalplanung)	Ja/Nein – Liste der personellen Veränderungen
	● Gibt es konkurrierende Kompetenzen hinsichtlich der Methodenauswahl?	Ja/Nein
	● Ist die Methoden-Akzeptanz seitens Betriebsrates gewährleistet?	Ja/Nein
	● Ist die Methoden-Akzeptanz seitens der Betroffenen (d. h. Mitarbeitergruppen in den einzelnen organisatorischen Bereichen) gewährleistet?	Ja/Nein
	● Unterstützen die einzelnen Linienvorgesetzten und das Management die Planungsmethode?	Ja/Nein

Checkliste IB
Individuelle Anforderungen an die Methoden

Kriterium	Frage/Meßvorschrift	mögliches Ergebnis/ mögliche Aussage
7. Eindeutigkeit	● Sind die Methoden und Daten genau beschrieben?	Ja/Nein
	● Lassen sich die einzelnen Verfahrensschritte genau festlegen?	Ja/Nein
	● Gibt es in der Literatur oder unter Planungsexperten unterschiedliche Auffassungen über benötigte Daten bzw. einzelne Verfahrensschritte bei der Methodenanwendung?	Ja/Nein
8. Praxis-erprobung	● Liegen praktische Erfahrungen vor über Anwendung der Methode in mindestens einem fremden Unternehmen?	Ja/Nein – Liste der Unternehmen, die die Methoden anwenden
	● Liegen Erfahrungen vor über Anwendung der Methode in eigenen Filialen/Betriebsstätten/ Tochterunternehmen?	Ja/Nein – Liste der Filialen etc., die die Methode anwenden – Liste der Kontaktpersonen
	● Sind die bisherigen praktischen Erfahrungen mit der Methode positiv?	Ja/Nein – Beurteilungs-skala
9. Anpassung an betriebliche Besonderheiten	● Ist die Methode in der Lage, sich an folgende Einschränkungen anzupassen? z. B.	– Liste der betrieblichen Besonderheiten im Zusammenhang mit der Personalplanung
– Zeitraum	● Beschränkung auf kurz-, mittel- oder langfristige Personalplanung?	Ja/Nein
– Detaillierungsgrad	● Beschränkung auf globale oder detaillierte Bedarfsermittlung	Ja/Nein
– Branche	● Berücksichtigt die Methode branchenmäßige Besonderheiten des Personalbedarfs?	Ja/Nein

Kriterium	Frage/Meßvorschrift	mögliches Ergebnis/ mögliche Aussage
– Unternehmensgröße	● Beschränkung auf Klein-, Mittel oder Großbetriebe?	Ja/Nein
– Belegschaftsstruktur	● Beschränkung auf gewerbliche/ kaufmännische/sonstige Mitarbeiter	Ja/Nein
	● Beschränkung auf Vollzeit-/Teilzeitarbeitskräfte?	Ja/Nein
– Absatz- und Produktionsentwicklung	● Ist die Methode lediglich bei kontinuierlicher Absatz- bzw. Produktionsentwicklung anwendbar? „kontinuierlich" bedeutet – stagnierende oder stetig steigende Absatzmengen; – keine saisonalen Absatzschwankungen; – geringfügige Änderungen der Produktionsmenge und -qualität	Ja/Nein
10. Objektivität = Unabhängigkeit des Methodeneinsatzes von der Person des Anwenders	● In welchem Maße beeinflußt ein Wechsel des für die Personalplanung zuständigen Mitarbeiters die Planergebnisse?	● Abweichungen Ja/Nein
	● Wie stark weichen Planungsergebnisse voneinander ab, wenn die Personalplanung durch zwei, voneinander unabhängige Personalfachleute durchgeführt wird? (Ein derartiger Test kann unter der Voraussetzung von gleichen Inputdaten durchgeführt werden)	● Abweichungen Ja/Nein
	● Ist die Methodenanwendung von den persönlichen Erfahrungen des Planungsspezialisten abhängig? (z. B. bei Schätzverfahren)	Ja/Nein
	● Ist die Methodenanwendung von der Persönlichkeit und Durchsetzungsfähigkeit des Personalplaners abhängig?	Ja/Nein

Kriterium	Frage/Meßvorschrift	mögliches Ergebnis/ mögliche Aussage
11. Prognose-genauigkeit/ Zuverlässigkeit = Grad der Übereinstimmung zwischen dem geschätzten Personalbedarf und tatsächlich erreichten Personalbestand	● Stimmt der geschätzte Personalbedarf mit dem dann erreichten Personalbestand überein? Soll-Ist-Vergleich – Nur für kleinere organisatorische Einheiten, wie z. B. Abteilungen, vorzunehmen – Vorsicht bei Interpretationen: in der Regel sind mehrere Ursachen für Planabweichungen denkbar – Fundierte Aussagen über die Zuverlässigkeit von Planungsmethoden sind erst nach mehrmaligen Soll-Ist-Vergleichen möglich!	● Abweichung Ja/Nein – Abweichungs-analyse
12. Organisatorische Erfordernisse	● Welche organisatorischen Voraussetzungen müssen für die Anwendung der Methode erfüllt werden? z. B. – Stellenplanmethode setzt Strukturierung der Arbeitsplätze nach Zahl und Qualität voraus – Innerbetriebliche Vergleichbarkeit der Planergebnisse ist nur bei ähnlich strukturierten Funktionseinheiten (Abteilungen, Filialen etc.) möglich	– Liste der organisatorischen Voraussetzungen – Stellenplan vorhanden Ja/Nein – Festlegung vergleichbarer Abteilungen etc.
13. Personal-politische Grundsätze	● Wird der Einsatz von Personalplanungsmethoden durch das Management befürwortet und aktiv unterstützt? ● Gibt es personalpolitische Grundsätze oder Führungsanweisungen, die bei dem Methodeneinsatz zu berücksichtigen sind?	Ja/Nein Ja/Nein – Liste der Grundsätze/Anweisungen

Kriterium	Frage/Meßvorschrift	mögliches Ergebnis/ mögliche Aussage
14. Korrekte Daten-erhebung	● Werden besondere Verfahren der Datenerhebung angewandt? (z. B. automatische Arbeitszeit-erfassung, arbeitswissenschaftliche Verfahren)	Ja/Nein Art der Erhebungs-verfahren
	● Sind diese Verfahren der Daten-erhebung mit Mängeln behaftet?	Ja/Nein Art der Mängel
	● Ist der Kontextbezug von Personal-daten gewährleistet? (**Kontextbezug** bedeutet, daß die erhobenen Personaldaten in ihrem jeweiligen sozialen, räumlichen und zeitlichen Zusammenhang bleiben müssen. Bei isolierter Betrachtung beispielsweise von nicht mehr aktuellen Personalbeurteilungs-daten besteht die Gefahr von Verfälschungen und Fehlinter-pretationen)	Ja/Nein
15. Zeitliche Stabilität	● Behalten bestimmte, in der Ver-gangenheit beobachtete Sachver-halte für die Zukunft ihre Gültigkeit? (z. B. bei Trendextrapolation)	Ja/Nein
16. Vergleichbar-keit	● Können Planergebnisse periodisch verglichen werden?	Ja/Nein Einschränkungen der Vergleichbarkeit
	● Können Planergebnisse im eigenen Unternehmen (in der eigenen Abteilung etc.) mit fremden Unter-nehmen (anderen Abteilungen etc.) verglichen werden?	Ja/Nein Einschränkungen der Vergleichbarkeit
17. Wirtschaft-lichkeit = Kosten-Nutzen-Relation	● Welche Kosten hat die bisher praktizierte Personalplanung ver-ursacht („altes" Planungsverfahren)?	Kostenschätzung
	● Welche Kosten sind mit den neuen Planungsverfahren verbunden?	Kostenschätzung

Kriterium	Frage/Meßvorschrift	mögliches Ergebnis/ mögliche Aussage
	● **Einführungskosten** = Kosten der Methodenauswahl, Methodenanpassung (an betriebliche Erfordernisse), Methodenimplementierung (z. B. Schulung), Datenerhebung	in DM
	● **Pflegekosten** = Kosten der laufenden Methodenanwendung und -verbesserung, Datenpflege	in DM
	● Welchen **Nutzen** bringt die Methodenanwendung?	Nutzenschätzung
	● **Quantifizierbarer Nutzen** z. B. realisierte Einsparungen durch Methodeneinsatz (Personal- und Sachkosten);	in DM
	● **Nicht-quantifizierbarer Nutzen** z. B. höhere Aktualität; bessere Kontrolle/Steuerung/Vorausschau im Personalbereich; schnellere Reaktionsfähigkeit bei personellen Maßnahmen;	Zeiten Ja/Nein

Checkliste IIA

Generelle Anforderungen an die Computerunterstützung

Kriterium	Frage/Meßvorschrift	mögliches Ergebnis/ mögliche Aussage
18. Algorithmisierbarkeit	● Lassen sich die einzelnen Einflußgrößen bestimmen?	Ja/Nein
Ein Algorithmus bezeichnet eine eindeutig festgelegte, endliche Folge von Rechen- und Verarbeitungsoperationen zur Lösung einer bestimmten Klasse von Problemen	● Lassen sich die Rechen- und Verarbeitungsregeln eindeutig festlegen?	Ja/Nein
19. Akzeptanz der Computerunterstützung	● Wird eine Computerunterstützung für die Personalplanung vom Management befürwortet und unterstützt?	Ja/Nein Liste der Einschränkungen
Die Akzeptanz der Computerunterstützung ist unabhängig von der Akzeptanz des Methodeneinsatzes (vgl. Kriterium 6) zu prüfen. Der Methodeneinsatz kann akzeptiert werden, eine Computerunterstützung dagegen nicht!	● Wird eine Computerunterstützung für die Personalplanung von den Benutzern im Bereich Personalwesen/Personalplanung akzeptiert? ● Wird eine Computerunterstützung für die Personalplanung vom Betriebsrat/von den betroffenen Mitarbeitern akzeptiert?	Ja/Nein Liste der Einschränkungen Ja/Nein Liste der Einschränkungen

Kriterium	Frage/Meßvorschrift	mögliches Ergebnis/ mögliche Aussage
20. Rechtliche Zulässigkeit der Computerunterstützung	● Existieren rechtliche Bedenken gegen die computergestützte Abwicklung der Personalplanung? z. B. – Betriebsverfassungsgesetz – Bundesdatenschutzgesetz – Betriebsvereinbarungen – Urteile und Entscheidungen, z. B. des BAG	Ja/Nein Liste der Einschränkungen

Checkliste IIB

Individuelle Anforderungen an die Computerunterstützung

Kriterium	Frage/Meßvorschrift	mögliches Ergebnis/ mögliche Aussage
21. Personelle und organisatorische Voraussetzungen	● Können Entwicklung, Betrieb und Wartung des angestrebten Systems personell vom DV-Bereich bewältigt werden?	Ja/Nein Festlegung der Einsatzplanung bzw. Festlegung evtl. zusätzlichen Personalbedarfs
	● In welcher Form verändert eine Computerunterstützung Organisation und Arbeitsablauf der Personalplanung? z. B. – veränderte Qualifikationsanforderungen – Personalabbau – Einrichtung neuer Stelle(n) für Personalplanungsaktivitäten	Liste organisatorischer Änderungen
22. Praxiserprobung	● Liegen Erfahrungen über die computergestützte Anwendung von Personalplanungsmethoden in mindestens einem fremden Unternehmen vor?	Ja/Nein Liste der Unternehmen
	● Liegen Erfahrungen vor über die computergestützte Anwendung in eigenen Filialen/Betriebsstätten/Tochterunternehmen?	Ja/Nein Liste der Filialen etc.
	● Wie lassen sich die bisherigen Erfahrungen beurteilen?	Beurteilungsskala
23. Datenvolumen	● Wie groß ist die Menge der zu verarbeitenden Daten?	Festlegung des Datenvolumens
	● Welche Auswirkungen hat das Datenvolumen auf die Hardware-Kapazität? (vgl. Kriterium 30)	Aufzeigen von Konsequenzen
	● Welche Auswirkungen hat das Datenvolumen auf die personelle Kapazität? (vgl. Kriterium 21)	Aufzeigen von Konsequenzen

Kriterium	Frage/Meßvorschrift	mögliches Ergebnis/ mögliche Aussage
24. Änderungshäufigkeit	● Wie oft ändern sich die Daten?	Anzahl bzw. Rhythmus der Datenänderungen pro Monat/Jahr
25. Zugriffshäufigkeit/ Auskunftsfrequenz	● Wie viele verschiedene Benutzer gibt es?	Festlegung der Benutzergruppe
	● Wie oft fragen die Benutzer Personalplanungsdaten ab?	Anzahl der Benutzeranfragen
26. Flexibilität/ Erweiterungsfähigkeit bzgl. neuer funktionaler Anforderungen und technischer Möglichkeiten	● Kann der bestehende Personaldatenbestand um Personalplanungsdaten erweitert werden?	Ja/Nein
	● Kann der Personaldatenbestand zukünftig aufgrund neuer funktionaler Anforderungen erweitert werden?	Ja/Nein
	● Kann das bestehende Software-System um das Modul „Personalplanung" erweitert werden?	Ja/Nein
	● Kann das Modul „Personalplanung" zukünftig um Teilfunktionen erweitert werden?	Ja/Nein
27. Dateneingabe	● Auf welche Art und Weise erfolgt die Eingabe von Personalplanungsdaten? z. B.	Festlegung der organisatorischen Möglichkeit der Datenerfassung
	● Direkte Erfassung über Terminal in der Fachabteilung?	Ja/Nein
	● Indirekte Erfassung auf Diskette oder Kassette mit anschließendem Datenträgertransport?	Ja/Nein
	● Erfassung auf maschinell nicht lesbarem Datenträger mit anschließendem Datenträgertransport?	Ja/Nein
	● Zugriff auf bereits gespeicherte Daten?	Ja/Nein

Kriterium	Frage/Meßvorschrift	mögliches Ergebnis/ mögliche Aussage
28. Art der Verarbeitung	● Auf welche Art und Weise erfolgt die Verarbeitung? z. B. ● **Stapelverarbeitung** Hierbei ist die Aufgabe vollständig formuliert, bevor sie gemeinsam mit allen erforderlichen Eingabedaten dem Computer übergeben wird. Man unterscheidet: – Lokale Stapelverarbeitung, d. h. zentrale Stapelverarbeitung mit zentraler Datenerfassung – Stapelfernverarbeitung (Remote Batch Entry), d. h. Eingabedaten werden in der Fachabteilung erfaßt und an das Rechenzentrum übertragen – Jobfernverarbeitung (Remote Job Entry), d. h. Erfassung der Daten erfolgt dezentral in der Fachabteilung, die Stapelverarbeitungsprogramme können dezentral gestartet werden. ● **Dialogverarbeitung** Schrittweise Abwicklung von Datenverarbeitungsaufgaben, im wechselseitigen Dialog von Benutzer und Computer durchgeführt. Man unterscheidet: **Abfrage- oder Auskunftssysteme,** d. h. Benutzer fragt, Computer antwortet. **Interaktive Systeme,** d. h. Benutzer und Computer können fragen und antworten.	Festlegung der Arbeitsweise des Systems
29. Ausgabe der Verarbeitungsergebnisse	● In welcher Form benötigt der Benutzer die Verarbeitungsergebnisse? z. B. – Bildschirm – Liste – Grafik – Bildschirm mit Hardcopy-Möglichkeit	Vorschläge zur Gestaltung von Bildschirmmasken, Listen etc.

Kriterium	Frage/Meßvorschrift	mögliches Ergebnis/ mögliche Aussage
	● Können die Verarbeitungsergebnisse fristgerecht zur Verfügung gestellt werden?	Ja/Nein Festlegung von Terminen
	● Sind die Verarbeitungsergebnisse benutzerfreundlich?	
30. Hardware	● Welche Hardware-Konfiguration wird im Benutzerbereich benötigt/ bevorzugt?	Festlegung der Hardware-Konfiguration
31. Software	● Kann Standard-Software eingesetzt werden?	Ja/Nein Prüfung des Standard-Software-Angebotes
	● Soll bzw. muß Individual-Software eingesetzt werden? – im eigenen Unternehmen erstellt – von einem Software-Haus erstellt	Ja/Nein
32. Datensicherheit	● Werden die Erfordernisse der Datensicherheit aus DV-technischer Sicht berücksichtigt? z. B. – Datenarchivierung – Daten- und Systemverfügbarkeit	Ja/Nein Liste erforderlicher Datensicherungsmaßnahmen
33. Wirtschaftlichkeit	● Welche Kosten entstehen bei der Computerunterstützung?	Kostenschätzung
	– Einmalkosten (Systemeinführung, Kauf von Standard-Software)	in DM
	– Laufende Kosten (Miete, Wartung)	in DM
	● Welchen Nutzen bringt die Computerunterstützung?	Nutzenschätzung
	– Quantifizierbarer Nutzen, wie z. B. Kosteneinsparungen	in DM
	– Nicht-quantifizierbarer Nutzen, wie z. B.	
	– höhere Aktualität der Planungsergebnisse;	Zeiten
	– rationellere Abwicklung der Personalplanung;	

Kriterium	Frage/Meßvorschrift	mögliches Ergebnis/ mögliche Aussage
	– schnellere Reaktionen auf veränderte Rahmenbedingungen/ veränderte Absatz- und Produktplanungen;	Ja/Nein
	– Durchführung von Alternativplanungen oder Simulationsrechnungen	Ja/Nein
	– Welche Veränderungen der Wirtschaftlichkeitsbetrachtung ergeben sich infolge der Computerunterstützung (im Vergleich zu einer rein manuellen Personalplanung gem. Kriterium 17)	Aufzeigen von Veränderungen

12. Schlußfolgerungen für die zukünftige Anwendung von methoden- und computergestützter Personalplanung

These 1: Methodenbegriff

These 2: Stellenwert computergestützter Personalplanung

These 3: Empfehlungen für den praktischen Methodeneinsatz

These 4: Betriebliche Anforderungen an Methoden

These 5: Güte von Planungsdaten

These 6: Keine allgemeingültigen Checklisten für die Methodenauswahl

These 7: K.O-Kriterien vorrangig prüfen

These 8: Methodenakzeptanz

These 9: Computerakzeptanz

These 10: Weiterentwicklung von praktisch nutzbaren Methoden

Die Autoren dieses Buches haben sich in elf Beiträgen mit Methoden der Personalplanung befaßt. Im Mittelpunkt standen hier Methoden der Personalbedarfsplanung, insbesondere Kennzahlenmethoden. Anhand von praktischen Beispielen in 7 Unternehmen wurde die erfolgreiche Anwendung von Personalplanungsmethoden in der Praxis veranschaulicht. Zugleich wurden aber auch Grenzen des Methodeneinsatzes und der Computerunterstützung bei der Personalplanung sichtbar. Anwendungsdefizite und die Ursachen hierfür wurden aufgezeigt.

Für die Praxis relevante Schlußfolgerungen aus den einzelnen Beiträgen sollen im folgenden in Form von Thesen gezogen werden:

These 1: Methodenbegriff

Der Methodenbegriff wird häufig „zu hoch" angesetzt, d. h. es werden hauptsächlich formale-mathematische Methoden diskutiert. Für die praktische Anwendung innerhalb der Personalplanung wird vorgeschlagen, den Methodenbegriff wie folgt zu modifizieren:

Unter einer Methode wird ein geordnetes systematisches Vorgehen verstanden, welches für die Lösung von Planungsproblemen hilfreich ist. Methoden lassen sich nach ihrem Reife- bzw. Entwicklungsstand unterteilen in

- Konzepte (einfachste Methoden)
- Techniken (bereits stärker formalisierte Methoden)
- Werkzeuge (computergestützte Methoden, wobei noch zu unterscheiden ist, ob das Werkzeug noch systemtechnisch entwickelt werden muß oder bereits verfügbar ist, etwa als Teil eines Standard-Softwaresystems).

These 2: Stellenwert computergestützter Personalplanung

Computergestützte Personalplanung hat gegenwärtig – ähnlich wie die Personalplanung – einen geringen Stellenwert in der Praxis. Der Ausbau computergestützter Personaladministrationssysteme wird weiterhin mit höherer Priorität betrieben. In diesem Bereich sind die Rationalisierungsvorteile durch den Computereinsatz am höchsten. Die Komplexität der gegenwärtig praktizierten Abrechnungsverfahren läßt eine manuelle Abwicklung nicht mehr zu. Der Nutzen computergestützter Personaladministrationssysteme läßt sich in der Regel quantitativ messen (Kosteneinsparungen), während bei computergestützten Personalplanungssystemen hauptsächlich ein qualitativer Nutzen feststellbar ist.

Bei der Entwicklung dispositiver Personalinformationssysteme, die auch für die Personalplanung genutzt werden können, wird versucht, auf bestehenden Personaladministrationssystemen aufzusetzen (z. B. durch eine gemeinsam genutzte Personaldatenbank). Eine derartige Entwicklungsstrategie ist allerdings häufig zum Scheitern verurteilt. Für computergestützte Personalplanungssysteme werden zusätzliche Daten benötigt (z. B. Arbeitsplatzdaten, Prognosendaten) und es sind andere Formen der Computernutzung erforderlich (Dialogverarbeitung, Personal Computing).

These 3: Empfehlungen für den praktischen Methodeneinsatz

Der Einsatz verfügbarer Personalplanungsmethoden läßt sich durch Berücksichtigung folgender Empfehlungen für die Praxis verbessern:

a) Anpassung der Methode an den speziellen Anwendungsfall, d. h. Verwendung maßgeschneiderter Methoden. Grundvoraussetzung ist hierbei eine entsprechend präzisierte Zielsetzung.

b) Einsatz von Methoden mit wachsendem Schwierigkeitsgrad, d. h. beginnend mit einfachen Methoden können nach und nach auch anspruchsvollere Methoden eingesetzt werden (Lerneffekte nutzen).

c) Beschaffung der erforderlichen Input-Daten. Dies ist eine Grundvoraussetzung für den Einsatz der Methode.

d) Verwendung mehrerer Methoden (Methodenkombination)

e) Überprüfung und ggfs. Anpassung der Methode und der Prognosewerte in bestimmten Zeitabschnitten im Sinne einer rollierenden Planung

f) Eine Computerunterstützung der Personalplanung setzt die Klärung vorgelagerter methodischer Probleme voraus.

These 4: Betriebliche Anforderungen an Methoden

Betriebliche Anforderungen an Methoden der Personalplanung resultieren aus betrieblichen Problemen und können nicht generell formuliert werden. Wenn der Anwender lediglich geringe Anforderungen an Personalplanungsmethoden stellt, reicht auch der Einsatz einfacher Methoden aus (z. B. Konzepte).

These 5: Güte von Planungsdaten

Nicht die mangelnde Kenntnis der komplizierten Methoden ist entscheidend für das Anwendungsdefizit. Ausschlaggebend ist vielmehr, daß die erforderlichen Daten nicht mit der entsprechenden Güte beschafft werden können oder sogar grundsätzlich nicht erhoben werden können.

These 6: Keine allgemeingültigen Checklisten für die Methodenauswahl

Es gibt keine allgemeingültigen Checklisten für die Auswahl einer Methode. Erforderlich ist die individuelle Festlegung von Kriterien vor dem Hintergrund der betrieblichen Anforderungen. Erst eine solche „maßgeschneiderte“ Checkliste mit Bezug auf Planungsbereiche, Planungshorizont, Planungssituation, verfügbaren Ressourcen und Qualifikationen der Personalplaner stellt ein nützliches Hilfsmittel für die Praxis dar.

These 7: K.O.-Kriterien vorrangig prüfen

Bei der Auswahl von Methoden sind nicht alle Kriterien gleichrangig zu berücksichtigen. Häufig wird der Einsatz bestimmter Methoden an der Nichterfüllung sog. „K.O.-Kriterien" scheitern (Eine Kette ist so stark wie ihr schwächstes Glied). Beispiele für derartige K.O.-Kriterien sind

- Führungsstil des Unternehmens
- Unternehmensphilosophie
- Einflußmöglichkeiten des Betriebsrates
- Rechtliche Zulässigkeit.

Es empfiehlt sich derartige Kriterien vorrangig zu überprüfen.

These 8: Methoden-Akzeptanz

Die Akzeptanz von Personalplanungsmethoden durch Mitarbeiter und Mitarbeiter-Vertretung ist von maßgeblicher Bedeutung für die Praxis. Es muß im Rahmen der Auswahl und Einführung von Personalplanungsmethoden viel stärker als bisher auf Anregungen, Ängste und Interessen der Mitarbeiter eingegangen werden. Akzeptanzprobleme lassen sich allerdings auch auf Seiten der Personalplaner feststellen. Mangelnde Methodenkenntnisse können in diesen Fällen durch Weiterbildungsmaßnahmen beseitigt werden.

These 9: Computer-Akzeptanz

Zwischen der allgemeinen Kritik an Personalplanungsmethoden (Methoden-Akzeptanz) und der Kritik an einer computergestützten Lösung für die Personalplanung muß sorgfältig getrennt werden. Für den Fall einer Computerunterstützung entsteht auf jeden Fall ein erheblicher zusätzlicher Implementierungsaufwand (vgl. Ablauflogik, Abb. 1.1). Während die Benutzer (Personalreferenten, Planungsspezialisten) in der Regel nach einer kurzen Eingewöhnungsphase den Computer als nützliches Instrument akzeptieren, kann ein mangelndes Engagement der zuständigen Führungskraft die Entwicklung computergestützter Personalplanung auf Jahre blockieren. Am schwerwiegendsten ist das tiefe Mißtrauen vieler Betriebsräte in bezug auf computergestützte Personalinformationssysteme zu bewerten. Falls die Unternehmen in Zukunft nicht ganz auf computergestützte Personalplanung verzichten wollen, muß dieses Mißtrauen überwunden werden. Ein Kompromiß ist die umfassende Mitbestimmung, die über das derzeitig gültige und strittige Mitbestimmungsrecht hinausgeht. Diese umfassende Mitbestimmung müßte insbesondere die Kontrolle der Nutzung der Verarbeitungsergebnisse einbeziehen.

These 10: Weiterentwicklung von praktisch nutzbaren Methoden

Eine Weiterentwicklung und Verbesserung von praktikablen Personalplanungsmethoden kann nur in der Praxis stattfinden. Wichtige Hilfestellung für den Praktiker sind hierbei:

- Erfahrungsaustausch zwischen Praktikern
- Erfahrungsaustausch zwischen Praktikern und Wissenschaftlern

- Zusammenstellung von Fallbeispielen zu einzelnen Methoden (im Sinne eines Kompendiums für Praktiker)
- Vergleich einzelner Methoden hinsichtlich der betriebsindividuellen Anforderungen und Checklisten. Hieraus empfiehlt sich die Ableitung von Anwendungsbesonderheiten und gegebenenfalls die Modifizierung von Kriterienzusammenstellungen.
- Sammlung und Auswertung von praktisch relevanten Kriterien, wie Einsatzbreite, Zufriedenheit, Erfolgskriterien etc. durch überbetriebliche Befragungen.

13. Literatur-Gesamtverzeichnis

Ahorner, K.: Kennziffern für den Chef – Führungssicherheit durch ein umfassendes Frühwarnsystem. Kissing 1979

Ambrossy, R.: Personalplanung bei variabler Organisationsstruktur. Ansätze zu einer integrierten Personal- und Organisationsplanung. Frankfurt/Main, Bern 1982

Baetge, J.; Wagner, H. (Hrsg.): Personalbedarfsplanung in Wirtschaft und Verwaltung. Stuttgart 1983

Bartholomew, D. J.; Forbes, A. F.: Statistical Techniques for Manpower Planning. Chichester Wiley 1979

Bessoth, R.; Born, H.; Wenzel, B.: Voraussetzungen und Methoden der quantitativen Personalplanung. „RKW-Merkblatt". Frankfurt/Main 1977

Berthel, J.: Personal-Management. Grundzüge einer Konzeption betrieblicher Personalarbeit. Stuttgart 1979

Beyer, H.-T.: Determinanten des Personalbedarfs. Bern, Stuttgart 1981

Biel, A.: Planung und Steuerung des Personalbestandes – Eine Aufgabe und Herausforderung unserer Zeit. In: Controller-Magazin 3/82, S. 117

Bierfeld, W.: Organisatorische Gestaltungskonzepte für eine effiziente betriebliche Personalentwicklung. In: Schäkel, U.; Thiede, J. D.: Aktuelle Konzeptionen und Instrumente der betrieblichen Weiterbildung in der Diskussion. Beiträge zur Studientagung 1978 des Instituts für Management-Entwicklung (IME) in Düsseldorf vom 7.–8.12.1978, Düsseldorf 1979

Bisani, F.: Personalwesen – Grundlagen, Organisation, Planung. Opladen 1976

Blanke, W. P.: Integrierte Stellenplanung als Instrument für die Personalarbeit. In: BIFOA-Fachseminar CPIS III am 25./26.10.84 in Köln (Seminarunterlage)

Botta, V.: Kennzahlensysteme als Führungsinstrumente. Berlin u. a. 1984

Brandstätter, H.: Die Ermittlung personaler Eigenschaften kognitiver Art. In: Personalinformationssysteme, hrsg. v. G. Reber. Stuttgart 1979, S. 74–95

Dettmann, U.: Das Fortbildungssystem der Westdeutschen Landesbank Girozentrale. In: Zeitschrift für Organisation. 49. Jg. 1980, S. 102–111

Domsch, M.: Simultane Personal- und Investitionsplanung. Bielefeld 1970

Domsch, M.: Systemgestützte Personalarbeit. Wiesbaden 1980

Domsch, M.: Personalinformationssysteme. 5. Auflage. Hamburg 1981

Domsch, M.: Personal. In: Vahlens Kompendium der Betriebswirtschaftslehre. Band 1, hrsg. von J. Baetge et al. München 1984, S. 483–539

Domsch, M.; Reinecke, P.: Partizipative Personalentwicklung. In: ZfbF, Sonderheft 14, hrsg. von H. Kossbiel. Wiesbaden 1982, S. 64–81

Drumm, H. J.: Theorie und Praxis der Personalentwicklungsplanung. In: ZfbF, Sonderheft 14, hrsg. von H. Kossbiel. Wiesbaden 1982, S. 50–63

Drumm, H. J.; Scholz, C.; Polzer, H.: Zur Akzeptanz formaler Personalplanungsmethoden. In: ZfbF 32 (1980) 8, S. 721–740

Drumm, H. J.; Scholz, C.: Personalplanung – Planungsmethoden und Methodenakzeptanz. Bern, Stuttgart 1983

v. Eckardstein, D.: Personalplanung. In: HWProd, hrsg. von W. Kern. Stuttgart 1979, Sp. 1403–1416

v. Eckardstein, D.: Kennzahlen im Personalbereich. In: WiSt 11 (1982), S. 423–426

v. Eckardstein, D.; Schnellinger, F.: Betriebliche Personalpolitik. 3. Auflage. München 1978

Eggeling, F.: Die Ermittlung personaler Eigenschaften arbeitsmedizinischer Art. In: Personalinformationssysteme, hrsg. v. G. Reber. Stuttgart 1979, S. 30–50

Feindor, R.: ILUPS-Erfahrungen bei der Entwicklung eines **I**ntegrierten langfristigen **U**nternehmens-**P**lanungs-**S**ystems. In: Systemtheorie in Wirtschaft und Verwaltung – Ansätze und Anwendungen, Beiträge zur Tagung der Gesellschaft für Wirtschafts- und Sozialkybernetik, 1977

Flohr, B.; Niederfeichtner, F.: Zum gegenwärtigen Stand der Personalentwicklungsliteratur: Inhalte, Probleme und Erweiterungen. In: ZfbF, Sonderheft 14, hrsg. v. H. Kossbiel. Wiesbaden 1982

Freund, F.; Knoblauch, R.; Racké, G.: Praxisorientierte Personalwirtschaftslehre. Stuttgart 1981

Gaugler, E.: Betriebliche Personalplanung – Eine Literaturanalyse. Göttingen 1974

Gaugler, E.; Wiese, G.: Vorwort. In: Gegenwartsprobleme der betrieblichen Personalplanung. Von H. J. Drumm u. a.. Mannheim-Wien-Zürich 1983, S. 5–6

Gester, R.: Strukturierung des Aufgabenkomplexes der Personalentwicklung mit Hilfe der Beschreibungsmethode SADT zum Zwecke der Software-Entwicklung und Systemanalyse im Rahmen der Gestaltung eines computergestützten Personalinformationssystems. Diplomarbeit Universität Essen 1983 (Prof. Dr. D. Seibt)

Gester, R.; Mülder, W.: Beschreibung von Funktions- und Datenbeziehungen bei dem Entwurf computergestützter Personalentwicklungssysteme – Erfahrungen bei der Anwendung einer Beschreibungsmethode. (DBW-Depot 84-2-4) Universität Essen 1984

Grünefeld, H.-G.: Personalkennzahlensystem. Planung, Kontrolle und Analyse von Personalaufwand und -daten. Wiesbaden 1981

Grünefeld, H.-G.: Inhalt und Auswertungsmöglichkeiten eines Personalkennzahlen-Systems. In: Personal (1981) 5, S. 202–297

Hackstein, R.; Pilz, V. F.: Zur Prognose des Personalbedarfs als Teil der längerfristigen qualitativen und quantitativen Personalplanung im Bereich der industriellen Produktion. In: Zeitschrift für Arbeitswissenschaft 29 (1 NF) 1975, S. 9–13

Hackstein, R. u. a.: Qualitative Personalplanung im Hinblick auf Ergonomie und Anpassung. Bericht zum Teilprojekt II, hrsg. vom Forschungsinstitut für Rationalisierung an der Rheinisch-Westfälischen Technischen Hochschule Aachen, 1977

Hamel, W.: Berücksichtigung von Akzeptanzbarrieren bei der Konstruktion betriebswirtschaftlicher Entscheidungsmodelle. In: DBW 41 (1981), S. 615 ff.

Hammer, R. u. a.: Personalplanung im Industriebetrieb. Wien 1982

Hansen, H. R.: Einsatzmöglichkeiten von computergestützten Planungs- und Entscheidungstechniken in der Wirtschaft. In: Pfohl, H.-Ch.; Rürup, B. (Hrsg.): Anwendungsprobleme moderner Planungs- und Entscheidungstechniken. Königstein/Taunus 1978, S. 79–97

Heinrich, L. J.; Pils, M.: Personalinformationssysteme – Stand der Forschung und Anwendung. In: DBW 37 (1977), S. 259–265

Heinrich, L. J.; Pils, M.: Betriebsinformatik im Personalbereich. Würzburg, Wien 1979

Heinrich, L. J.; Pils, M.: Das Aufgabensystem von Personalinformationssystemen. In: Reber, G. (Hrsg.): Personalinformationssysteme. Stuttgart 1979

Hentschel, B.: Informationsprobleme der Personalplanung. In: Personal 28 (1976), S. 213–216

Hentschel, B.: Personalinformationssysteme in Unternehmen. In: DB 37 (1984), S. 186–188

Hentze, J.: Personalwirtschaftslehre 1, 2. Auflage. Bern-Stuttgart 1981

Hentze, J.: Personalwirtschaftslehre 2, 2. Auflage. Bern-Stuttgart 1981

Hofstetter, A.: Personalplanung – Ausbruch aus dem Teufelskreis?. In: IO 42 (1973), S. 168–172

Jobs, F.; Samland, J. (Hrsg.): Personalinformationssysteme in Recht und Praxis. Stuttgart 1984

Kador, F.-J.; Pornschlegel, H.: Handanleitung zur betrieblichen Personalplanung. RKW. Frankfurt/Main 1977

Kaufmann: Anwendung des Personalplanungs- und Steuerungsverfahren (PPSA-Verfahren) im indirekten Bereich MBB – Werk Augsburg. Interner Bericht FA 212 vom 11.07.1980

Kaufmann: Permanente Personalplanung und Steuerung im indirekten Bereich; Methodik am Beispiel eines Fertigungsleitstandes. Unveröffentlichtes Referat November 1982

Kilian, W.: Personalinformationssysteme in deutschen Großunternehmen. 2. Auflage. Berlin-Heidelberg-New York 1982

Kilian, W.: Entwicklungsstand automatisierter Personalinformationssysteme in der Wirtschaft. In: Personalinformationssysteme in Wirtschaft und Verwaltung, hrsg. von GRVI. München 1982, S. 1–10

Kitzmann, A.; Zimmer, D.: Grundlagen der Personalentwicklung. Weil der Stadt 1982

Klotz, U.; Meyer-Degenhardt, K. (Hrsg.): Personalinformationssysteme. Reinbek 1984

Kossbiel, H.: Probleme und Instrumente der betrieblichen Personalplanung. In: Jacob, H. (Hrsg.): Personalplanung. Wiesbaden 1974

Kossbiel, H.: Personalplanung (inklusive Personalplanungsmodelle). In: Handwörterbuch des öffentlichen Dienstes, hrsg. von W. Bierfelder. Berlin 1976, Sp. 1235–1252

Kossbiel, H.: Möglichkeiten und Grenzen einer langfristigen Personalbereitstellungsplanung mit Hilfe quantitativer Ansätze. In: Müller-Merbach, H. (Hrsg.): Quantitative Ansätze in der Betriebswirtschaftslehre. München 1978, S. 361–373

Kossbiel, H.: Organisation des Personalwesens. In: Handwörterbuch der Organisation. 2. Auflage, hrsg. von E. Grochla. Stuttgart 1980, Sp. 1872–1884

Kossbiel, H. (Hrsg.): Personalentwicklung. In: ZfbF, Sonderheft 14. Wiesbaden 1982

Kumar, B.: Personalenwicklungsprogramme. In: Personalzyklopädie. Band 3. München 1978

Kupsch, P.; Marr, R.: Personalwirtschaft. In: Industriebetriebslehre. Entscheidungen im Industriebetrieb. 7. Auflage, hrsg. von E. Heinen. Wiesbaden 1983

Langholz, B.: Personalplanung und Fluktuation. In: Rationalisierung 23 (1972), S. 58

Lehrenkrauss, E.: Assessment Center – eine notwendige Kritik. In: Personal, Mensch und Arbeit 4/1978

Lutz, B.: Personalplanung in der gewerblichen Wirtschaft der BRD. Frankfurt/New York 1977

Maase, M.; Schultz-Wild, R. (Hrsg.): Personalplanung zwischen Wachstum und Stagnation. New York 1980

Mag. W.: Hemmnisse und Fortschritte bei der Entwicklung der Personalplanung in der BRD. In: ZfbF (1985) 1, S. 3–25

Marr, R.; Stitzel, M.: Personalwirtschaft – Ein konfliktorientierter Ansatz. München 1979

Mataré, J.: Konzeption einer Karriereplanung im Organisationsbereich. In: Zeitschrift für Organisation 7/1979, S. 381 ff.

Mensch, G.: Instrumente der kurzfristigen Personalplanung. In: Zeitschrift für Betriebswirtschaft 38 (1968) 7, S. 469–494

Metzel, W.: Personalentwicklung. Freiburg i. Br. 1980

Michels, K. H.: Konzept eines Personalentwicklungsprogramms. In: Personal, Mensch und Arbeit 1/1981

Mülder, W.: Organisatorische Implementierung von computergestützten Personalinformationssystemen – Einführungsprobleme und Lösungsansätze. Berlin, Heidelberg 1984

Mülder, W.; Wanzenberg, N.: Die Anwendung personalwirtschaftlich relevanter wissenschaftlicher Erkenntnisse in der Praxis – Teilgebiet Personalplanung, Forschungsbericht Universität Essen, 1978

Müller-Merbach, H.: Quantitative Entscheidungsvorbereitung – Erwartungen, Enttäuschungen, Chancen. In: Die Betriebswirtschaft 37 (1977), S. 11–23

Mumme, K.; Bachmann, G.: Die Technik der Personalbedarfsrechnung und Personaleinsatzsteuerung. In: Bürotechnik 5/1980, S. 489 ff.

Neubauer, R.: Die Assessment Center Technik: Ein verhaltensorientierter Ansatz zur Führungskräfteauswahl. In: Neubauer, R.; Rosenstiel, L. v. (Hrsg.): Handbuch der angewandten Psychologie. Band 1: Arbeit und Organisation. München 1980

Peter, W.: Modellgestützte Personalplanung – dargestellt am Beispiel einer chemischen Großunternehmung. Basel 1976

Pfohl, H.-Ch.: Problemorientierte Entscheidungsfindung in Organisationen. Berlin-New York 1977

Pfohl, H.-Ch.; Drünkler, W.: Stand der Anwendung moderner Planungs- und Entscheidungstechniken in Betriebswirtschaften. In: Pfohl, H.-Ch.; Rürup, B. (Hrsg.): Anwendungsprobleme moderner Planungs- und Entscheidungstechniken. Königstein/Taunus 1978

Pils, E. H.: Wie entwickelt man Stellenplanungsformeln für Verwaltung und Dienstleistung? In: REFA-Nachrichten 31/1980, Heft 2, S. 151 ff.

Polster, J.: ILUPS – Integrierte langfristige Unternehmensplanung in der Praxis der Flughafen München GmbH (FMG). In: Systemtheorie in Wirtschaft und Verwaltung, 1977

Pullig, K. K.: Personalwirtschaft. München/Wien 1980

REFA e. V. (Hrsg.): Methodenlehre der Planung und Steuerung. Teil 2: Planung. München 1975

Remer, A.: Personalmanagement: Mitarbeiterorientierte Organisation und Führung von Unternehmungen. Berlin/New York 1978

Remer, A.; Wunderer, R.: Personalarbeit und Personalleiter in Großunternehmen. Berlin 1979

RKW (Hrsg.): RKW-Handbuch der Praxis der Personalplanung.
Teil I: Aufgaben der Personalplanung
Teil II: Planung des Personalbedarfs
Teil III: Planung der Personalbeschaffung
Teil IV: Planung des Personalabbaus
Teil V: Planung der Personalentwicklung
Teil VI: Planung des Personaleinsatzes
Teil VII: Planung der Personalkosten
Teil VIII: Stelle und Stellenplan
Teil IX: Personalstatistik.
Neuwied-Darmstadt 1978

Rodat, S.: Produktivitätssteigerung durch gezielte Personalvorgaben. In: REFA-AKIE – Arbeitskreis Industrial Engineering-Bericht 11/1980

v. Rosenstiel, L.: Die Ermittlung personaler Eigenschaften motivationaler Art. In: Personalinformationssysteme, hrsg. von G. Reber. Stuttgart 1979, S. 50–73

Sadowski, D.: Der Stand der betriebswirtschaftlichen Theorie der Personalplanung. In: Zeitschrift für Betriebswirtschaft 51 (1981), S. 88–104

Schmidt, G. (Hrsg.): Praktische Verfahren zur Bestimmung des quantitativen Personalbedarfs, Personalbemessung. Gießen 1980

Schmidt, G.: Personalbemessung. In: Personalbemessung, hrsg. von G. Schmidt. Gießen 1980, S. 7–14

Schmidt, H.; Hagenbruck, H.: Sämann, W.: Handbuch der Personalplanung. Frankfurt/New York 1975
insbesondere folgende Abhandlungen:

Sämann, W.: Ziel, Inhalt und Mittel der quantitativen Personalplanung

Ulrich, E.: Methoden und Vorgehensweisen bei der Personalbedarfsrechnung und Personalplanung

Hagner, W. G.: Die Anwendung der Arbeitsplatz- und Kennzahlenmethode im Rahmen der quantitativen Personalplanung

Rabe, U.: Techniken der Personalbedarfsvorhersage. Beispiele aus der Personalplanung der Deutschen Bundespost

Schuster, K.: Aufgaben, Probleme, Chancen und Kontrolle von Personalinformationssystemen. In: Personalinformationssysteme in Recht und Praxis, hrsg. von F. Jobs; J. Samland. Stuttgart 1984, S. 1–43

Seibt, D.: Software für das Personalwesen und Personalinformationssysteme. In: Personalinformationssysteme in der Diskussion, hrsg. von B. Hentschel; G. Wronka, Köln 1983, S. 153–172

Seibt, D.: Wirtschaftlichkeit von CPIS und Entwicklungstendenzen. In: Arbeitsunterlagen zum BIFOA-Fachseminar CPIS I am 27./28.9.1984 in Köln, S. 1–22

Seibt, D.; Mülder, W.: Rechnergestützte Informations-, Dispositions- und Planungssysteme für den Personalbereich. BIFOA-Arbeitspapier 80AP9. Köln 1980

Seibt, D.; Mülder, W.: Rechnergestützte Personalinformationssysteme – Definition, Versuche zur Typisierung und Entwicklungsstufenbildung. In: Angewandte Informatik, Heft 6/1981, S. 245–253

Seibt, D.; Mülder, W.: Aktuelle Probleme und Tendenzen bei der Entwicklung von rechnergestützten Personalinformationssystemen. In: Angewandte Informatik, Heft 6/1982, S. 326–336

Söhngen, L.: Problembeschreibung und Konzeption zur Bedarfsplanung von Personal und Gerät auf Flughäfen. In: Operations Research Proceedings 1982, Berlin-Heidelberg, 1983a

Söhngen, L.: Manpower and Equipment Planning with COSYMA, airport forum, No. 4, 1983b

Söhngen, L.: Modellgestützte Bedarfsplanung, Einsatzplanung und Kontrolle von Personal bei variabler Arbeitslänge. In: Operations Research Proceedings 1984, Berlin-Heidelberg 1985

Stächelin, W.: Betriebswirtschaftliche Kennzahlen zur Personalkostenplanung. In: Personal Heft 4/1976, S. 137 ff.

Strube, A.: Mitarbeiterorientierte Personalentwicklungsplanung. Berlin 1982

Strutz, H.: Langfristige Personalplanung auf der Grundlage von Investitionsmodellen. Wiesbaden 1976

Thielenhaus, J. P.: Strategische Personalentwicklungsplanung. Frankfurt/Main 1981

Vatterroth, H. Ch.: Personalinformationssysteme zur Personalplanung – Anforderungen und deren Erfüllung durch gegenwärtig verfügbare Standard-Anwendungs-Software. Diplomarbeit Universität Köln 1985 (Prof. Dr. W. Kern)

Wächter, H.: Langfristige Personalplanung unter der Erwartung schrumpfender Betriebsgröße. In: Betriebswirtschaftliche Forschung und Praxis 25 (1974) 1, S. 123 ff.

Weigand, K. H.: Personalinformationssysteme: Nutzen und Nutzung im Interessenkonflikt. In: Personalinformationssysteme, hrsg. von G. Reber. Stuttgart 1979, S. 282–290

Wenzel, B.: Methoden der Personalbedarfsplanung. München 1976

Wolf, K.: Computergestützte Personalentwicklung bei der Voith GmbH. In: Arbeitsunterlagen zum BIFOA-Fachseminar CPIS III, am 25./26.10.1984 in Köln, S. 1–22

Wolf-Köppen, P.: Personalinformationssysteme als Instrument der Personalplanung – Praxis und Rechtsfragen. In: Personalinformationssysteme in Recht und Praxis, hrsg. von F. Jobs; J. Samland. Stuttgart 1984, S. 45–86

Zölzer, G. A.: Methodische Vorgehensweise bei der Personal- und Gerätebedarfsplanung für Bodenverkehrsdienste von Flughafengesellschaften. In: Operations Research Proceedings 1982, Berlin-Heidelberg 1983

Autorenverzeichnis

Dipl.-Oec. Walter Berger, Göppingen
(Personalreferent in einem Versicherungsunternehmen)

Hans-Jürgen Brüx, Moers
(Leiter Abteilung Personalplanungssysteme in einem Warenhauskonzern)

Dipl.-Kfm. Alfred Buhr, Neuß
(Abteilungsreferent im Personalbereich eines Chemie-Unternehmens)

Dipl.-Ing. (FH), Dipl.-Kfm. Jürgen Mataré,
Leiter Kommunikations- und Werbe-Service, MBB – Messerschmitt-Bölkow-Blohm, Ottobrunn bei München

Dr. Wilhelm Mülder, Dipl.-Kfm.,
Projektleiter, Abteilung Personalwirtschaft, Krupp Datenverarbeitung GmbH, Essen

Prof. Dr. Dietrich Seibt,
o. Professor für Betriebswirtschaftslehre, insbesondere Betriebsinformatik an der Universität Essen (UGE), assoz. Mitglied der BIFOA-Institutsleitung

Dipl.-Betriebswirt Wolfgang Schmitz,
Prokurist Arthur Andersen Unternehmensberatung GmbH, Düsseldorf (bis 31.12.84) ab 1.1.85 Geschäftsführer ALOS GmbH, Köln

Werner Seysen, Essen
(Personalleiter in einem Warenhauskonzern)

Dipl.-Phys. Siegfried Waldschütz,
Wissenschaftlicher Mitarbeiter bei der Industrieanlagen-Betriebsgesellschaft mbH, Ottobrunn bei München

Dr. Joachim Weinmann, Dipl.-Kfm.,
Hauptabteilungsleiter Personal- und Sozialwesen, Hessischer Rundfunk, Frankfurt